R을 활용한 보건의료 빅데이터 분석과 머신러닝

이종형 지음

자유아카데미

PREFACE 서문

현대 사회에서는 보건의료, 금융, 마케팅, 공학 등 다양한 분야에서 끊임없이 생성되는 방대한 양의 빅데이터로부터 의미 있는 정보를 추출하고, 최적의 의사결정을 반복적으로 수행할 수 있는 역량이 요구되고 있습니다. 이를 위한 대표적인 통계 분석 및 데이터 시각화 도구로서 많은 연구자와 분석가들은 R을 활용하고 있습니다.

이 책은 R과 RStudio의 설치 및 기본적인 사용법부터 시작하여, 데이터의 입력과 정리, 시각적 탐색, 통계 분석 및 머신러닝 기법까지 체계적으로 학습할 수 있도록 구성되었습니다.

1장에서는 R과 RStudio의 설치 방법과 환경 설정 및 기본적인 활용법을 설명합니다. 2장에서는 작은 규모의 데이터를 이용하여 데이터 분석의 기본 원리를 학습하며, 3장에서는 다양한 그래프를 통해 데이터를 효과적으로 요약하고 시각화하는 방법을 익힐 수 있습니다. 4장에서는 100만 명의 건강검진 공공데이터를 활용하여 실제 빅데이터를 데이터 전처리부터 요약 및 분석하는 방법을 배우고, 5장에서는 ggplot2 패키지를 활용하여 건강검진 데이터를 보다 직관적이고 풍부하게 시각화하는 방법을 설명합니다. 마지막으로 6장에서는 통계적 가설검정 기법과 머신러닝 분석 방법을 소개하여, 보건의료 빅데이터 분석과 머신러닝 기법을 효과적으로 습득할 수 있도록 안내합니다.

본 교재의 각 장 끝에는 학습한 내용을 점검하고 실제 분석 능력을 높일 수 있도록 연습문제를 제공하였습니다. 교재에서 활용되는 데이터는 발생 가능한 실제 상황을 기반으로 만들어진 가상의 데이터입니다. 실제 데이터의 복잡성과 개인정보 보호 등의 현실적인 제약을 극복하고, 다양한 분석 방법을 정확히 이해하고 효과적으로 연습할 수 있을 것입니다. 본문의 예제에서 사용한 데이터와 책과 관련 사항들은 자유아카데미 홈페이지 자료실(www.freeaca.com)에서 다운로드 또는 확인하실 수 있습니다.

끝으로 이 책이 출판되도록 수고해 주신 자유아카데미 관계자 여러분과 지금까지 도움 주신 모든 분께 감사의 마음을 전합니다. 이 책을 통해 빅데이터 분석과 머신러닝의 기초를 다지고, 한층 더 발전시켜 데이터에 기반한 문제 해결력을 갖추어 나가기를 기대합니다.

CONTENTS 차례

CONTENTS 차례

1장

R 시작하기

1.1 | R과 Rstudio 소개

R은 통계 계산과 데이터 시각화를 통해 대용량 데이터에서 의미 있는 정보를 얻을 수 있도록 설계된 오픈소스 소프트웨어(open source software)입니다. 오픈소스 소프트웨어란 사용자가 프로그램을 무료로 이용할 수 있으며, 프로그램의 소스 코드도 공개되어서 이를 기반으로 누구나 새로운 응용 프로그램을 개발할 수 있도록 허용된 소프트웨어를 의미합니다. 특히 R은 통계분석 상용 프로그램이 제공하는 대부분의 기능을 무료로 제공하며, 새롭게 추가되어야 할 기능들은 관심 있는 개발자들이 이를 패키지의 형태로 작성하여 사용자들이 공유할 수 있도록 배포하고 있기 때문에 널리 이용되고 있습니다.

또한 RStudio는 R을 활용한 데이터 분석과 시각화를 보다 편리하게 수행할 수 있도록 도와주는 통합 개발 환경(integrated development environment)으로, 많은 데이터 분석가와 연구자들이 활용하고 있습니다.

1.2 | R 설치하기

R을 통한 데이터 분석과 데이터 시각화를 수행하기 위해 R과 RStudio를 설치해야 하며 R을 RStudio 보다 먼저 설치합니다. 다음의 5단계를 수행하면 R을 설치할 수 있습니다.

단계 1 R의 홈페이지(www.r-project.org)에 접속하여 다운로드(download R)를 클릭합니다.

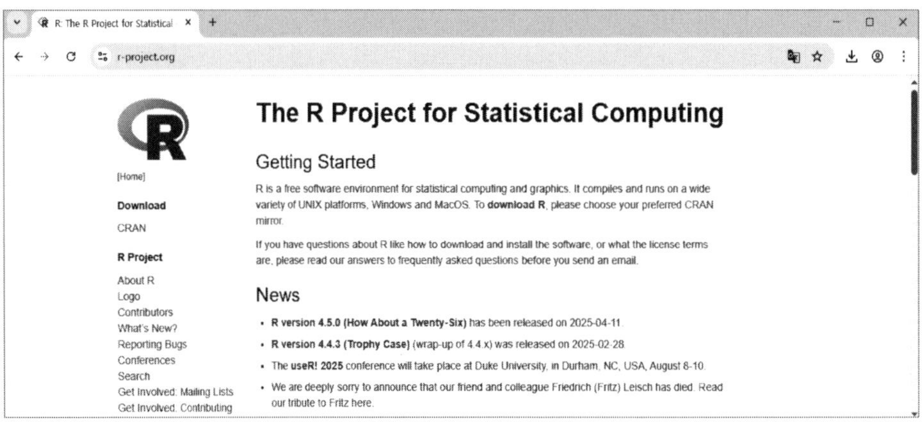

단계 2 국가별 다운로드 미러 사이트 중 우리나라의 사이트(cran.yu.ac.kr)를 클릭합니다.

단계 3 Linux, Mac OS, Windows용 R 프로그램 중 사용자 컴퓨터의 운영체제에 맞는 프로그램을 선택합니다. 여기서는 Window용 R 프로그램을 다운로드 하겠습니다

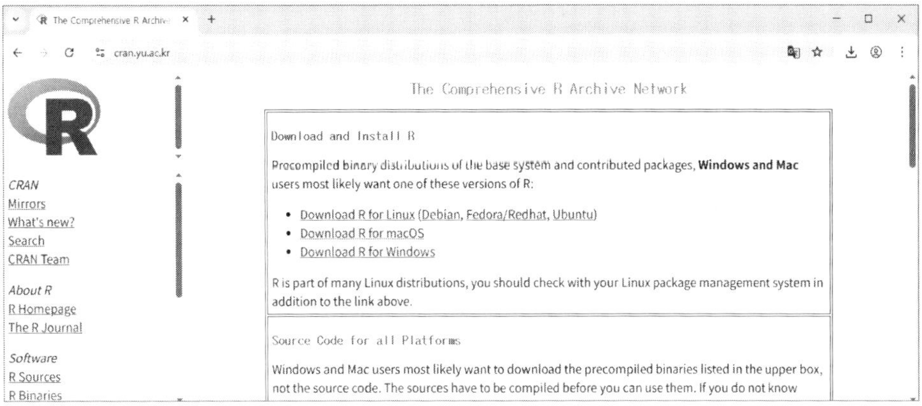

단계 4 화면 오른쪽 상단의 처음으로 R 설치(install R for the first time)를 클릭합니다.

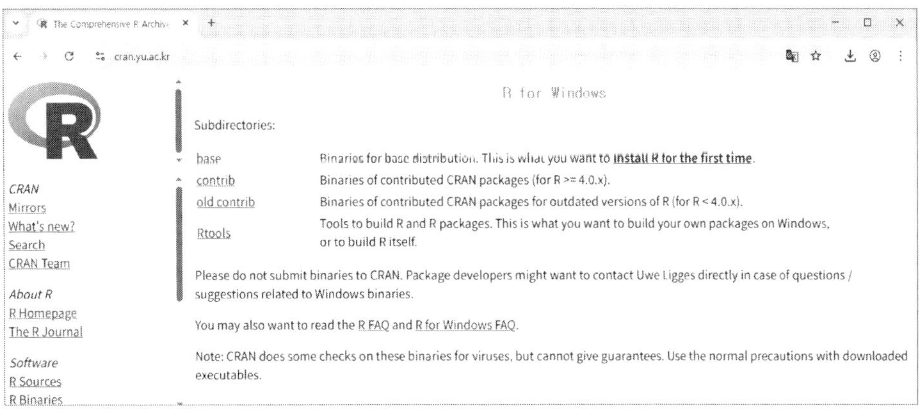

단계 5 최신 버전의 R 프로그램을 다운로드 받은 후, 해당 파일을 더블 클릭하여 설치를 시작합니다. 이후, [다음(N)]을 반복하면 설치를 성공적으로 완료할 수 있습니다.

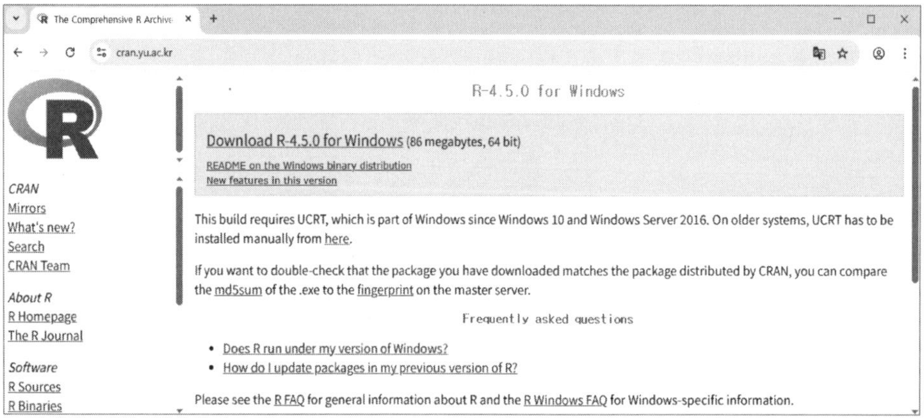

단계 6 설치 후 R을 실행한 첫 화면은 다음과 같습니다.

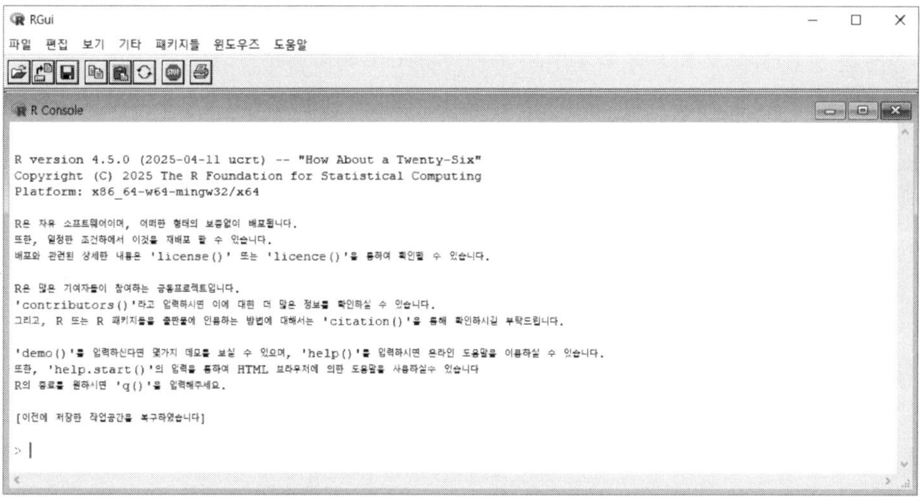

1.3 RStudio 설치하기

RStudio는 다음의 5단계를 수행하면 설치할 수 있습니다.

단계 1 RStudio 홈페이지(posit.co/downloads)에 접속하여 RStudio 다운로드(DOWNLOAD RSTUDIO) 버튼을 클릭합니다.

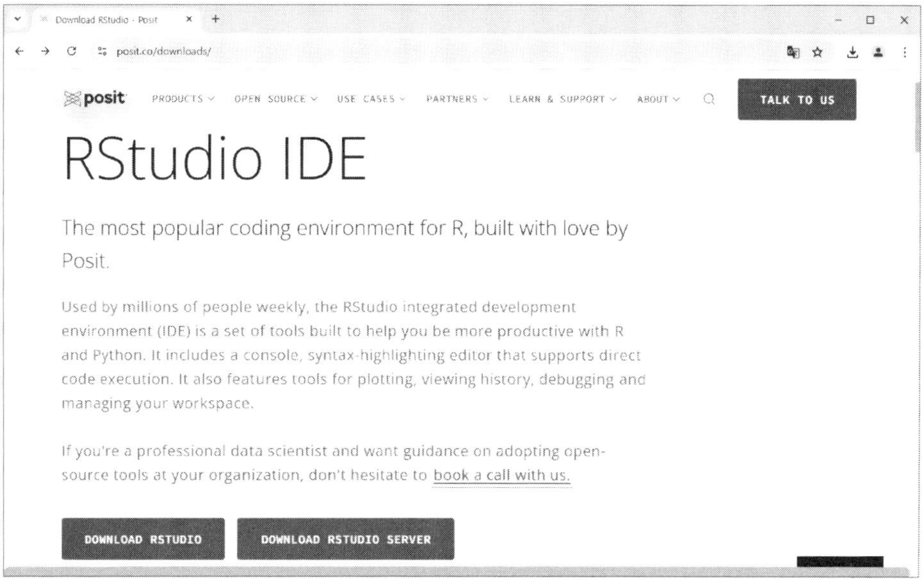

단계 2 2: Install RStudio의 윈도우용 RStudio 다운로드(DOWNLOAD RSTUDIO DESKTOP FOR WINDOWS) 버튼을 클릭하여 가장 최신 버전의 프로그램을 다운로드 합니다.

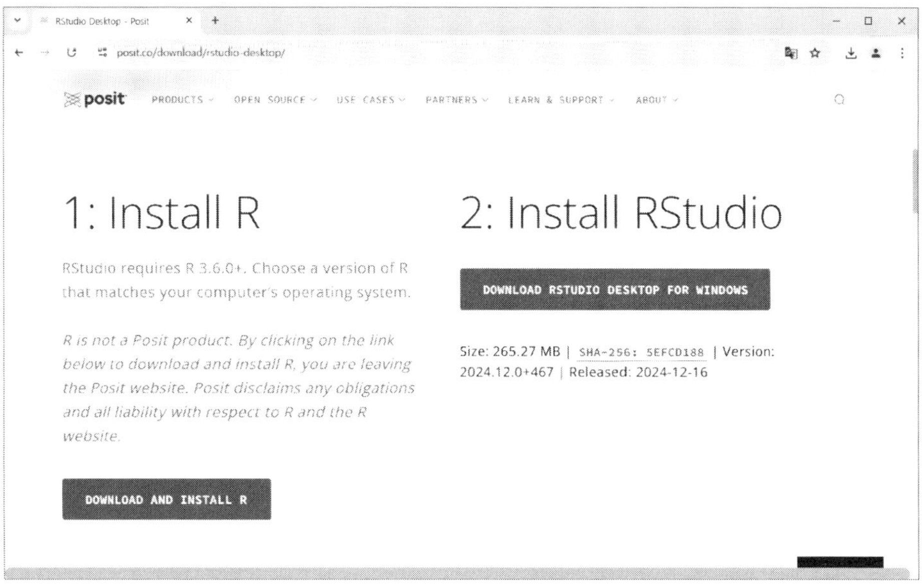

단계 3 최신 버전의 RStudio 프로그램을 다운로드 받은 후, 해당 파일을 더블 클릭하여 설치를 시작합니다. 이후, [다음]을 반복하면 설치를 성공적으로 완료할 수 있습니다.

1.4 | RStudio 활용 첫걸음

RStudio를 실행하면 <그림 1-1>과 같은 화면이 나타납니다. 화면은 총 4개의 영역으로 구성됩니다. 영역 ①은 소스(Source) 패널(또는 창)로 지칭하며, R 명령을 입력하는 곳입니다. 영역 ②는 콘솔(Console) 패널이라고 하며 R 명령어를 직접 입력하고 실행하며 R 명령의 실행 결과를 확인할 수 있는 영역입니다.

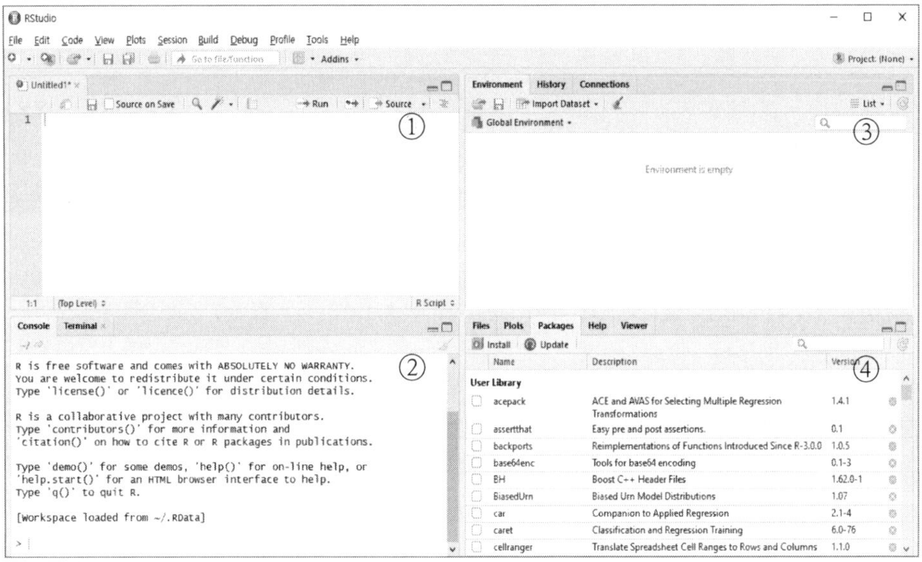

그림 1-1 RStudio 화면의 구성

영역 ③은 환경(Environment) 패널과 히스토리(History) 패널로 구성되어 있습니다. 이중 환경 패널은 현재 생성된 변수, 데이터프레임 등을 확인하고 관리할 수 있는 영역입니다. 사용자는 이 패널을 통해 생성된 데이터의 이름, 구조, 크기 등을 쉽게 확인할 수 있습니다. 히스토리(History) 패널은 사용자가 실행한 R 명령어의 기록을 저장하고 있어, 이전 사용한 명령을 확인할 수 있습니다. 이 패널을 활용하면 필요에 따라 이전에 실행한 명령을 재사용할 수 있으므로 작업의 효율을 높일 수 있습니다. 예를 들어, x에 3, y에 5 값을 입력하고, x와 y를 곱하는 3개의 명령을 정의하고 실행해 보겠습니다. 소스 패널에 아래의 3개의 명령을 입력합니다.

```
# 변수 x와 y선언 및 데이터 입력
> x <- 3
> y <- 5

# 변수 x와 y간의 곱셈을 수행하는 명령 선언
> x*y
```

3개 명령을 실행하기 위해 <그림 1-2>와 같이 3개 명령을 범위로 설정한 후 실행(Run)버튼을 클릭합니다. 이 경우, 콘솔 패널에는 x*y의 값이 15로 출력되며, 환경 패널에는 x와 y에 각각 3과 5가 입력된 것을 확인할 수 있습니다.

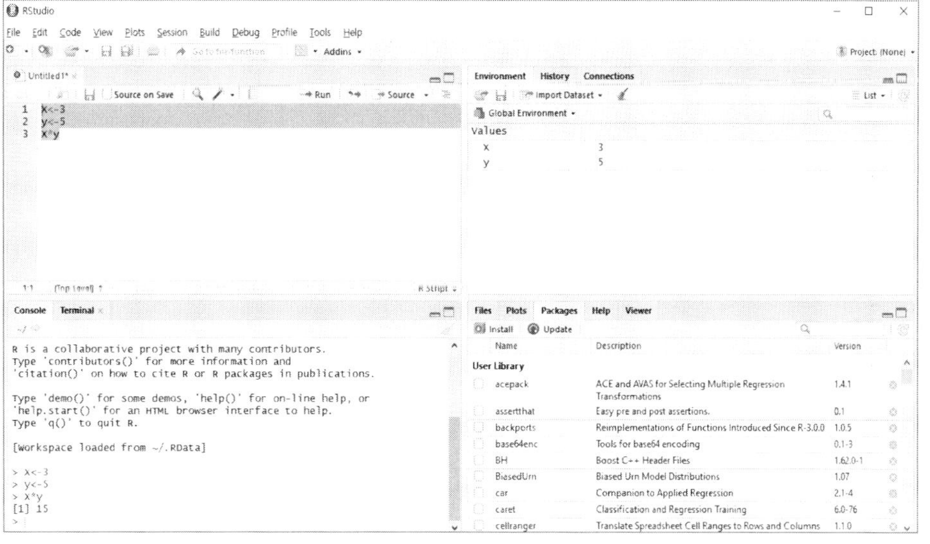

그림 1-2 RStudio 명령 선언 및 실행 결과 확인

또한 <그림 1-3>과 같이 히스토리 패널을 확인해 보면 실행된 3개의 R 명령이 순서대로 나타나고 있음을 확인할 수 있습니다.

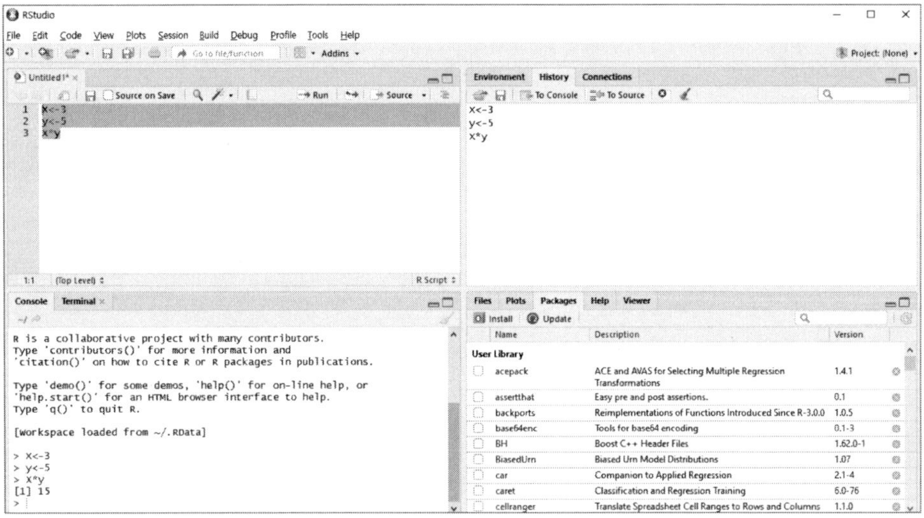

그림 1-3 히스토리(History) 패널 활용

마지막으로 <그림 1-1> 중 영역 ④에는 파일탐색 기능을 담당하는 파일(Files) 패널, 작성한 그래프를 확인하는 플롯(Plots) 패널, 설치된 패키지를 확인할 수 있는 패키지(Packages) 패널, 도움말을 제공하는 도움(Help) 패널, 분석 결과를 웹문서로 출력하고 이를 확인할 수 있는 뷰어(Viewer) 패널이 있습니다. 만약 여러 개의 데이터를 하나의 벡터(vector)에 입력하는 함수 c()의 활용법을 알고 싶다면 <그림 1-4>와 같이 소스창에서 ?c() 명령을 실행합니다. 도움 패널에서 함수 c()에 대한 상세한 설명과 예제를 확인하며 스스로 학습할 수 있습니다.

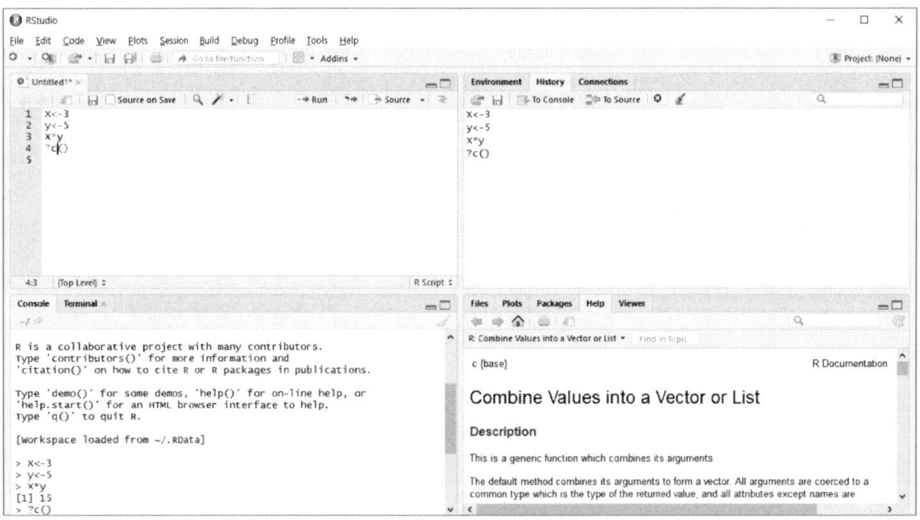

그림 1-4 도움(Help) 패널 활용

소스 패널에서 score <- c(90, 80, 88, 86, 93, 81, 97, 89) 명령을 입력하고, 이를 실행하면 8개의 데이터를 갖는 score라는 이름의 변수를 생성할 수 있으며, hist(score, col="white") 명령을 실행하면 <그림 1-5>와 같이 플롯(Plots) 패널에 히스토그램이 작성된 것을 확인할 수 있습니다.

소스 패널에서 작성한 명령을 저장하려면 [File] - [Save]를 클릭합니다. 이때 생성된 .R 파일은 이후 다시 불러와 재사용할 수 있습니다.

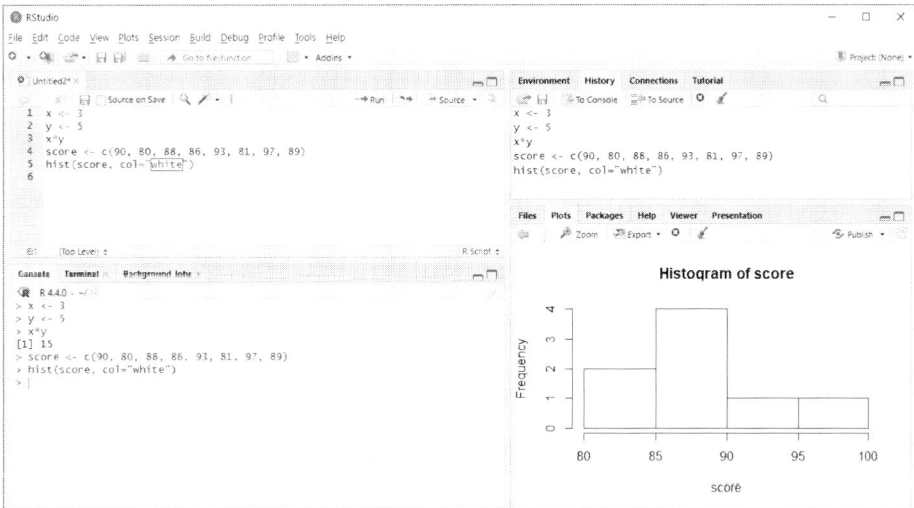

그림 1-5 플롯(Plots) 패널 활용

연습문제

1. 오픈소스 소프트웨어(open source software)란 무엇이며, R은 어떤 목적으로 사용되는 소프트웨어인지 설명하시오.

2. R이 널리 이용되는 이유는 무엇인지 답하시오.

3. R과 RStudio의 관계를 설명하시오.

4. RStudio의 소스(Source) 패널과 콘솔(Console) 패널의 기능을 설명하시오.

5. RStudio의 환경(Environment) 패널과 히스토리(History) 패널의 기능을 설명하시오.

6. RStudio의 패키지(Packages) 패널, 플롯(Plots) 패널, 도움(Help) 패널의 기능을 설명하시오.

2장

R 데이터 분석

2.1 | 데이터 입력 및 저장

6개 진료과의 외래진료실에서 진료한 외래환자의 수를 초진환자 수와 재진환자 수로 세분화한 데이터가 <표 2-1>에 제시되어 있습니다. 이제 진료과, 초진환자수, 재진환자수를 변수명으로 설정하고 해당 데이터를 각 변수에 입력하겠습니다.

<표 2-1> 진료과별 초진 및 재진환자 수

진료과	초진환자수	재진환자수
소화기내과	1775	11600
심장내과	687	7254
호흡기내과	1197	9021
이비인후과	1071	8153
정형외과	335	6476
안과	1071	9568

여러 개의 데이터를 하나로 결합하기 위해 함수 c()를 사용하며, 이를 특정 변수명에 할당하기 위하여 연산자 '<-' 를 사용합니다. 변수명을 실행하면 입력된 데이터를 확인할 수 있습니다. 입력하는 데이터가 문자 데이터인 경우, 해당 문자열의 앞뒤에 큰 따옴표(" ")를 반드시 사용해야 합니다.

```
# 변수 선언 및 데이터 입력
> 진료과 <- c("소화기내과", "심장내과", "호흡기내과", "이비인후과", "정형외과", "안과")
> 초진환자수 <- c(1775, 687, 1197, 1071, 335, 1071)
> 재진환자수 <- c(11600, 7254, 9021, 8153, 6476, 9568)

# 변수 진료과, 초진환자수, 재진환자수에 입력된 데이터 출력
> 진료과
  [1] "소화기내과"   "심장내과"   "호흡기내과"   "이비인후과"   "정형외과"    "안과"

> 초진환자수
  [1] 1775  687 1197 1071  335 1071

> 재진환자수
  [1] 11600  7254  9021  8153  6476  9568
```

7번째 진료과로 소아청소년과를 추가하며, 초진환자 수와 재진환자 수로 각각 2,310명과 18,480명을 입력하겠습니다. 이를 위해 기존 변수에 새로운 데이터를 추가하고, 기존 변수명으로 다시 저장하면 됩니다. 이후 변수 진료과, 초진환자수, 재진환자수를 실행하면, 데이터 ("소아청소년과", 2310, 18480)가 기존 데이터에 추가된 것을 확인할 수 있습니다.

```
# 기존의 데이터에 소아청소년과 데이터 추가
> 진료과 <- c(진료과, "소아청소년과")
> 초진환자수 <- c(초진환자수, 2310)
> 재진환자수 <- c(재진환자수, 18480)

# 변수 진료과, 초진환자수, 재진환자수의 최종 데이터 확인
> 진료과
  [1] "소화기내과"   "심장내과"     "호흡기내과"   "이비인후과"     "정형외과"
  [6] "안과"         "소아청소년과"

> 초진환자수
  [1] 1775  687 1197 1071  335 1071 2310

> 재진환자수
  [1] 11600  7254  9021  8153  6476  9568 18480
```

2.2 data.frame() 함수로 여러 개의 변수를 하나로 묶기

데이터셋 형태에는 벡터(vector), 행렬(matrix), 데이터프레임(data frame)이 있습니다. 벡터는 같은 종류의 데이터를 여러 개 묶은 것으로, c() 함수를 사용해 생성합니다. 따라서, 현재 생성한 3개의 변수, 진료과, 초진환자수, 재진환자수의 데이터셋 형태는 벡터입니다. 행렬은 벡터를 여러 개의 행과 열로 나타낸 구조이며, 데이터프레임은 여러 개의 벡터를 하나로 묶은 형태입니다. 함수 matrix()는 행렬을 생성하는 데 사용하며, 함수 data.frame()은 데이터프레임을 생성할 때 활용됩니다. 데이터프레임은 수치형 및 문자열 등 서로 다른 데이터 유형을 하나의 구조로 통합할 수 있고, 직관적인 데이터 조작과 다양한 분석 작업에 적합하여 R에서 데이터 분석의 핵심 구조로 사용됩니다. 이제 3개의 변수, 진료과, 초진환자수, 재진환자수를 외래통계라는 이름의 데이터프레임으로 묶어주도록 하겠습니다.

```
# 데이터프레임 외래통계 생성 및 결과 확인
> 외래통계 <- data.frame(진료과, 초진환자수, 재진환자수)
> 외래통계
        진료과 초진환자수 재진환자수
  1 소화기내과       1775      11600
  2   심장내과        687       7254
  3 호흡기내과       1197       9021
  4 이비인후과       1071       8153
  5   정형외과        335       6476
  6       안과       1071       9568
  7 소아청소년과     2310      18480
```

생성된 데이터프레임 외래통계는 각 진료과별 초진환자 수와 재진환자 수를 구조화하여, 외래환자 통계를 한눈에 파악할 수 있도록 제공합니다. 이제 함수 str()을 활용하여 데이터프레임의 구조를 살펴보겠습니다.

```
# 데이터프레임 구조 확인
> str(외래통계)
  'data.frame':  7 obs. of  3 variables:
   $ 진료과    : chr  "소화기내과" "심장내과" "호흡기내과" "이비인후과" ...
   $ 초진환자수: num  1775 687 1197 1071 335 ...
   $ 재진환자수: num  11600 7254 9021 8153 6476 ...
```

str(외래통계) 명령을 실행한 결과, 데이터프레임 외래통계에는 7개의 관측치(observations)와 3개의 변수(variables)로 구성되어 있음을 확인할 수 있습니다. 변수 진료과는 문자열(chr) 형식으로, 초진환자수와 재진환자수는 숫자(num) 형식으로 저장되어 있는 것을 확인할 수 있습니다.

2.3 | 변수 연산을 통한 새로운 변수 생성

진료과별 외래환자 수는 2개의 변수 초진환자수와 재진환자수를 합하여 얻을 수 있으며, 이 값을 7개 진료과의 총 외래환자수로 나누면 진료과별 외래환자 점유율을 파악할 수 있습니다. 이를 수행하고 새롭게 생성하는 변수 외래환자수와 점유율을 데이터프레임 외래통계의 4번째, 5번째 변수로 추가하겠습니다.

```
# 변수 연산을 통한 새로운 변수 생성 : 외래환자수, 점유율
> 외래환자수 <- 초진환자수 + 재진환자수
> 외래환자수
  [1] 13375  7941 10218  9224  6811 10639 20790

# 진료과별 외래환자수의 합계 파악
> sum(외래환자수)
  [1] 78998

> 점유율 <- 외래환자수/sum(외래환자수)
> 점유율
  [1] 0.16930808 0.10052153 0.12934505 0.11676245 0.08621737 0.13467430
  [7] 0.26317122

# 생성된 2개 변수(외래환자수, 점유율)를 데이터프레임 외래통계에 추가
> 외래통계 <- data.frame(외래동계, 외래환자수, 짐유율)
> 외래통계
      진료과 초진환자수 재진환자수 외래환자수     점유율
  1 소화기내과       1775      11600      13375 0.16930808
  2   심장내과        687       7254       7941 0.10052153
  3 호흡기내과       1197       9021      10218 0.12934505
  4 이비인후과       1071       8153       9224 0.11676245
  5   정형외과        335       6476       6811 0.08621737
  6       안과       1071       9568      10639 0.13467430
  7 소아청소년과     2310      18480      20790 0.26317122
```

데이터프레임 외래통계의 점유율은 진료과별 외래환자수를 총 외래환자수인 78,998명으로 나누어 계산한 값입니다. 얻어진 점유율을 소수 셋째 자리로 반올림하며 간결하게 표기하기 위해 round() 함수를 사용하겠습니다. 또한 변환 결과를 데이터프레임에 직접 반영하기 위해 데이터프레임 이름과 변수명 사이에 $ 기호를 사용하겠습니다. 이 형식을 활용하면 데이터프레임 내의 특정 변수에 직접 접근하여 개별 변수에 대한 조회나 연산을 편리하게 수행할 수 있습니다.

```
> 외래통계$점유율 <- round(외래통계$점유율, 3)
> 외래통계
       진료과 초진환자수 재진환자수 외래환자수 점유율
1  소화기내과       1775      11600      13375  0.169
2    심장내과        687       7254       7941  0.101
3  호흡기내과       1197       9021      10218  0.129
4  이비인후과       1071       8153       9224  0.117
5    정형외과        335       6476       6811  0.086
6        안과       1071       9568      10639  0.135
7 소아청소년과      2310      18480      20790  0.263
```

점유율 결과를 살펴보면 총 외래환자 중 소아청소년과, 소화기내과, 안과, 호흡기내과, 이비인후과, 심장내과, 정형외과 순으로 높은 점유율을 보이고 있음을 알 수 있습니다. 이제 변수 초진환자수를 외래환자수로 나누어 외래환자의 초진율을 산출해 보겠습니다.

```
> 외래통계$초진율 <- round(외래통계$초진환자수/외래통계$외래환자수, 3)
> 외래통계
       진료과 초진환자수 재진환자수 외래환자수 점유율 초진율
1  소화기내과       1775      11600      13375  0.169  0.133
2    심장내과        687       7254       7941  0.101  0.087
3  호흡기내과       1197       9021      10218  0.129  0.117
4  이비인후과       1071       8153       9224  0.117  0.116
5    정형외과        335       6476       6811  0.086  0.049
6        안과       1071       9568      10639  0.135  0.101
7 소아청소년과      2310      18480      20790  0.263  0.111
```

초진율은 진료과별 환자의 유입력을 나타내며, 외래환자수가 증가하면서 이 비율이 높아질 경우 진료과의 신뢰도가 증가한다고 판단할 수 있습니다. 또한, 초진율은 진료과의 성장 가능성을 평가하는 중요한 지표로 활용됩니다. 얻어진 결과에 따르면, 진료과별 초진율은 4.9%에서 13.3% 범위로 나타나고 있으며, 소화기내과가 13.3%로 가장 높은 초진율을 보였습니다.

2.4 조건문을 이용한 변수 생성

기존의 변수값에 조건문을 적용하여 새로운 변수를 생성할 수 있습니다. 이를 위해 ifelse() 함수를 사용합니다. 조건문의 결과가 두 가지 경우로 나타날 때는 ifelse() 함수를 한 번 사용하며, 이에 관한 형식은 다음과 같습니다.

[형식] ifelse(조건문, 조건문이 참(true)인 경우 반환값, 조건문이 거짓(false)인 경우 반환값)

조건문의 결과가 세 가지 이상인 경우에는 ifelse() 함수를 중첩하여 사용하게 됩니다. 예를 들어, 초진율 데이터가 0.1 이상인 경우 '10%이상', 0.05부터 0.1 미만인 경우 '5%이상', 그 외는 '5%미만'으로 초진율을 구분하는 변수를 생성하려면 아래와 같이 ifelse() 함수를 두 번 중첩하여 결과를 얻을 수 있습니다.

```
# 변수 초진율구분을 생성하고 데이터프레임 외래통계에 추가 및 결과 확인
> 외래통계$초진율구분 <- ifelse(외래통계$초진율>=0.1, "10%이상",
                          ifelse(외래통계$초진율>=0.05, "5%이상", "5%미만"))

> 외래통계
      진료과 초진환자수 재진환자수 외래환자수 점유율 초진율 초진율구분
1   소화기내과       1775      11600      13375  0.169  0.133   10%이상
2     심장내과        687       7254       7941  0.101  0.087    5%이상
3   호흡기내과       1197       9021      10218  0.129  0.117   10%이상
4   이비인후과       1071       8153       9224  0.117  0.116   10%이상
5     정형외과        335       6476       6811  0.086  0.049    5%미만
6         안과       1071       9568      10639  0.135  0.101   10%이상
7 소아청소년과       2310      18480      20790  0.263  0.111   10%이상
```

얻어진 결과를 살펴보면, 외래환자 중 초진환자수가 10% 이상을 차지하는 진료과는 소화기내과, 호흡기내과, 이비인후과, 안과, 소아청소년과로 나타나며, 5%에서 5% 이상인 진료과는 심장내과, 5% 미만인 진료과는 정형외과임을 알 수 있습니다.

2.5 | 수치로 데이터 요약하기

데이터로부터 의미 있는 정보를 얻기 위해 요약통계를 산출합니다. 변수가 범주형인 경우, 각 범주가 나타난 횟수(빈도, frequency)로 데이터를 요약하며, 수치형인 경우에는 평균, 최댓값, 최솟값, 1사분위수(1st quartile), 중앙값(median), 3사분위수(3rd quartile) 등으로 요약할 수 있습니다. 이를 위해 summary() 함수를 사용합니다. 1사분위수, 중앙값, 3사분위수는 데이터를 작은 값부터 큰 값 순으로 나열했을 때 각각 25%, 50%, 75%에 위치한 값을 의미합니다.

summary() 함수 결과를 살펴보면 7개의 변수 중 5개의 수치형변수(초진환자수, 재진환자수, 외래환자수, 점유율, 초진율)의 요약 정보는 잘 얻어졌습니다. 그러나 범주형 변수(진료과, 초진율구분)의 경우에는 해당 범주별 빈도가 출력되지 않음을 알 수 있습니다.

```
# 데이터프레임 외래통계에 속한 변수의 데이터 요약 결과
> summary(외래통계)
    진료과              초진환자수          재진환자수          외래환자수
 Length: 7          Min.   : 335       Min.   : 6476      Min.   : 6811
 Class: character   1st Qu.: 879       1st Qu.: 7704      1st Qu.: 8582
 Mode: character    Median: 1071       Median: 9021       Median: 10218
                    Mean   : 1207      Mean   : 10079     Mean   : 11285
                    3rd Qu.: 1486      3rd Qu.: 10584     3rd Qu.: 12007
                    Max.   : 2310      Max.   : 18480     Max.   : 20790

    점유율              초진율              초진율구분
 Min.   : 0.0860    Min.   : 0.0490    Length: 7
 1st Qu.: 0.1090    1st Qu.: 0.0940    Class : character
 Median: 0.1290     Median: 0.1110     Mode: character
 Mean   : 0.1429    Mean   : 0.1020
 3rd Qu.: 0.1520    3rd Qu.: 0.1165
 Max.   : 0.2630    Max.   : 0.1330
```

문제점을 파악하기 위하여 str() 함수를 사용하여 데이터프레임의 변수의 데이터형(data type)을 확인해 보겠습니다. 해당 변수들은 문자형(chr)으로 설정되어 있으므로, 이를 범주형으로 바꾸어야 문제를 해결할 수 있습니다. 이를 위해 factor() 함수를 사용

합니다.

```
# 데이터프레임 외래통계에 속한 변수의 데이터형 확인
> str(외래통계)
  'data.frame':   7 obs. of  7 variables:
   $ 진료과     : chr  "소화기내과" "심장내과" "호흡기내과" "이비인후과" ...
   $ 초진환자수: num  1775 687 1197 1071 335 ...
   $ 재진환자수: num  11600 7254 9021 8153 6476 ...
   $ 외래환자수: num  13375 7941 10218 9224 6811 ...
   $ 점유율     : num  0.169 0.101 0.129 0.117 0.086 0.135 0.263
   $ 초진율     : num  0.133 0.087 0.117 0.116 0.049 0.101 0.111
   $ 초진율구분: chr  "10%이상" "5%이상" "10%이상" "10%이상" ...

# 변수 진료과, 초진율구분의 데이터형을 범주형으로 변환 : 함수 factor() 적용
> 외래통계$진료과 <- factor(외래통계$진료과)
> 외래통계$초진율구분 <- factor(외래통계$초진율구분)
> str(외래통계)
  'data.frame':   7 obs. of  7 variables:
   $ 진료과     : Factor w/ 7 levels "소아청소년과",..: 2 3 7 5 6 4 1
                                  (생략)
   $ 초진율구분: Factor w/ 3 levels "10%이상","5%미만",..: 1 3 1 1 2 1 1
```

함수 factor()를 적용하고 str() 함수를 통해 변수 진료과 및 초진율 구분의 데이터형을 살펴보니 문자형(chr)에서 범주형(Factor)으로 변환된 것을 확인할 수 있습니다. 결과 중 기호 w/는 "with"의 줄임말입니다. 따라서 변수 진료과의 경우 7개의 범주를 갖고 있으며, 초진율구분의 경우에는 3개의 범주로 구성되어 있음을 알 수 있습니다.

```
> summary(외래통계)

       진료과            초진환자수          재진환자수          외래환자수
 소아청소년과:1     Min.    : 335      Min.    : 6476     Min.    : 6811
 소화기내과  :1     1st Qu.: 879      1st Qu.: 7704     1st Qu.: 8582
 심장내과    :1     Median: 1071      Median: 9021      Median: 10218
 안과        :1     Mean   : 1207     Mean   : 10079    Mean   : 11285
 이비인후과  :1     3rd Qu.: 1486     3rd Qu.: 10584    3rd Qu.: 12007
 정형외과    :1     Max.    : 2310     Max.    : 18480    Max.    : 20790
 호흡기내과  :1
```

```
      점유율            초진율          초진율구분
 Min.   : 0.0860   Min.   : 0.0490   10%이상: 5
 1st Qu.: 0.1090   1st Qu.: 0.0940   5%미만 : 1
 Median: 0.1290    Median: 0.1110    5%이상 : 1
 Mean   : 0.1429   Mean   : 0.1020
 3rd Qu.: 0.1520   3rd Qu.: 0.1165
 Max.   : 0.2630   Max.   : 0.1330
```

변수 진료과를 살펴보면, 7개의 진료과가 각각 한 번씩 데이터로 입력되었음을 알 수 있으며, 변수 초진율구분의 경우에는 "10%이상" 범주에 해당하는 진료과는 5곳, "5%미만"과 "5%이상"에 해당하는 진료과는 각각 1곳으로 나타나고 있습니다. 따라서 빈도를 파악하지 못했던 이전의 오류가 수정됨을 알 수 있습니다. 그러나 변수 초진율구분의 경우 출력순서가 범주의 오름차순으로 정렬되어, "5%미만" 범주가 "5%이상" 범주보다 먼저 출력되고 있습니다. 따라서 출력순서를 "10%이상", "5%이상", "5%미만"의 순서로 변경하고자 한다면 factor() 함수내에 levels 옵션을 사용해야 합니다.

```
# summary() 결과 중 변수 초진율구분의 출력순서를 조정
> 외래통계$초진율구분 <- factor(외래통계$초진율구분,
                          levels=c("10%이상", "5%이상", "5%미만"))

# 변수 초진율구분의 출력순서를 조정 결과 확인
> summary(외래통계$초진율구분)
  10%이상  5%이상  5%미만
      5       1       1
```

옵션 levels에 "10%이상", "5%이상", "5%미만"으로 순서를 지정한 후, summary(외래통계$초진율구분) 명령을 살행하여 출력순서가 조정된 것을 확인할 수 있습니다. 또한 명령 summary(외래통계)를 실행해도 동일한 결과를 확인할 수 있습니다.

```
# 변수 외래환자수에 관한 표준편차 계산
> sd(외래통계$외래환자수)
  [1] 4685.361
```

표준편차는 sd() 함수를 이용하여 얻을 수 있습니다. 표준편차는 데이터가 평균으로

부터 얼마나 퍼져 있는지를 나타내는 척도이며, 만일 표준편차가 크면 데이터가 평균에서 멀리 퍼져 있다는 것을 의미합니다. 예를 들어 변수 외래환자수의 경우, 얻어진 summary() 함수의 결과로부터 평균 외래환자수는 11,285명, sd() 함수로부터 얻어진 표준편차는 4685.361명입니다. 따라서 7개 진료과의 외래환자 수에 관한 평균과 표준편차 정보를 종합하면 11,285명 ± 4685.361명으로 나타낼 수 있습니다. 이를 구간으로 표현하면 (6599.639명, 15970.361명)으로 나타낼 수 있습니다.

2.6 데이터 추출하기

2.6.1 데이터프레임의 행과 열 추출조건을 이용한 데이터 추출

데이터프레임 외래통계는 7개의 변수와 7개의 관측값으로 구성되어 있습니다. 데이터프레임에 행(row) 추출조건과 열(column) 추출조건을 적용하면, 일부 데이터만을 선택적으로 추출할 수 있습니다.

[형식] 데이터프레임명[행 추출조건, 열 추출조건]

행 추출조건과 열 추출조건 사이에 콤마(,)가 있어야 하며, 행 추출조건이 빈칸인 경우는 모든 행을, 열 추출조건이 빈칸인 경우는 모든 열을 추출한다는 의미입니다. 예를 들어 전체 데이터 중 1~3열의 데이터를 추출하려면 행 추출조건 자리는 빈칸으로 두고, 열 추출조건 자리에 1:3을 입력하면 원하는 결과를 얻을 수 있습니다.

```
# 데이터프레임 외래통계의 전체 데이터 출력
> 외래통계
        진료과 초진환자수 재진환자수 외래환자수 점유율 초진율 초진율구분
1   소화기내과       1775      11600      13375  0.169  0.133    10%이상
2     심장내과        687       7254       7941  0.101  0.087     5%이상
3   호흡기내과       1197       9021      10218  0.129  0.117    10%이상
4   이비인후과       1071       8153       9224  0.117  0.116    10%이상
5     정형외과        335       6476       6811  0.086  0.049     5%미만
6         안과       1071       9568      10639  0.135  0.101    10%이상
7 소아청소년과       2310      18480      20790  0.263  0.111    10%이상
```

```
# 데이터프레임 외래통계에서 1~3열의 데이터를 추출
> 외래통계[, 1:3]
       진료과  초진환자수 재진환자수
  1  소화기내과      1775      11600
  2    심장내과       687       7254
  3  호흡기내과      1197       9021
  4  이비인후과      1071       8153
  5    정형외과       335       6476
  6        안과      1071       9568
  7 소아청소년과     2310      18480
```

만약 전체 데이터프레임 중 1~4행, 그리고 1~3, 5, 6열의 데이터를 추출하고자 한다면 다음의 명령을 실행합니다.

```
# 데이터프레임 외래통계에서 1~4행 그리고 1~3, 5, 6열의 데이터를 추출
> 외래통계[1:4, c(1:3, 5, 6)]
       진료과  초진환자수 재진환자수 점유율 초진율
  1 소화기내과       1775      11600  0.169  0.133
  2   심장내과        687       7254  0.101  0.087
  3 호흡기내과       1197       9021  0.129  0.117
  4 이비인후과       1071       8153  0.117  0.116
```

1행부터 4행까지 연속된 4개의 행을 표현하기 위해 행 추출조건 자리에 1:4를 사용했습니다. 또한 1~3, 5, 6열을 열 추출조건 자리에 표현하기 위해 c() 함수를 사용하여 하나로 묶었습니다. 따라서 위와 같은 결과를 얻을 수 있습니다.

이번에는 외래환자수가 10,000명 이상인 진료과의 모든 정보들을 추출해 보겠습니다. 이를 위해 조건 '외래환자수>=10000'을 행 추출조건에 입력하고, 열 추출조건에는 조건을 적용하지 않습니다. 얻어진 결과를 살펴보면 7개 진료과 중 소화기내과, 호흡기내과, 안과, 소아청소년과가 해당됨을 알 수 있습니다.

```
# 외래환자수가 10,000명 이상인 진료과의 모든 데이터를 추출
> 외래통계[외래환자수>=10000, ]
       진료과  초진환자수 재진환자수 외래환자수 점유율 초진율 초진율구분
  1  소화기내과      1775      11600      13375  0.169  0.133    10%이상
  3  호흡기내과      1197       9021      10218  0.129  0.117    10%이상
```

```
  6          안과      1071       9568      10639  0.135  0.101    10%이상
  7  소아청소년과      2310      18480      20790  0.263  0.111    10%이상
```

여기에 AND 조건을 추가하려면 '&' 기호를 사용합니다. 만약 외래환자 수가 10,000명 이상이며, 점유율이 15% 이상인 진료과를 추출하고자 한다면 '외래환자수>=10000 & 점유율>=0.15'를 행 추출조건에 적용하여 결과를 얻습니다. 결과로써 소화기내과와 소아청소년과의 모든 데이터가 얻어졌습니다.

```
# AND 조건(&)을 적용한 데이터 추출
> 외래통계[외래환자수>=10000 & 점유율>=0.15, ]
        진료과 초진환자수 재진환자수 외래환자수 점유율 초진율 초진율구분
  1   소화기내과       1775      11600      13375  0.169  0.133    10%이상
  7  소아청소년과      2310      18480      20790  0.263  0.111    10%이상
```

OR 조건을 사용하는 경우라면 '|' 기호를 사용합니다. 예를 들어 점유율이 20%를 초과하거나 10% 미만인 모든 데이터를 추출하려면, 조건 '점유율>=0.2 | 점유율<0.1'을 행 추출조건에 적용합니다. 아래 얻어진 결과를 살펴보면 점유율이 26.3%에 해당하는 소아청소년과와 8.6%인 정형외과의 모든 데이터가 추출되었음을 확인할 수 있습니다.

```
# OR 조건(|)을 적용한 데이터 추출
> 외래통계[점유율>=0.2 | 점유율<0.1, ]
        진료과 초진환자수 재진환자수 외래환자수 점유율 초진율 초진율구분
  5     정형외과        335       6476       6811  0.086  0.049     5%미만
  7  소아청소년과      2310      18480      20790  0.263  0.111    10%이상
```

이제 초진율구분이 '10%이상'인 진료과의 모든 데이터를 추출해 보겠습니다. 이를 위해서는 행 추출조건에 초진율구분=="10%이상" 이라는 조건을 적용합니다. 그러나, 외래통계[초진율구분=="10%이상",] 명령을 실행하면 "객체 '초진율구분'를 찾을 수 없습니다"라는 에러가 발생할 수 있습니다. 이 에러는 변수 초진율구분이 데이터프레임에 추가될 때 data.frame() 함수를 통해 추가된 것이 아니거나, 데이터프레임을 명시적으로 참조하지 않았기 때문입니다. 이러한 경우, 변수명 앞에 데이터프레임 이름과 $를 추가하여, 초진율구분을 '외래통계$초진율구분'으로 수정하면 문제를 해결할 수 있습니다. 수정 후, 얻어진 결과를 살펴보면 초진율구분이 '10%이상'에 해당하는 진료과는 5곳임

을 확인할 수 있습니다.

```
# 초진율구분이 '10%이상'인 진료과의 모든 데이터를 추출하도록 행 조건을 부여
> 외래통계[초진율구분=="10%이상", ]
  에러: 객체 '초진율구분'를 찾을 수 없습니다

> 외래통계[외래통계$초진율구분=="10%이상", ]
         진료과 초진환자수 재진환자수  외래환자수 점유율 초진율 초진율구분
  1    소화기내과      1775      11600      13375  0.169  0.133    10%이상
  3    호흡기내과      1197       9021      10218  0.129  0.117    10%이상
  4    이비인후과      1071       8153       9224  0.117  0.116    10%이상
  6          안과      1071       9568      10639  0.135  0.101    10%이상
  7  소아청소년과      2310      18480      20790  0.263  0.111    10%이상
```

2.6.2 subset() 함수를 이용한 데이터 추출

전체 데이터에서 일부 데이터를 추출하는 다른 방법으로 subset() 함수를 이용하는 방법이 있습니다. 함수 subset()의 형식은 다음과 같습니다.

[형식] subset(x, subset, select)

여기서 x는 전체 데이터, 옵션 subset은 추출할 행을 지정하는 조건, select는 추출할 열을 지정하는 조건을 의미합니다. subset() 함수를 이용해 데이터를 추출한 결과는, 앞 2.6.1절에서 소개된 행과 열의 조건을 활용한 데이터 추출 결과와 동일합니다.

```
# 외래통계[, 1:3]과 동일한 결과를 얻는 subset() 함수 명령
> subset(외래통계, ,select=c("진료과", "초진환자수", "재진환자수"))    # 명령①
> subset(외래통계, select=c("진료과", "초진환자수", "재진환자수"))     # 명령②
> subset(외래통계, select=1:3)                                          # 명령③
```

명령①은 7행 7열로 구성된 데이터프레임 외래통계에서 1열부터 3열의 모든 데이터를 추출하는 방법으로, 변수명 진료과, 초진환자수, 재진환자수를 직접 지정하는 방식입니다. 다만, 모든 행 데이터를 추출하기 때문에 행 조건을 지정하는 옵션 subset는 빈칸으로 설정하였습니다. 그러나 이를 조금 더 간단히 표현하고자 한다면 옵션 subset을 생략하고 명령②와 같이 설정할 수 있습니다. 명령③은 동일한 데이터를 추출하되, 1열

부터 3열을 1:3의 숫자 범위로 간단히 표현하는 방식입니다. 명령③은 작성이 간결하다는 장점이 있는 반면, 변수명을 직접 지정하는 명령①과 명령② 방식은 데이터의 가독성과 명확성을 높일 수 있는 장점이 있습니다.

```
# 외래통계[외래환자수>=10000, ]과 동일한 결과를 얻는 subset() 명령
> subset(외래통계, 외래환자수>=10000, select=1:7)                    # 명령④
> subset(외래통계[외래환자수>=10000, ], select=1:7)                  # 명령⑤

# 외래통계[외래환자수>=10000 & 점유율>=0.15, ]과 동일한 결과를 얻는 subset() 명령
> subset(외래통계, 외래환자수>=10000 & 점유율>=0.15, select=1:7)     # 명령⑥
> subset(외래통계[외래환자수>=10000 & 점유율>=0.15, ], select=1:7)   # 명령⑦

# 외래통계[점유율>0.2 | 점유율<0.1, ]과 동일한 결과를 얻는 subset() 명령
> subset(외래통계, 점유율>=0.2 | 점유율<0.1, select=1:7)             # 명령⑧
> subset(외래통계[점유율>=0.2 | 점유율<0.1, ], select=1:7)           # 명령⑨

# 외래통계[외래통계$초진율구분=="10%이상", ]과 동일 결과를 얻는 subset() 명령
> subset(외래통계, 초진율구분=="10%이상", select=1:7)                # 명령⑩
> subset(외래통계[초진율구분=="10%이상", ], select=1:7)              # 명령⑪
```

위 명령⑤, ⑦, ⑨, ⑪은 명령④, ⑥, ⑧, ⑩ 중 옵션 subset에 해당하는 행 조건을 데이터프레임에 적용한 명령입니다. 따라서 향후 데이터를 추출할 때, 조건을 데이터프레임에 직접 적용하는 방법과 옵션 subset을 사용하는 방법 중에서 사용자의 편의에 맞추어 적절한 명령을 활용하면 되겠습니다.

2.7 데이터 정렬하기

2.7.1 R에서 데이터 정렬(1) : 기본 명령 활용

데이터 분석 과정에서 데이터를 특정 기준에 따라 체계적으로 배열하여 정보를 쉽게 이해하고 활용할 수 있도록 데이터 정렬을 수행합니다. 정렬을 통해 데이터의 패턴을 파악하거나, 최댓값과 최솟값과 같은 중요 지표를 빠르게 확인할 수 있으며, 특정 조건에 따라 데이터를 분류하고 분석할 수 있습니다. 특히, 대규모 데이터셋의 경우 정렬은 데이터 시각화, 요약 통계 계산, 데이터 비교와 같은 작업의 효율성을 높여줍니다. 또한, 정렬된 데이터를 활용하면 보고서 작성이나 의사결정 과정에서 명확한 정보를 제공할 수도 있습니다.

이제 데이터프레임의 행과 열을 추출하는 명령에서, 행 조건 위치에 order() 함수를 사용하여 데이터를 정렬하는 방법을 소개하겠습니다. 이러한 방법을 통해 특정 열의 값을 기준으로 데이터프레임을 오름차순 또는 내림차순으로 정렬할 수 있습니다.

```
# 초진환자수 기준 오름차순 정렬
> 외래통계_정렬 <- 외래통계[order(외래통계$초진환자수), ]
> 외래통계_정렬
       진료과 초진환자수 재진환자수 외래환자수 점유율 초진율 초진율구분
5    정형외과        335       6476       6811  0.086  0.049      5%미만
2    심장내과        687       7254       7941  0.101  0.087      5%이상
4  이비인후과       1071       8153       9224  0.117  0.116     10%이상
6        안과       1071       9568      10639  0.135  0.101     10%이상
3  호흡기내과       1197       9021      10218  0.129  0.117     10%이상
1  소화기내과       1775      11600      13375  0.169  0.133     10%이상
7 소아청소년과      2310      18480      20790  0.263  0.111     10%이상
```

위 결과는 변수 초진환자수를 기준으로 오름차순 정렬한 결과입니다. 만약 숫자형 변수의 경우 내림차순으로 정렬하려면 변수명 앞에 '-' 를 추가합니다.

```
# 외래환자수 기준 내림차순 정렬
> 외래통계_정렬 <- 외래통계[order(-외래통계$외래환자수), ]
> 외래통계_정렬
       진료과 초진환자수 재진환자수 외래환자수 점유율 초진율 초진율구분
7 소아청소년과      2310      18480      20790  0.263  0.111     10%이상
1  소화기내과       1775      11600      13375  0.169  0.133     10%이상
6        안과       1071       9568      10639  0.135  0.101     10%이상
3  호흡기내과       1197       9021      10218  0.129  0.117     10%이상
4  이비인후과       1071       8153       9224  0.117  0.116     10%이상
2    심장내과        687       7254       7941  0.101  0.087      5%이상
5    정형외과        335       6476       6811  0.086  0.049      5%미만
```

문자형 또는 범주형 변수를 내림차순으로 정렬하고자 한다면 order() 함수에 decreasing 옵션을 추가합니다. 이번에는 변수 초진율구분을 대상으로 데이터를 내림차순으로 정렬하겠습니다.

```
# 변수 초진율구분의 속성 확인
> str(외래통계_정렬$초진율구분)
  Factor w/ 3 levels "10%이상","5%이상",..: 1 1 1 1 1 2 3

> 외래통계_정렬 <- 외래통계[order(외래통계$초진율구분, decreasing = TRUE), ]
> 외래통계_정렬
       진료과 초진환자수 재진환자수 외래환자수 점유율 초진율 초진율구분
5    정형외과        335       6476       6811  0.086  0.049      5%미만
2    심장내과        687       7254       7941  0.101  0.087      5%이상
1  소화기내과       1775      11600      13375  0.169  0.133     10%이상
3  호흡기내과       1197       9021      10218  0.129  0.117     10%이상
4  이비인후과       1071       8153       9224  0.117  0.116     10%이상
6        안과       1071       9568      10639  0.135  0.101     10%이상
7 소아청소년과      2310      18480      20790  0.263  0.111     10%이상
```

명령 str(외래통계_정렬$초진율구분)의 결과를 살펴보면, 현재 초진율구분 변수는 범주형(factor)으로 설정되어 있으며, 레벨 순서는 "10%이상", "5%이상", "5%미만"임을 알 수 있습니다. 하지만 외래통계_정렬 데이터프레임에 order() 함수와 decreasing = TRUE 옵션을 적용한 결과, 데이터가 "5%미만", "5%이상", "10%이상" 순서로 내림차순이 적용됨을 알 수 있습니다.

또한 함수 order()를 사용할 때 여러 열을 기준으로 정렬하려면, 각 열마다 오름차순 또는 내림차순 여부를 개별적으로 지정해야 합니다. 예를 들어, 초진율구분은 내림차순, 진료과는 오름차순으로 정렬하고자 할 경우, 다음과 같이 명령을 작성합니다.

```
# 변수(초진율구분, 진료과)를 활용하여 정렬
> 외래통계_정렬 <- 외래통계[order(외래통계$초진율구분, 외래통계$진료과,
                                      decreasing = c(TRUE, FALSE)), ]
> 외래통계_정렬
       진료과 초진환자수 재진환자수 외래환자수 점유율 초진율 초진율구분
5    정형외과        335       6476       6811  0.086  0.049      5%미만
2    심장내과        687       7254       7941  0.101  0.087      5%이상
7 소아청소년과      2310      18480      20790  0.263  0.111     10%이상
1  소화기내과       1775      11600      13375  0.169  0.133     10%이상
6        안과       1071       9568      10639  0.135  0.101     10%이상
4  이비인후과       1071       8153       9224  0.117  0.116     10%이상
3  호흡기내과       1197       9021      10218  0.129  0.117     10%이상
```

얻어진 결과는 초진율구분을 내림차순, 진료과를 오름차순으로 정렬되었습니다. 따라서 초진율구분 데이터는 "5%미만", "5%이상", "10%이상" 순서로 출력되었으며, "10% 이상"에 해당하는 진료과의 이름은 소아청소년과, 소화기내과부터 호흡기내과까지 오름차순으로 나열되어 있음을 확인할 수 있습니다.

2.7.2 R에서 데이터 정렬(2) : dplyr 패키지 활용

dplyr 패키지는 R 언어에서 데이터프레임을 효율적으로 조작하고 변환하는 도구를 제공합니다. 이 패키지는 데이터 전처리 과정을 간결하고 직관적으로 수행할 수 있도록 설계되었습니다. 만약 arrange() 함수를 사용한다면 데이터를 정렬할 수 있습니다.

```
# dplyr 패키지 설치 및 활성화
> install.packages("dplyr")
> library("dplyr")

# dplyr 패키지를 활용한 정렬 (1) : 초진환자수 기준 오름차순 정렬
> 외래통계_정렬 <- 외래통계 %>% arrange(초진환자수)
> 외래통계_정렬
       진료과 초진환자수 재진환자수 외래환자수 점유율 초진율 초진율구분
1    정형외과       335       6476       6811  0.086  0.049      5%미만
2    심장내과       687       7254       7941  0.101  0.087      5%이상
3  이비인후과      1071       8153       9224  0.117  0.116     10%이상
4        안과      1071       9568      10639  0.135  0.101     10%이상
5  호흡기내과      1197       9021      10218  0.129  0.117     10%이상
6  소화기내과      1775      11600      13375  0.169  0.133     10%이상
7 소아청소년과     2310      18480      20790  0.263  0.111     10%이상
```

외래통계 %>% arrange(초진환자수) 명령은 외래통계[order(외래통계$초진환자수),] 명령과 동일한 결과를 제공합니다. 이 명령에서 %>% 연산자는 외래통계 데이터프레임을 arrange() 함수에 전달하는 역할을 수행합니다. 함수 arrange()는 전달받은 외래통계 데이터프레임 중 변수 초진환자수를 기준으로 오름차순 정렬을 수행합니다. 내림차순으로 정렬을 원한다면 desc() 함수를 arrange() 함수 내에서 지정해 줍니다. 또한, 여러 변수를 기준으로 정렬하려면 우선순위에 따라 변수들을 arrange() 함수 내에 나열하면 됩니다. 예를 들어, 초진율구분을 내림차순으로, 진료과를 오름차순으로 정렬하려면 다음과 같이 작성할 수 있습니다.

```
# dplyr 패키지를 활용한 정렬 (2) : 내림차순(초진율구분), 오름차순(진료과) 정렬
> 외래통계_정렬 <- 외래통계 %>% arrange(desc(초진율구분), 진료과)
> 외래통계_정렬
         진료과 초진환자수 재진환자수 외래환자수 점유율 초진율 초진율구분
1      정형외과        335       6476       6811  0.086  0.049     5%미만
2      심장내과        687       7254       7941  0.101  0.087     5%이상
3  소아청소년과       2310      18480      20790  0.263  0.111    10%이상
4    소화기내과       1775      11600      13375  0.169  0.133    10%이상
5          안과       1071       9568      10639  0.135  0.101    10%이상
6    이비인후과       1071       8153       9224  0.117  0.116    10%이상
7    호흡기내과       1197       9021      10218  0.129  0.117    10%이상
```

얻어진 결과는 2.6.1절에서 사용한 명령 외래통계[order(외래통계$초진율구분, 외래통계$진료과, decreasing=c(TRUE, FALSE)),]과 동일한 결과를 제공하고 있음을 확인할 수 있습니다.

2.8 데이터 내보내기와 불러오기

2.8.1 CSV 파일 생성 및 불러오기

R에서 사용하는 데이터를 R의 외부로 내보내며 파일을 생성할 수 있습니다. write.csv() 함수를 이용하여 CSV(comma-separated values) 형식의 파일을 생성할 수 있으며, 파일에 입력된 데이터 값들은 쉼표로 구분됩니다. 아래 명령은 데이터프레임 외래통계를 경로 c:/my_R에 외래통계.csv라는 파일명으로 저장합니다.

```
# 데이터프레임 외래통계를 csv 형식의 외부 파일 외래통계.csv로 내보내기
> write.csv(외래통계, "c:/my_R/외래통계.csv", fileEncoding="EUC-KR")
```

또한, fileEncoding="EUC-KR"을 적용하여 한글 데이터가 저장될 때 한글이 깨지지 않도록 반영하였으며, 이를 통해 저장한 파일의 결과를 살펴보면 <그림 2-1>과 같습니다. 만약 현재 결과처럼 첫 번째 열에 행 번호가 자동으로 생기지 않도록 하려면, write.csv() 함수에 row.names = FALSE 옵션을 추가하여 write.csv(외래통계, "c:/my_R/외래통계.csv", row.names = FALSE, fileEncoding="EUC-KR")를 사용합니다.

	A	B	C	D	E	F	G	H
1		진료과	초진환자수	재진환자수	외래환자수	점유율	초진율	초진율구분
2	1	소화기내과	1775	11600	13375	0.169	0.133	10%이상
3	2	심장내과	687	7254	7941	0.101	0.087	5%이상
4	3	호흡기내과	1197	9021	10218	0.129	0.117	10%이상
5	4	이비인후과	1071	8153	9224	0.117	0.116	10%이상
6	5	정형외과	335	6476	6811	0.086	0.049	5%미만
7	6	안과	1071	9568	10639	0.135	0.101	10%이상
8	7	소아청소년과	2310	18480	20790	0.263	0.111	10%이상

그림 2-1 write.csv() 함수를 이용해 생성한 진료과별 외래환자 통계 데이터 파일

저장한 외래통계.csv 파일의 데이터를 불러오고자 한다면, 아래와 같이 read.csv() 함수를 사용합니다.

```
# 경로 "c:/my_R"의 외래통계.csv 파일을 불러오기
> read.csv("c:/my_R/외래통계.csv",  fileEncoding="EUC-KR")
       진료과 초진환자수 재진환자수 외래환자수 점유율 초진율  초진율구분
1  소화기내과       1775      11600      13375  0.169  0.133     10%이상
2    심장내과        687       7254       7941  0.101  0.087      5%이상
3  호흡기내과       1197       9021      10218  0.129  0.117     10%이상
4  이비인후과       1071       8153       9224  0.117  0.116     10%이상
5    정형외과        335       6476       6811  0.086  0.049      5%미만
6        안과       1071       9568      10639  0.135  0.101     10%이상
7 소아청소년과      2310      18480      20790  0.263  0.111     10%이상
```

read.csv() 함수를 사용하여 외부 데이터 파일(외래통계.csv)의 데이터를 불러온 것을 확인할 수 있습니다.

2.8.2 EXCEL 파일 생성 및 불러오기

데이터프레임 외래통계의 데이터를 R의 외부로 내보내며 Excel 파일에 저장하고, 저장한 데이터를 R로 불러오도록 하겠습니다. 이를 위해 writexl 패키지를 설치하고 write_xlsx() 함수를 사용합니다.

```
# Excel 파일 생성을 위한 패키지 writexl 설치 및 활용
> install.packages("writexl")
> library("writexl")
```

```
# c:/my_R에 외래통계.xlsx 파일 생성하기
> write_xlsx(외래통계, "c:/my_R/외래통계.xlsx")
```

Excel 파일은 EUC-KR 인코딩을 기본적으로 지원하므로, 별도로 이에 관한 fileEncoding을 지정할 필요는 없습니다. 따라서 위의 write_xlsx() 명령을 사용하면 한글 데이터도 정상적으로 저장됩니다. 이제 readxl 패키지를 설치하고 read_excel() 함수를 사용하여 Excel 파일로 저장된 데이터를 불러오겠습니다.

```
# c:/my_R에 저장된 외래통계.xlsx 파일의 데이터 불러오기
> install.packages("readxl")
> library("readxl")

# 외래동계.xlsx 파일의 데이디 불러오기
> read_excel("c:/my_R/외래통계.xlsx")
   진료과        초진환자수  재진환자수  외래환자수  점유율  초진율  초진율구분
  소화기내과        1775      11600      13375   0.169  0.133    10%이상
  심장내과           687       7254       7941   0.101  0.087     5%이상
  호흡기내과        1197       9021      10218   0.129  0.117    10%이상
  이비인후과        1071       8153       9224   0.117  0.116    10%이상
  정형외과           335       6476       6811   0.086  0.049     5%미만
  안과              1071       9568      10639   0.135  0.101    10%이상
  소아청소년과      2310      18480      20790   0.263  0.111    10%이상
```

외래통계.xlsx 파일의 데이터를 불러오기 위해 경로 c:/my_R을 파일명 외래통계 앞에 지정해 주었습니다. 그러나 setwd() 함수를 이용해 c:/my_R을 작업 디렉토리(working directory)로 설정하면, 경로 지정 없이 파일명만 사용하여 데이터를 손쉽게 불러올 수 있습니다. 만약 설정 이전의 디렉토리로 작업 디렉토리를 변경하고자 한다면, getwd() 함수를 사용해 설정 이전의 디렉토리를 미리 파악해 두어야 합니다. 이후, 필요한 경우 setwd() 함수를 다시 적용하여 원래 디렉토리로 복구할 수 있습니다.

```
# 현재 작업 디렉토리를 original_dir에 저장하기
> original_dir <- getwd()

# c:/my_R를 작업 디렉토리로 설정하기
> setwd("c:/my_R/")
```

```
# c:/my_R를 생략하고 데이터 불러오기
> read_excel("외래통계.xlsx")
   진료과       초진환자수 재진환자수 외래환자수 점유율 초진율 초진율구분
  소화기내과          1775      11600      13375  0.169  0.133     10%이상
  심장내과             687       7254       7941  0.101  0.087      5%이상
                                (생략)
  안과                1071       9568      10639  0.135  0.101     10%이상
  소아청소년과        2310      18480      20790  0.263  0.111     10%이상

# c:/my_R으로 부터 작업 디렉토리 복구 및 확인
> setwd(original_dir)
> getwd()
```

위 명령을 실행하면 작업 디렉토리가 c:/my_R로 변경된 후, 원래 디렉토리로 복구되었음을 확인할 수 있습니다.

2.9 대화상자를 활용한 R 패키지 설치

R 사용자들은 기본 기능 외에 필요한 추가 기능을 패키지 형태로 제작하여, CRAN의 홈페이지(cran.r-project.org/web/packages)를 통해 다른 사용자들에게 무료로 배포하고 있습니다. <그림 2-2>는 2.8.2절에서 사용한 readxl 패키지의 세부사항을 CRAN에서 확인한 내용입니다. 이로부터 readxl 패키지의 최신 버전은 1.4.3이며, R 버전 3.6 이상에서 사용할 수 있음을 알 수 있습니다. 패키지 readxl를 설치하고 활성화하려면, 함수 install.packages()와 library()를 사용합니다.

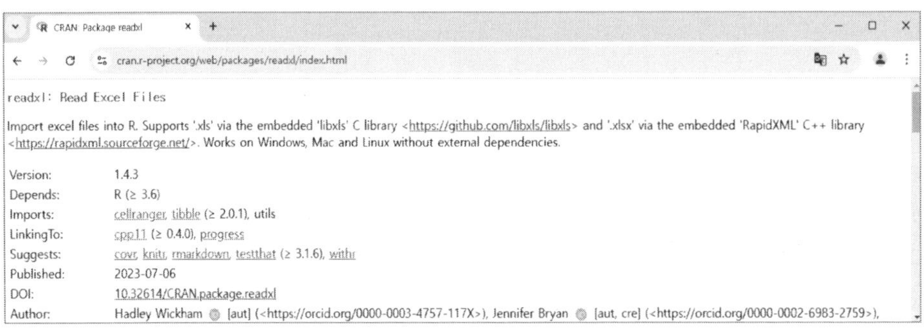

그림 2-2 readxl 패키지 세부 정보

install.packages() 함수를 사용하지 않고 패키지를 더 편리하게 설치하고자 할 경우, RStudio의 Packages 패널을 활용할 수 있습니다. 사용하려는 패키지가 아직 사용자 라이브러리에 없다면, <그림 2-3>과 같이 Packages 패널의 Install 버튼을 클릭한 뒤 나타나는 'Install Packages' 대화상자에서 설치할 패키지 이름을 입력하고 'Install' 버튼을 누르면 해당 패키지가 자동으로 설치됩니다.

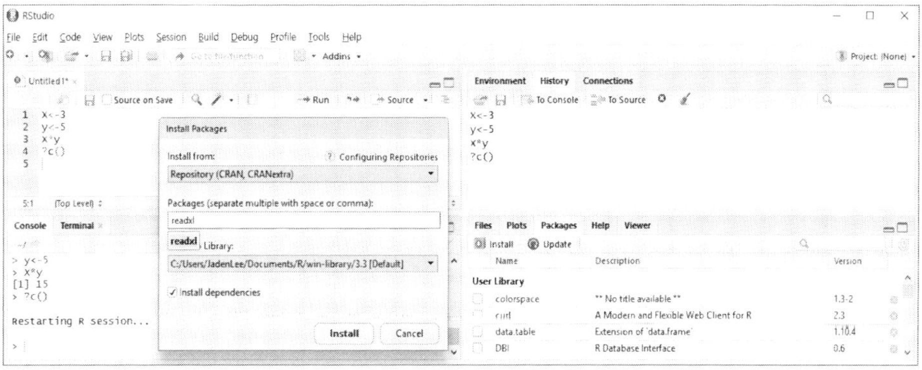

그림 2-3 readxl 패키지 설치 화면

패키지 readxl을 사용할 수 있도록 활성화하기 위해, <그림 2-4>와 같이 패키지 이름 앞의 상자를 클릭하여 √ 표시가 나타나도록 합니다. 이렇게 하면 사용자가 library() 함수를 사용해 직접 패키지를 활성화하는 것과 동일한 효과를 얻을 수 있습니다.

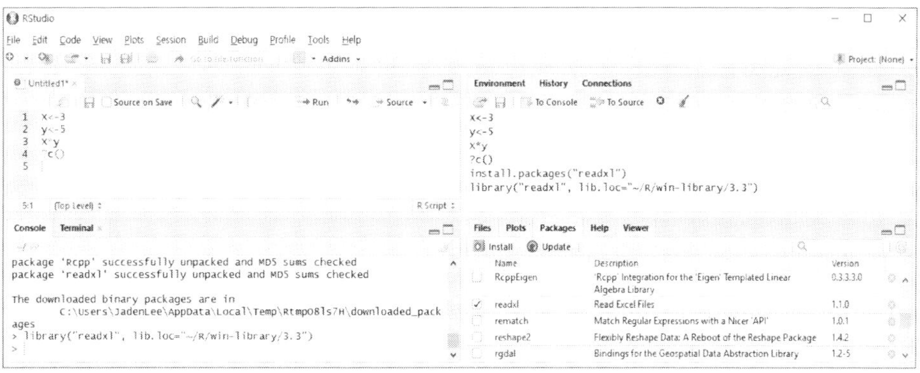

그림 2-4 설치된 readxl 패키지 활성화

연습문제

1. 현재 병원의 진료과별 신환 환자수는 아래 표와 같을 때, 이 값을 변수명 신환환자수에 입력하시오.

소화기내과	심장내과	호흡기내과	이비인후과	정형외과	안과	소아청소년과
955	272	574	267	116	397	1138

2. 다음을 수행하시오.

1) 문항 1에서 생성한 변수 신환환자수를 2장 본문에서 생성한 외래통계 데이터프레임의 마지막 변수로 추가하시오.
2) 데이터프레임 외래통계에 입력된 데이터를 출력하시오.
3) 데이터프레임 외래통계의 구조를 확인하시오.
4) 데이터프레임 외래통계에 속한 변수의 요약 통계를 파악하시오.

3. 외래통계 데이터프레임에서 아래와 같은 순서로 데이터를 추출하고, 이를 새로운 데이터프레임 외래통계_신환반영으로 생성하시오.

진료과	신환환자수	초진환자수	재진환자수	외래환자수
소화기내과	955	1775	11600	13375
심장내과	272	687	7254	7941
호흡기내과	574	1197	9021	10218
이비인후과	267	1071	8153	9224
정형외과	116	335	6476	6811
안과	397	1071	9568	10639
소아청소년과	1138	2310	18480	20790

4. 외래환자 신환율은 해당 병원에 최초로 방문한 환자의 비율을 의미한다. 신환환자수를 외래환자수로 나누어 신환율을 계산하고, 이를 외래통계_신환반영 데이터프레임의 6번째 변수로 반영되도록 하시오. 또한 신환율은 소수 셋째 자리로 반올림되도록 설정하시오.

5. 전년도 진료과별 외래환자수를 표로부터 확인 후, 외래환자수_전년도 변수에 새롭게 입력하고, 외래통계_신환반영 데이터프레임의 7번째 변수로 추가하시오.

소화기내과	심장내과	호흡기내과	이비인후과	정형외과	안과	소아청소년과
12135	8213	9654	7985	7214	9125	18293

6. 외래환자수가 전년도 외래환자수 보다 많은 경우 '증가', 그렇지 않은 경우 '감소'가 나타나도록 새로운 변수 증감을 외래통계_신환반영 데이터프레임의 8번째 변수로 생성하시오.

7. 외래통계_신환반영 데이터프레임에 포함된 변수들의 요약 통계를 생성하시오. 이때 증감 변수의 요약 통계 결과로 '감소 2', '증가 5'가 출력되도록 하시오.

8. 외래환자수를 전년도의 외래환자수와 비교하여 증감율을 파악하고자 하며, 증감율을 구하는 수식은 "(외래환자수 - 외래환자수_전년도)/외래환자수_전년도" 이다. 이를 사용하여 외래통계_신환반영 데이터프레임에 증감율 변수를 9번째 변수로 추가하시오. 또한 증감율은 소수 3번째 자리로 반올림이 반영되도록 설정하시오.

9. 변수 증감, 신환율을 대상으로 정렬기준을 모두 내림차순을 적용하여 외래통계_신환반영 데이터프레임의 전체 데이터를 정렬하시오. 정렬 방법으로 order() 함수를 활용하는 방법과 dplyr 패키지 활용하는 방법을 모두 수행하시오.

10. 외래통계_신환반영 데이터프레임을 c:/my_R/ 경로에 "외래통계_신환반영.xlsx" 파일로 저장한 후, 새로운 R 창을 열어 해당 파일을 불러오고 데이터를 확인하시오. 같은 방식으로 CSV 파일("외래통계_신환반영.csv")도 저장하고 불러오시오.

3장

R 그래프를 이용한 데이터 분석

데이터를 분석하는 가장 좋은 방법 중 하나는 패턴과 특징을 한눈에 파악할 수 있도록 그래프로 시각화하는 것입니다. 3장에서는 2장에서 사용한 외래통계 데이터프레임의 변수들을 활용하여 막대그래프, 히스토그램, 파이차트, 꺾은선 그래프, 상자그림의 작성법과 여러 그래프를 함께 비교하는 방법을 소개하겠습니다.

3.1 | 막대그래프 작성하기

막대그래프(barplot)은 범주별로 조사된 빈도(개수)를 막대로 나타내는 그래프입니다. R에서는 barplot() 함수를 이용하여 작성할 수 있습니다. 이제, 변수 진료과와 초진환자수를 사용하여, 진료과별 초진환자수 막대그래프를 생성해 보겠습니다.

```
# 기본형 barplot() 작성
> barplot(초진환자수, names=진료과)
```

여기서 names=진료과는 7개의 진료과 이름이 입력된 변수를 나타내며, 이 변수는 막대그래프의 X축을 구성합니다. Y축은 초진환자수의 값을 나타내며, 막대의 길이는 초진환자수 값의 크기에 따라 결정됩니다.

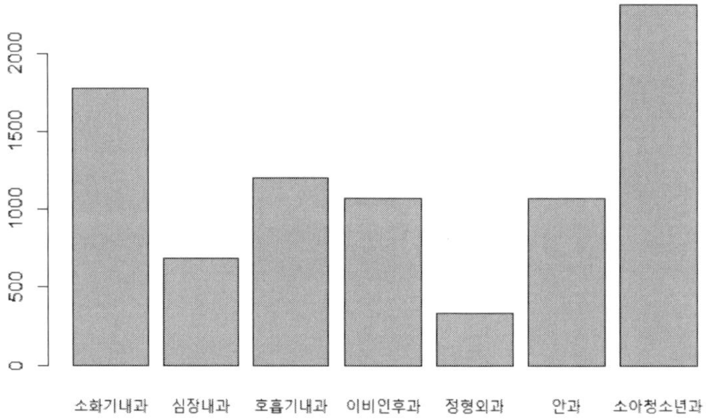

그림 3-1 진료과별 초진환자수 막대그래프

이제 <그림 3-1>의 기본형 그래프에 Y축의 범위를 2500까지 확대하고 그래프 제목, X축 제목, Y축 제목 및 막대별 색상을 추가하겠습니다.

```
# barplot()에 제목, 축 제목과 막대색상을 반영
> barplot(초진환자수, names=진료과,
        ylim=c(0, 2500),                        # Y축 범위 확대
        xlab="진료과",                          # X축 이름 지정
        ylab="초진환자수",                      # Y축 이름 지정
        main="진료과별 초진환자수 비교",        # 그래프 제목 지정
        col=rainbow(7))                         # 막대를 7가지 색상으로 표현
```

명령 중 ylim은 y-axis limits의 약어이며, Y축의 범위를 지정할 때 사용합니다. 또한 xlab, ylab, col은 각각 xlabel(X축 이름), ylabel(Y축 이름), color(색상)를 나타냅니다. 또한 옵션 main을 사용하여 그래프의 제목을 추가하였습니다.

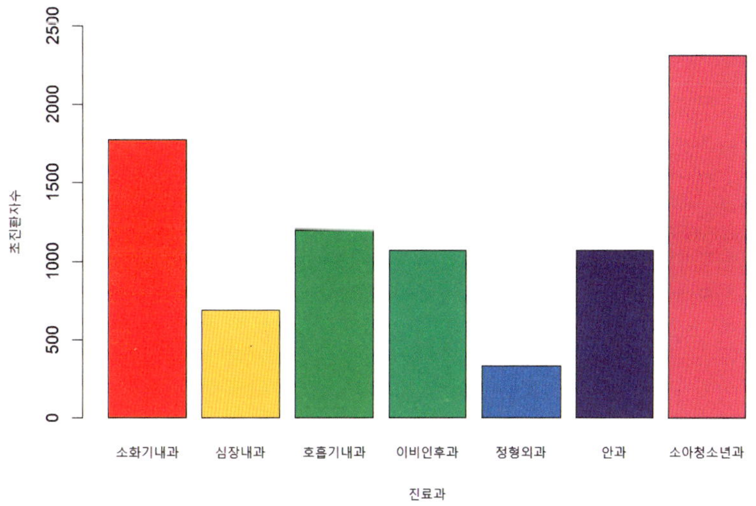

그림 3-2 진료과별 초진환자수 막대그래프(색상 및 레이블 추가)

얻어진 <그림 3-2>를 살펴보면 소아청소년과, 소화기내과 등의 순으로 초진환자수가 많으며, 정형외과의 경우 초진환자수가 가장 적음을 시각적으로 쉽게 파악할 수 있습니다.

3.2 | 히스토그램 작성하기

히스토그램(histogram)은 변수값의 최댓값과 최솟값 사이를 적당한 개수의 동일 구간으로 나누고, 각 구간에 속한 데이터의 개수를 막대로 나타내는 그래프입니다. R에서는

hist() 함수를 사용하여 히스토그램을 작성합니다. 재진환자수를 이용하여 히스토그램을 작성해 보겠습니다.

```
# 재진환자수에 관한 히스토그램 작성
> hist(재진환자수,
       xlab="재진환자수",                     # X축 이름 지정
       ylab="빈도",                           # Y축 이름 지정
       main="재진환자수에 관한 분포",           # 그래프 제목 지정
       col="yellow")                          # 막대를 노란색으로 표현
```

위 명령을 실행하면 <그림 3-3>과 같은 히스토그램을 생성할 수 있습니다. 재진환자수가 5,000명에서 10,000명 사이에 해당하는 진료과는 5곳이며, 10,000명에서 15,000명, 15,000명에서 20,000명 사이에 해당하는 진료과는 각각 1곳으로 나타납니다.

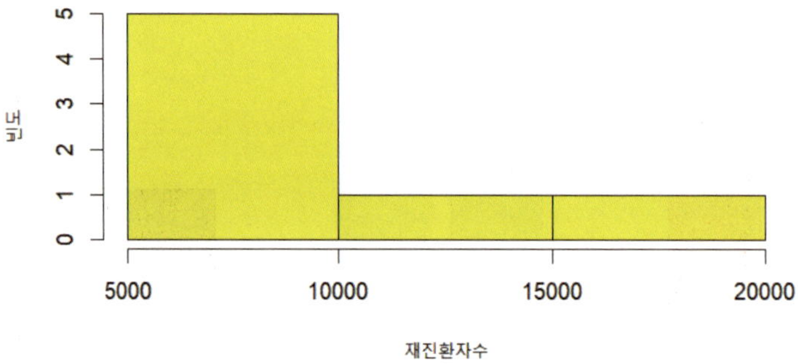

그림 3-3 재진환자 수에 관한 분포

현재 히스토그램은 3개의 구간을 갖습니다. 이제 구간의 수를 5개로 늘려 그래프를 더 세분화하겠습니다. 이를 위해 hist() 함수에 breaks=5 명령을 추가합니다.

```
# 재진환자수에 관한 히스토그램 조정 : breaks=5 추가
> hist(재진환자수,
       xlab="재진환자수",
       ylab="빈도",
       main="재진환자수에 관한 분포",
       col="yellow",
       breaks=5)
```

위 명령에 breaks=5를 적용하여 히스토그램을 5개의 구간으로 나누도록 설정하였습

니다. 그러나 R은 데이터를 기반으로 적절한 구간 경계를 자동으로 계산하기 때문에, <그림 3-4>의 히스토그램과 같이 구간 수는 정확히 5개가 아닐 수 있습니다.

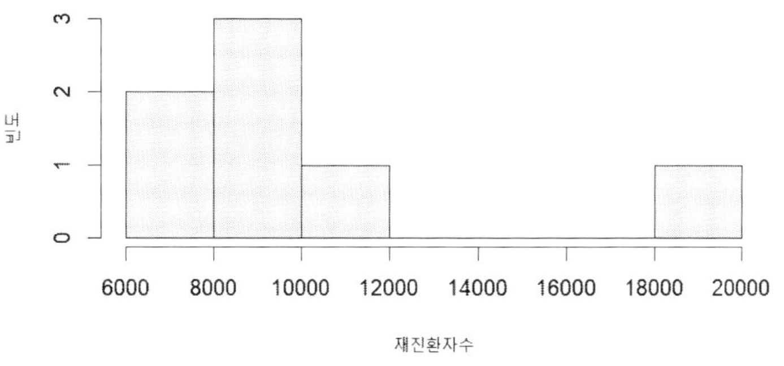

그림 3-4 재진환자 수에 관한 히스토그램의 구간 수 조정(1)

이러한 문제를 해결하려면 5,000명에서 20,000명 사이의 구간 경계를 명시적으로 설정해야 합니다. 예를 들어, 5,000명을 첫 번째 경계값으로 설정한 뒤, 3,000명씩 더해가며 20,000명까지 경계값을 계산합니다. 이를 위해 seq() 함수를 사용합니다. seq() 함수는 시작값과 종료값, 간격을 지정하여 일정한 패턴의 수열을 생성하는 함수입니다. 이를 통해 경계값 5000, 8000, 11000, 14000, 17000, 20000을 생성하고, 이 값을 breaks에 반영하며 히스토그램을 작성하겠습니다.

```
# 5개 구간의 경계값을 생성 : 구간 폭 3,000 사용
> breaks_values <- seq(5000, 20000,  by=3000)
> breaks_values
   [1]  5000  8000 11000 14000 17000 20000

# 재진환자수에 관한 히스토그램 작성 : 생성된 구간 경계 값(breaks_values) 반영
> hist(재진환자수, xlab="재진환자수", ylab="빈도", main="재진환자수에 관한 분포",
        col="yellow", breaks=breaks_values)
```

얻어진 히스토그램을 보면, X축의 레이블이 제대로 반영되지 않아, X축의 구간은 3개만 표시되는 문제가 있습니다(<그림 3-5>). 이를 수정하기 위해 부정확한 X축 레이블을 제거하고, 정확한 레이블을 새롭게 추가합니다.

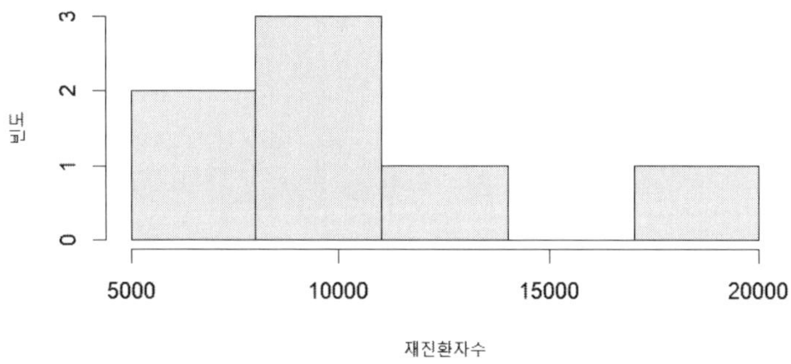

그림 3-5 재진환자 수에 관한 히스토그램의 구간 수 조정(2)

부정확한 X축을 제거하기 위해, hist() 함수에서 xaxt= "n" 명령을 적용합니다. 여기서 xaxt는 X-axis type의 약자이며, "n"은 none을 의미합니다. 이후, X축의 5000, 8000, 11000, 14000, 17000, 20000 위치에 정확한 히스토그램을 생성합니다.

```
# hist() 함수에서 xaxt="n" 명령을 적용하여 X축 제거
> hist(재진환자수,
       xlab="재진환자수", ylab="빈도",
       main="재진환자수에 관한 분포",
       col="yellow",
       breaks=breaks_values,
       xaxt="n")

# axis() 함수 및 breaks_values를 사용하여 X축의 경계값을 히스토그램에 반영
> axis(1, at = breaks_values, labels = breaks_values)
```

위 hist() 명령을 실행하면 히스토그램의 X축이 생략된 것을 확인할 수 있습니다. 그 다음, axis() 함수는 X축에 사용자 정의 레이블을 추가하는 역할을 합니다. 옵션을 살펴보면, 1은 X축을 의미하며, at 옵션은 X축에 레이블을 표시할 위치(경계값)를 지정하고, labels 옵션은 각 위치에 표시될 값(레이블)을 설정합니다. 따라서 X축의 5000, 8000, 11000, 14000, 17000, 20000의 위치에 해당 값들이 출력되도록 breaks_values 변수를 적용하고 있습니다. 이에 따라, <그림 3-6>과 같이 5개의 구간을 갖는 히스토그램이 생성됨을 확인할 수 있습니다.

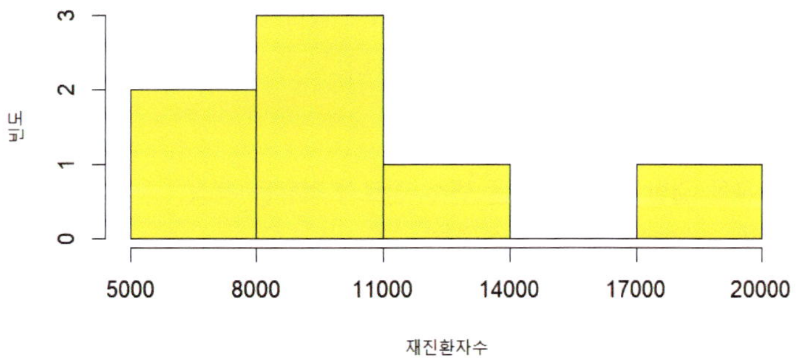

그림 3-6 재진환자 수에 관한 최종 히스토그램

3.3 | 파이 차트 작성하기

파이 차트(pie chart)는 범주별 점유 비중을 비교하기 쉽도록 시각화하는 그래프이며, R에서는 pie() 함수를 활용하여 작성합니다. pie() 함수의 label 옵션에 변수 진료과를 적용하여, 각 파이 조각에 해당 진료과의 이름이 출력되도록 설정하였습니다<그림 3-7>.

```
# 기본 파이차트 작성
> pie(외래환자수, labels=진료과, main="진료과별 외래환자수")
```

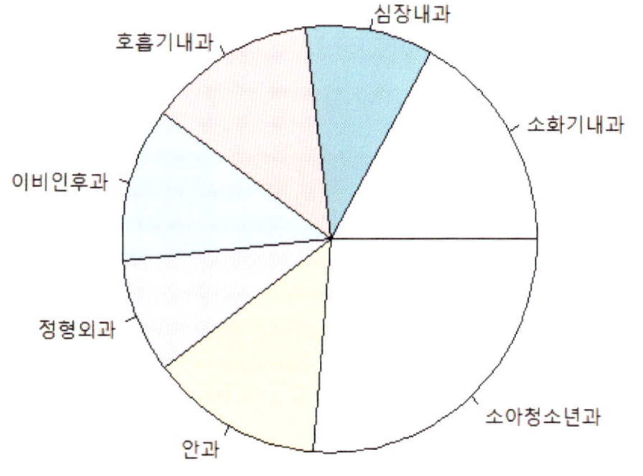

그림 3-7 진료과별 외래환자수 파이 챠트

데이터프레임 외래통계의 점유율 변수값을 진료과명 옆에 출력되도록 하겠습니다. 점유율 변수는 병원의 전체 외래환자 중 각 진료과의 외래환자 수가 차지하는 비율을 의미합니다. 이를 위해 paste() 함수를 사용하여 두 변수(진료과, 점유율)의 값을 하나로 결합하고 새로운 변수 진료과_점유율을 생성합니다.

```
# 진료과와 점유율 결합 (1) : 새로운 변수 진료과_점유율 생성
> 진료과_점유율 <- paste(진료과, 점유율)
> 진료과_점유율
  [1] "소화기내과 0.169308083748956"      "심장내과 0.100521532190688"
  [3] "호흡기내과 0.129345046710043"      "이비인후과 0.11676244968227"
  [5] "정형외과 0.0862173725917112"       "안과 0.134674295551786"
  [7] "소아청소년과 0.263171219524545"
```

얻어진 결과를 살펴보면 진료과 이름과 점유율이 잘 결합되었습니다. 그러나 가독성을 높이기 위해 점유율 값을 소수점 셋째 자리로 반올림하고, %가 표기되도록 변경하겠습니다.

```
# 진료과와 점유율 결합 (2) : 점유율을 소수 3번째 자리로 반올림 및 % 표기
> 진료과_점유율 <- paste(진료과, round(점유율, 3)*100, "%")
> 진료과_점유율
  [1] "소화기내과 16.9 %"  "심장내과 10.1 %"    "호흡기내과 12.9 %"
  [4] "이비인후과 11.7 %"  "정형외과 8.6 %"     "안과 13.5 %"
  [7] "소아청소년과 26.3 %"
```

변경된 점유율을 살펴보면 기호 % 앞에 1개의 빈칸이 나타나고 있습니다. 빈칸을 없애고 변수값들을 결합하기 위해 paste0() 함수를 사용하겠습니다.

```
# 진료과와 점유율 결합 (3) : paste0() 함수 사용 및 % 앞 빈칸 제거
> 진료과_점유율 <- paste0(진료과, " ", round(점유율,3)*100, "%")
> 진료과_점유율
  [1] "소화기내과 16.9%"  "심장내과 10.1%"  "호흡기내과 12.9%"  "이비인후과 11.7%"
  [5] "정형외과 8.6%"     "안과 13.5%"      "소아청소년과 26.3%"

> pie(외래환자수, labels=진료과_점유율, main="진료과별 외래환자수",
      col=rainbow(length(진료과)))
```

paste0() 함수에 " "를 추가하여, 진료과와 백분율 사이에 공백을 삽입하였습니다. 그

결과, "소화기내과 16.9%"와 같이 출력되었습니다. 또한, length() 함수는 해당 변수의 데이터 개수를 확인하는 함수입니다. 변수 진료과에는 7개의 진료과 이름이 있으므로 length(진료과)는 7을 반환하며, 이를 통해 7가지 무지개 색상으로 파이 차트를 생성합니다(<그림 3-8>).

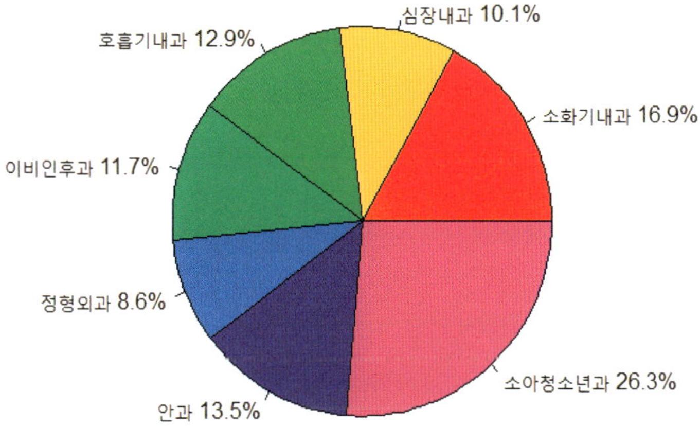

그림 3-8 진료과별 외래환자수와 점유율 반영 파이 차트

₩n는 행 바꿈 문자입니다. 따라서 paste0() 함수에서 " "를 "₩n"로 변경하면, <그림 3-9>와 같이 진료과별 점유율을 진료과명 아래에 표시할 수 있어 시각적으로 더 효과적인 표현이 가능합니다.

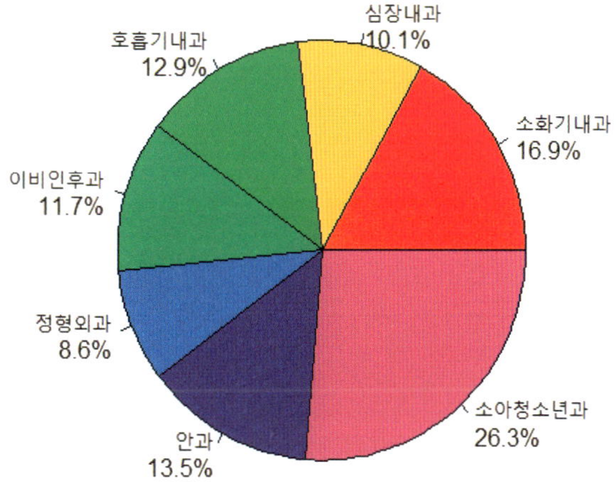

그림 3-9 최종 파이 차트(행 바꿈 문자 ₩n 적용)

3.4 | 꺾은선 그래프 작성하기

꺾은선 그래프(line graph)는 데이터의 증가와 감소 추이를 시각적으로 표현하는 데 유용하며, plot() 함수를 활용하여 작성할 수 있습니다. 데이터프레임 외래통계에서 진료과별 초진환자수를 꺾은선 그래프로 작성하여, 각 진료과의 환자 수 변화를 분석해 보겠습니다.

```
# 진료과별 초진환자수를 꺾은선으로 나타나도록 type="l"을 적용
> plot(초진환자수, type="l",
       xlab="진료과",                    # X축 이름 지정
       ylab="초진환자수",                # Y축 이름 지정
       main="진료과별 초진환자수")       # 그래프 제목 지정
```

type 옵션은 plot() 함수가 데이터를 시각화할 때 사용할 그래프 유형을 결정합니다. 유형 "l"을 사용하면 데이터를 선으로 연결한 기본적인 꺾은선 그래프를 생성합니다(<그림 3-10>).

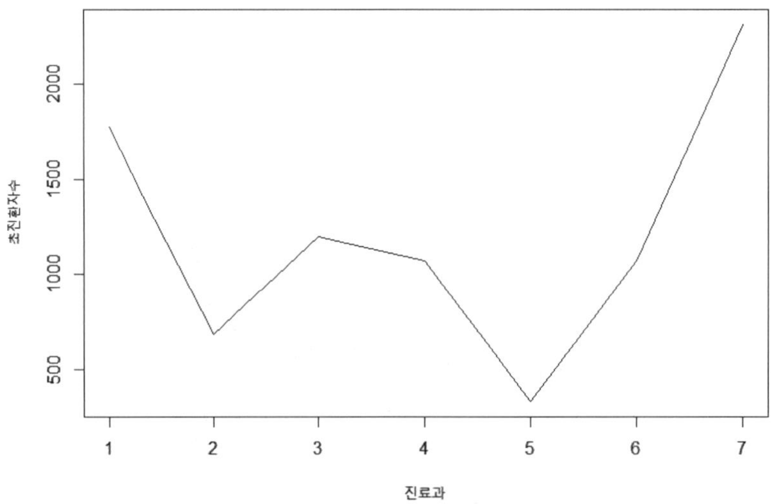

그림 3-10 진료과별 초진환자수 꺾은선 그래프

만약 유형으로 "p"를 사용 시 데이터를 점(point)으로만 표시하며, 유형 "b"를 사용한다면 점(point)과 선(line)을 모두 표시하며 그래프를 작성할 수 있습니다. 또한 X축의 1부터 7까지 숫자 대신 진료과 이름을 표시하려면, 기존 X축과 Y축을 제거한 후 새롭게

축의 양식을 정의해야 합니다. 이를 위해 plot() 함수에 axes=FALSE 옵션을 추가하여 기본 축을 제거하고, axis() 함수를 사용해 X축에 진료과 이름을 표시합니다.

```
# X축과 Y축 삭제
> plot(초진환자수, type="b", xlab="진료과", ylab="초진환자수",
       main="진료과별 초진환자수",
       ylim=c(0, 2500),
       axes=F)                          # X, Y축 삭제

# X축의 1~7번째의 값의 위치에 변수 진료과의 값을 출력
> axis(1, at=1:7, lab=진료과)           # X축 추가, 값 1은 X축을 의미
> axis(2, ylim=c(0, 2500))              # Y축 추가, 값 2는 Y축을 의미
```

명령 axis(1, at=1:7, lab=진료과)을 사용하여 X축의 1부터 7까지 숫자 대신 진료과 이름을 표시하였습니다. 또한 Y축의 범위를 0부터 2500까지로 설정하기 위해 plot() 함수에 ylim=c(0, 2500) 명령을 추가하였으며, axis(2, ylim=c(0, 2500)) 명령으로 Y축을 정의하였습니다. 아울러, 꺾은선 점(point)과 선(line)을 모두 사용하여 나타내기 위해 그래프 유형 "b"를 사용하였습니다(<그림 3-11>).

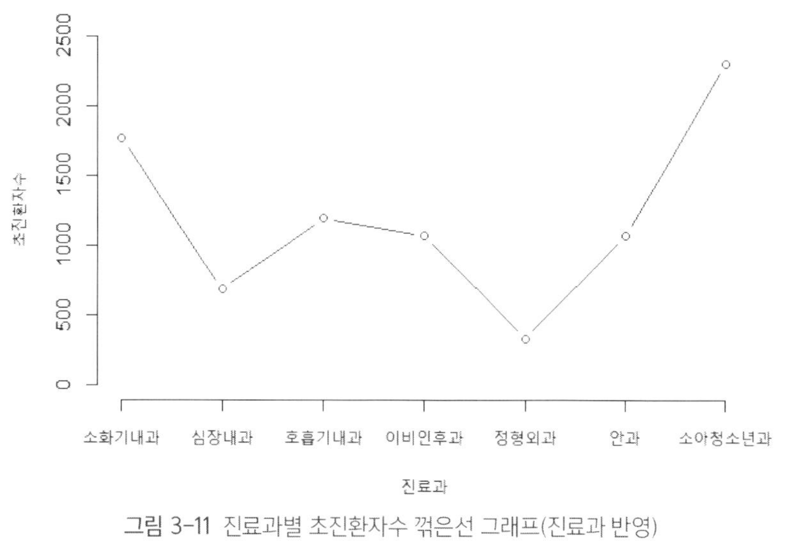

그림 3-11 진료과별 초진환자수 꺾은선 그래프(진료과 반영)

이번에는 진료과별 초진환자수와 재진환자수에 대한 두 개의 꺾은선을 하나의 그래프에 함께 나타내어, 각 진료과의 환자 수 변화를 분석해 보겠습니다. 이를 위해 data.frame()으로 두 변수를 결합하고, matplot() 함수를 이용해 그래프를 작성합니다.

```
# 변수 초진환자수, 재진환자수를 묶어 새로운 데이터프레임 초진_재진환자수 생성
> 초진_재진환자수 <- data.frame(초진환자수, 재진환자수)

# 변수 초진_재진환자수를 사용하여 2개의 꺾은선이 나타나는 그래프 작성
> matplot(초진_재진환자수, ylim=c(0, 20000),
     type=c("b", "b"),
     pch=c(1, 2),             # 데이터 포인트 표시 : 원(1), 삼각형(2)
     lty=c(1, 2),             # 꺾은선 유형(lty)을 실선(1), 점선(2)으로 표시
     axes=F,
     ann=F)                   # 그래프 제목, 축 제목 생략

> axis(1, at=1:7, lab=진료과)
> axis(2, ylim=c(0, 20000))

# 그래프 제목과 축 제목 지정
> title(main="진료과별 초진 및 재진환자수", font=3, cex=1)
> title(xlab="진료과")
> title(ylab="환자수")
```

pch=c(1, 2) 명령은 초진환자수의 데이터 포인트를 원형(1)으로, 재진환자수의 포인트는 삼각형(2)으로 표시합니다. lty=c(1, 2) 명령은 초진환자수의 경우 실선(1)으로, 재진환자수의 경우 점선(2)으로 출력합니다. 재진환자수의 꺾은선이 빨간색으로 표시되는 이유는 matplot() 함수의 기본 색상 설정 때문입니다. R의 matplot() 함수는 col 옵션을 명시하지 않으면 기본 색상 팔레트를 자동으로 적용하며, 첫 번째 데이터에는 검정색, 두 번째 데이터에는 빨간색을 기본적으로 지정합니다. 또한 title() 함수를 사용하여 그래프 제목과 축 제목을 설정하였습니다.

```
# X축의 소화기내과와 Y축의 환자수 19,500 위치에 범례(legend) 작성
# 초진환자수 검정색, 재진환자수 빨강색으로 표현
> legend(1, 19500,                    # 1은 X축의 첫 번째 값 소화기 내과 의미
       c("초진환자수", "재진환자수"),
       lty=1:2,
       col=c("black","red"),          # 범례의 글자 색상 지정
       text.col=c("black","red"))     # 텍스트 색상지정

> box()
```

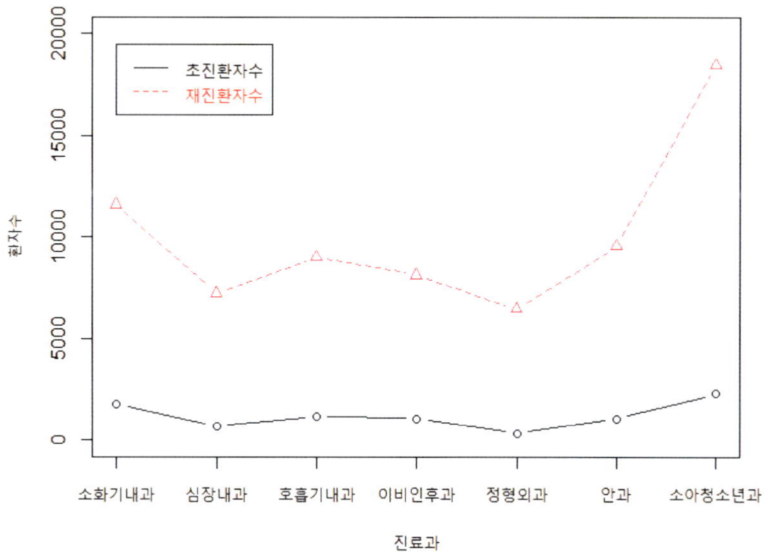

그림 3-12 진료과별 초진 및 재진환자수 꺾은선 그래프(범례 반영)

legend() 함수에서 1은 X축의 첫 번째 값인 소화기내과를, 19500은 Y축의 환자 수를 의미하며, 이 두 값이 만나는 지점에 범례가 생성됩니다. 여기서 19500은 범례의 위치를 조정하기 위해 사용된 임의의 설정 값입니다. 또한, box() 함수를 사용하여 <그림 3-12>와 같이 그래프의 영역을 둘러싸는 테두리 선을 추가하였습니다.

3.5 | 상자그림 작성하기

데이터의 최솟값, 1사분위수, 중앙값, 평균, 3사분위수, 최댓값 등의 정보를 시각적으로 표현하려면 상자그림(boxplot)을 사용합니다. 1사분위수(Q_1), 중앙값(Q_2), 3사분위수(Q_3)는 데이터를 작은 값부터 큰 값 순으로 나열했을 때 25%, 50%, 75%에 위치한 값을 의미하며, 함수 summary()를 사용하여 구할 수 있습니다. R에서는 boxplot() 함수를 이용하여 상자그림을 작성합니다.

```
# 변수 초진환자수의 요약 통계
> summary(초진환자수)
    Min.  1st Qu.  Median   Mean 3rd Qu.    Max.
    335      879    1071    1207    1486    2310
```

```
# 상자그림 작성
> boxplot(초진환자수, col="yellow", main="초진환자수의 상자그림",
          horizontal=TRUE)                          # 가로 상자그림 생성 명령
```

상자그림을 가로로 작성하기 위하여 boxplot() 함수에 horizontal = TRUE 명령을 추가했습니다. <그림 3-13>과 같이 얻어진 상자그림과 summary() 결과를 보면, 최솟값부터 중앙값까지의 거리가 중앙값부터 최댓값까지의 거리보다 짧아서 분포의 오른쪽 꼬리가 길고 왼쪽 꼬리는 짧은, 즉 오른쪽으로 치우친 분포임을 알 수 있습니다.

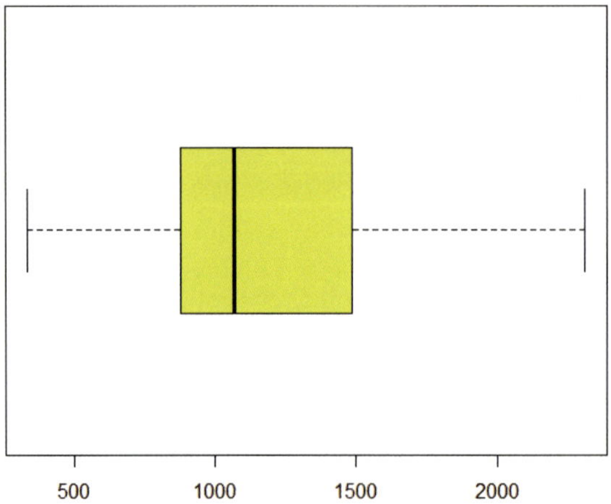

그림 3-13 초진환자수의 상자그림

이제 변수 재진환자수와 외래환자수의 상자그림을 동시에 비교할 수 있는 그래프를 생성하겠습니다. 이를 위해, 우선 data.frame() 함수를 사용하여 두 변수 재진환자수와 외래환자수를 결합한 새로운 데이터프레임 재진_외래환자수를 생성하겠습니다. 만약 cbind() 함수를 사용하여 두 변수를 묶으면 결과는 데이터프레임이 아닌 행렬(matrix)이 되며, 행렬에서는 $ 연산자를 사용할 수 없기 때문에, 재진_외래환자수$재진환자수와 같은 형식의 접근이 불가능합니다. 따라서, 변수 이름을 사용하여 데이터를 다루거나 시각화하려면 data.frame()을 사용하는 것이 바람직합니다.

```
# 새로운 데이터프레임 재진_외래환자수 생성
> 재진_외래환자수 <- data.frame(재진환자수, 외래환자수)

# 재진환자수 색상 pink, 외래환자수 색상 yellow로 상자그림 생성
> boxplot(재진_외래환자수, col=c("pink", "yellow"))
```

새로운 데이터프레임 재진_외래환자수를 사용하여 두 변수의 상자그림이 함께 작성되었습니다. 그림 중 작은 원은 이상값(Outlier)을 의미합니다. 데이터 중 Q_3 + 1.5*(Q_3 - Q_1)보다 큰 값은 상단의 이상값으로, Q_1 - 1.5*(Q_3 - Q_1) 보다 작은 값은 하단의 이상값으로 판정합니다. 여기서, Q_3 + 1.5*(Q_3 - Q_1)은 상단 한계(Upper Limit), Q_1 - 1.5*(Q_3 - Q_1)는 하단 한계(Lower Limit)로 지칭합니다. <그림 3-14>에서는 이상값이 변수별로 하나씩 상단에 나타나고 있음을 알 수 있습니다.

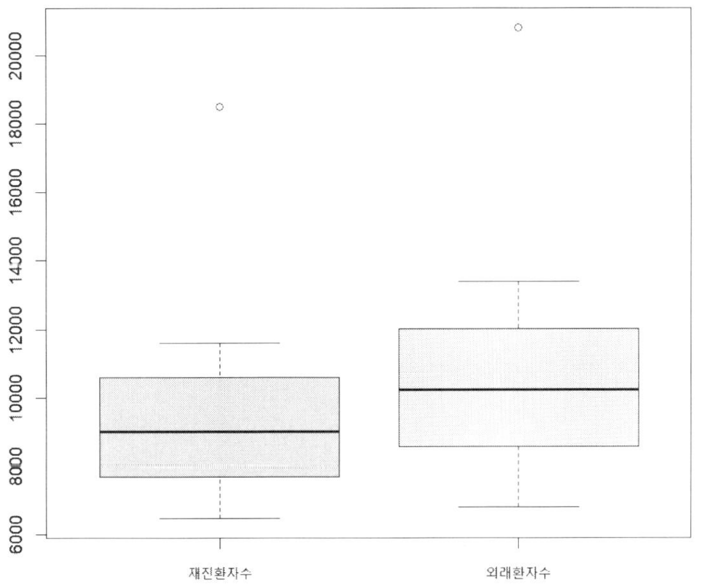

그림 3-14 재진환자수와 외래환자수의 상자그림(이상값 반영)

변수별 상단 한계값을 파악해 보겠습니다. 아래 결과를 보면, 변수 재진환자수의 상단 한계값은 14,904이며, 변수 외래환자수의 상단 한계값은 17,144.5임을 확인할 수 있습니다. 따라서 2.6.1절에서 학습한 행과 열 추출조건을 이용한 데이터 추출 방법을 활용하여 외래통계[재진환자수 >= 14904 | 외래환자수 >= 17144.5,] 명령을 수행하면, 재진환자수의 이상값은 18,480이고 외래환자수의 이상값은 20,790이며, 모두 소아청소년과의 데이터임을 확인할 수 있습니다. 또한 이 경우 변수별 이상값은 한 개이므로 summary() 결과 중 최댓값으로도 확인할 수 있습니다.

```
# 변수 재진환자수의 상단 한계값 계산
> 10584 + 1.5*(10584 - 7704)
  [1] 14904
```

```
# 변수 외래환자수의 상단 한계값 계산
> 12007 + 1.5*(12007 - 8582)
  [1] 17144.5

# 상단 한계값을 초과하는 이상값 및 진료과명 확인
> 외래통계[재진환자수 >= 14904 | 외래환자수 >= 17144.5, ]
          진료과  초진환자수 재진환자수  외래환자수 점유율 초진율 초진율구분
  7 소아청소년과        2310      18480       20790  0.263  0.111    10%이상

# 변수 재진환자수, 외래환자수의 요약 통계 중 최댓값을 통해 이상값 확인
> summary(재진_외래환자수$재진환자수)
    Min. 1st Qu.  Median    Mean  3rd Qu.    Max.
   6476    7704    9021    10079   10584   18480

> summary(재진_외래환자수$외래환자수)
    Min.  1st Qu.  Median    Mean  3rd Qu.    Max.
    6811    8582   10218    11285   12007   20790
```

이제 text() 함수를 사용하여 재진환자수의 이상값 18,480과 외래환자수의 이상값 20,790을 상자그림에 표기해 보겠습니다. text() 함수는 X와 Y 좌표를 지정하여 그래프 위에 텍스트를 표시하는 데 사용됩니다.

```
# 재진환자수 상자그림의 이상값 및 표기
> text(x = 1,
       y = 재진_외래환자수$재진환자수[재진_외래환자수$재진환자수 > 14904],
       labels = 재진_외래환자수$재진환자수[재진_외래환자수$재진환자수 > 14904],
       pos = 3)

# 외래환자수 상자그림의 이상값 및 표기
> text(x = 2,
       y = 재진_외래환자수$외래환자수[재진_외래환자수$외래환자수 > 17144.5],
       labels = 재진_외래환자수$외래환자수[재진_외래환자수$외래환자수 > 17144.5],
       pos = 1)
```

text() 함수에서 x=1 명령은 첫 번째 상자그림인 재진환자수를 의미합니다. 또한, y= 재진_외래환자수$외래환자수[재진_외래환자수$외래환자수 > 14904] 명령은 이상값의 Y축 좌표를 파악하며, labels는 해당 이상값인 재진_외래환자수$외래환자수[재진_외래

환자수$외래환자수 > 14904]의 값(18,480)을 출력합니다. 만약 text() 함수에서 값 14904를 수식을 활용하여 나타내고자 한다면, quantile(재진_외래환자수$재진환자수, 0.75) + 1.5*IQR(재진_외래환자수$재진환자수)를 사용할 수 있습니다. 여기서 quantile(재진_외래환자수$재진환자수, 0.75)는 재진환자수의 Q_3(3사분위수)를, IQR(재진_외래환자수$재진환자수)는 Q_3 - Q_1(사분위 범위)을 의미합니다. 따라서, 이 수식을 값 14904 자리에 적용하더라도 동일한 결과를 얻을 수 있습니다. 또한, pos=3을 사용하면 이상값은 작은 원 위에 표기되며, pos=1을 사용하면 작은 원 아래에 표기됩니다. 최종적으로 얻어진 상자그림은 <그림 3-15>와 같습니다.

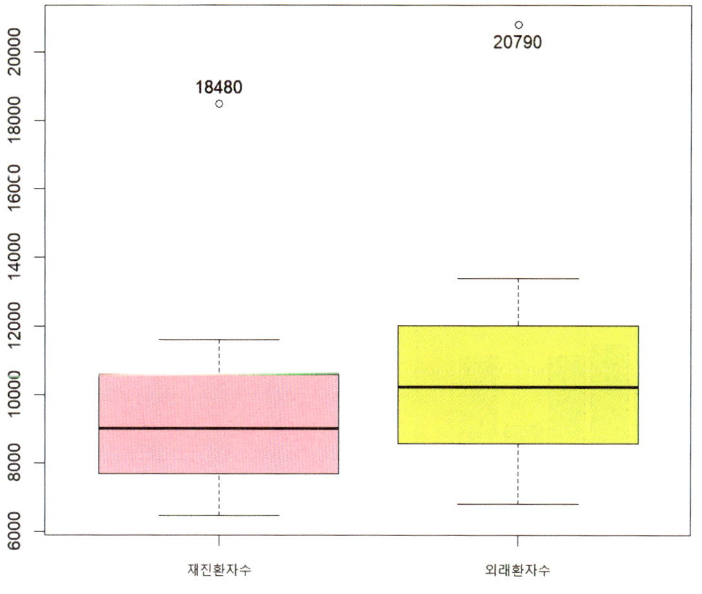

그림 3-15 재진환자수와 외래환자수의 상자그림(이상값 표기)

3.6 | 여러 개의 그래프를 한 화면에서 비교하기

여러 개의 개별적인 그래프를 한 화면에 배치하면 비교가 훨씬 쉬워집니다. 이를 위해 R에서는 par() 함수를 사용하여 화면을 분할 할 수 있습니다. 만약 화면을 2행 2열로 분할하고 각 칸에 그래프를 배치하여 그래프를 비교하고자 한다면, par(mfrow=c(2, 2)) 명령을 실행하면 됩니다. 여기서 mfrow는 multi-figure row의 약자입니다.

```
# 화면을 2행 2열로 분할을 위한 par() 함수 설정
> par(mfrow=c(2, 2))

# 4개의 개별적인 그래프 작성
> barplot(초진환자수, names=진료과, xlab="진료과", ylab="초진환자수",
                   main="진료과별 초진환자수 비교", col=rainbow(7))
> hist(재진환자수, xlab="재진환자수", ylab="빈도", main="재진환자수에 관한 분포",
                col="yellow")
> pie(외래환자수, labels=진료과, main="진료과별 외래환자수")
> boxplot(초진환자수, col="yellow", main="초진환자수의 상자그림")
```

위 4개의 그래프 명령을 하나씩 실행할 때마다 <그림 3-16>과 같이 2행 2열의 각 칸에 해당 그래프가 하나씩 생성되는 것을 확인할 수 있습니다.

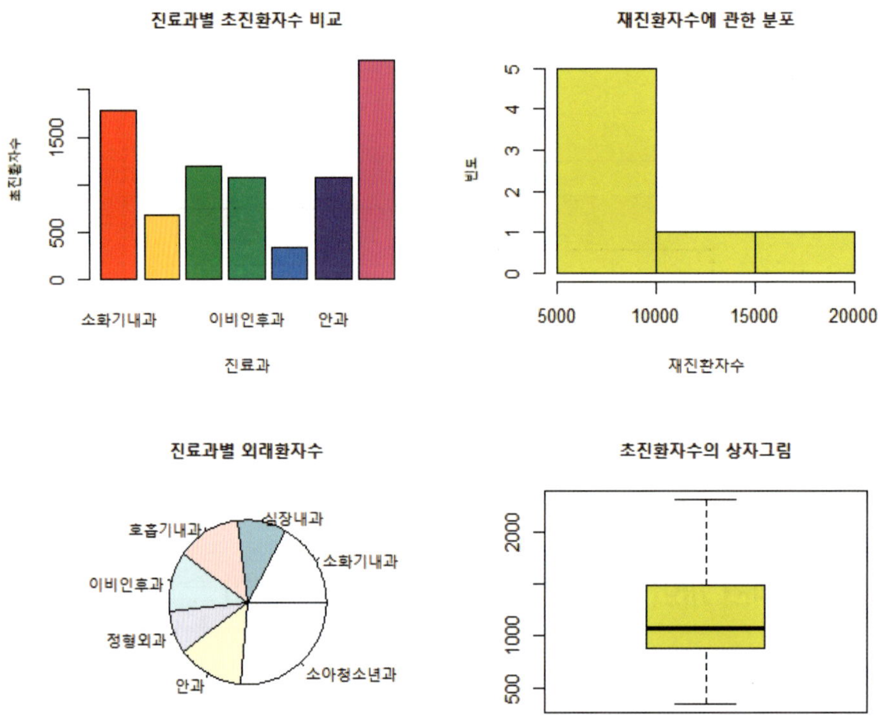

그림 3-16 화면 분할을 통한 다중 그래프 비교

만약 화면에 한 개의 그래프만 다시 나타나도록 재설정하려면, par(mfrow=c(1, 1)) 명령을 실행하면 됩니다.

연습문제

1. 진료과별 신환수를 파악할 수 있는 아래와 같은 막대그래프를 생성하시오. 이를 위해 2장 연습문제 10번 문항에서 생성한 외래통계_신환반영.csv 파일의 데이터를 사용하시오.

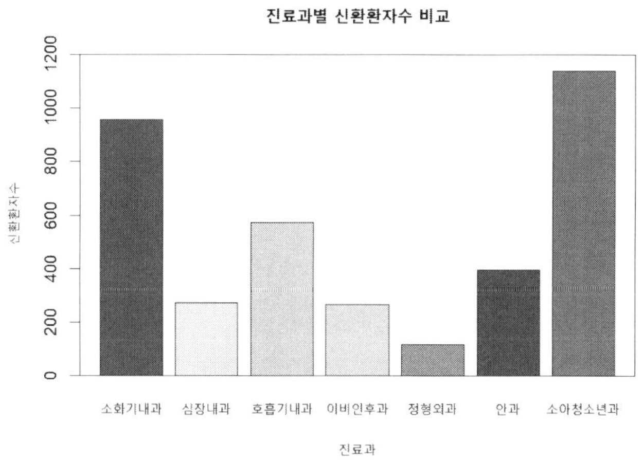

2. 신환환자수의 분포를 파악할 수 있도록 4개의 구간을 갖는 히스토그램을 생성하시오.

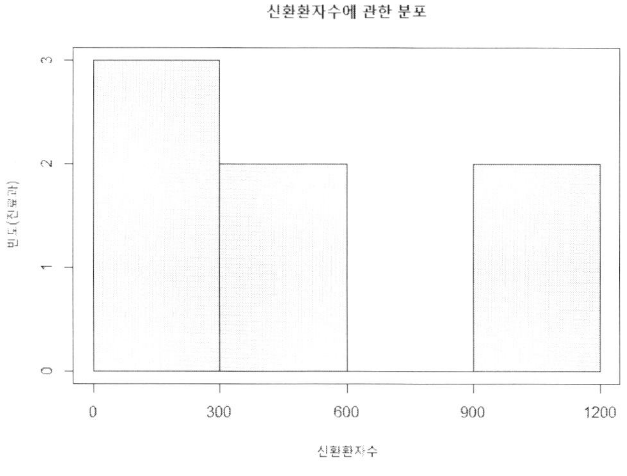

3. 변수 신환환자수를 활용하여 아래의 파이차트를 생성하시오.

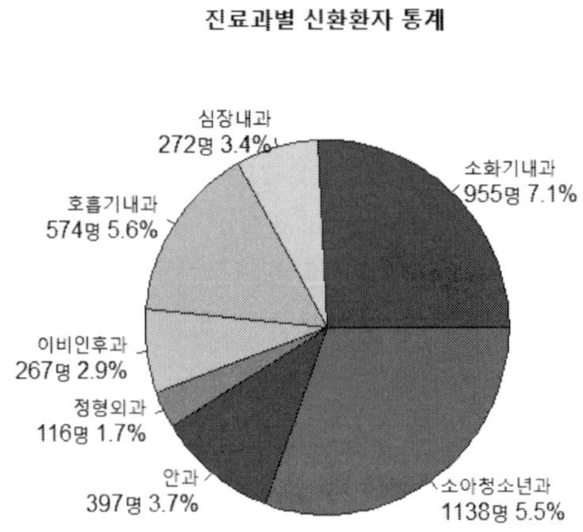

4. 변수 신환환자수와 진료과를 활용하여 진료과별 신환환자수를 파악할 수 있도록 아래의 꺾은선 그래프를 생성하시오.

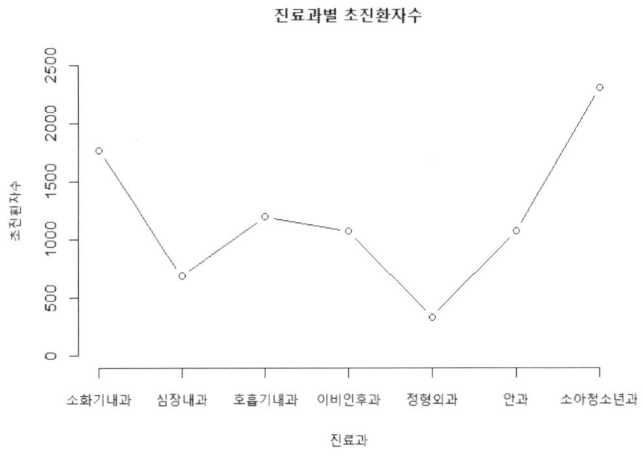

5. 진료과별 신환환자수와 초진환자수를 함께 비교할 수 있도록 아래와 같은 꺾은선 그래프를 생성하시오.

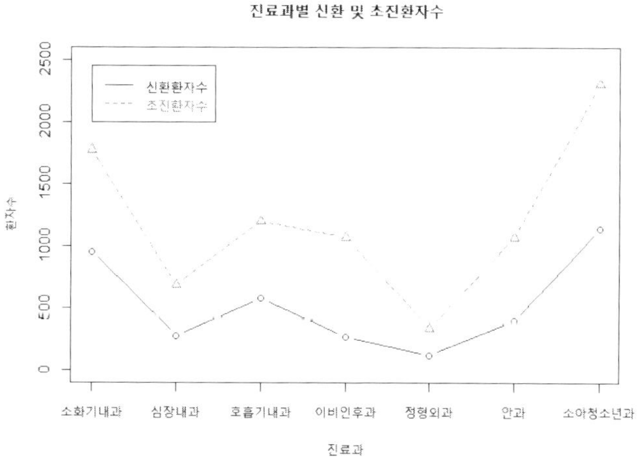

6. 다음의 작업을 수행하시오.

1) 초진환자수를 외래환자수로 나누고 소수 3번째 자리로 반올림한 후, 이를 새로운 변수 초진율에 저장하며 외래통계_신환반영 데이터프레임에 추가하시오.

2) 신환율과 초진율을 활용하여 상자그림을 작성하시오. 초진율의 하단 이상값도 상자그림에 반영하시오. 단, 하단 경계값 계산을 위해 quantile(초진율, 0.25)-1.5*IQR(초진율) 명령을 활용하시오.

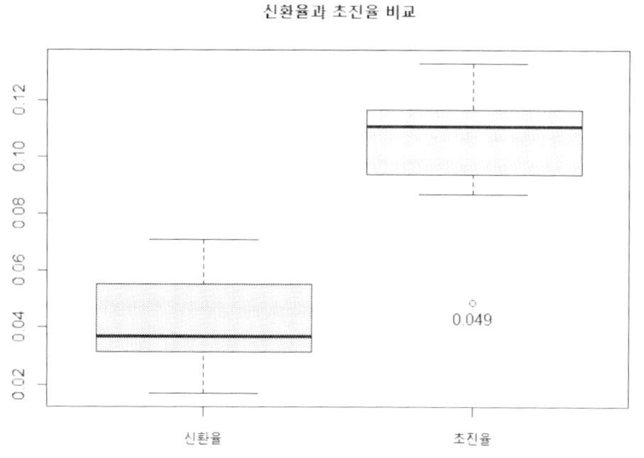

7. 화면을 3행 2열로 분할하고 각 칸에 문항 1부터 문항 6까지의 6개 그래프를 동시에 파악할 수 있도록 그림과 같이 배치하시오.

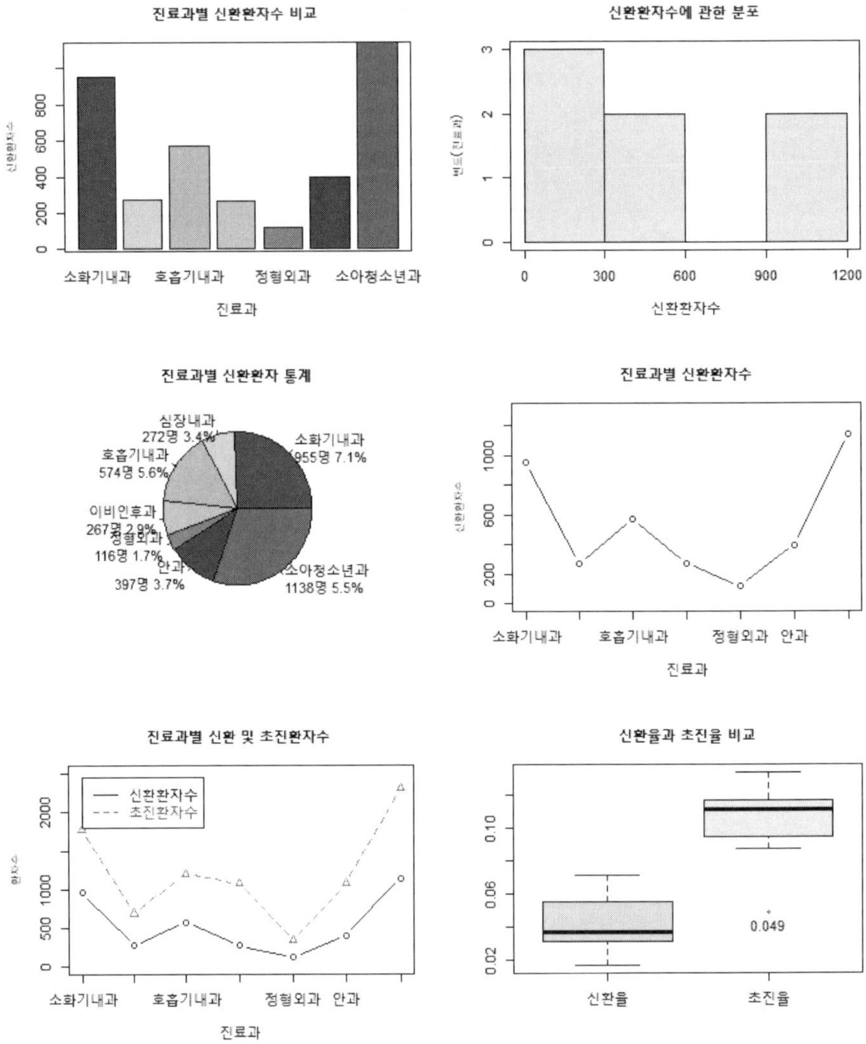

4장

건강검진 빅데이터 분석

4.1 건강검진 공공데이터 준비하기

공공데이터(open data)는 공공기관이 관련 법령에 따라 정해진 목적의 업무를 수행하며 생성, 취득 또는 관리하고 있는 다양한 형태의 데이터로, 숫자, 문자, 이미지, 오디오, 동영상 등을 포함합니다. 이러한 공공데이터의 활용을 촉진하기 위한 법률(「공공데이터의 제공 및 이용 활성화에 관한 법률」)이 2013년부터 시행되어 누구나 자유롭게 공공데이터를 활용할 수 있게 되었습니다.

공공데이터를 다운로드하려는 경우, 공공데이터포털(www.data.go.kr)을 이용할 수 있습니다. 이 포털은 다양한 공공기관에서 제공하는 데이터를 한곳에서 검색하고 활용할 수 있도록 구축된 통합 플랫폼으로, 보건, 교통, 환경, 금융 등 여러 분야의 공공데이터를 체계적으로 제공하고 있습니다. 이용자는 필요한 데이터를 검색 후 다운로드 받을 수 있으며, 이를 연구, 비즈니스, 정책 수립 등에 활용할 수 있습니다. 이외에도 서울특별시에서 제공하는 인구 변화, 교통량, 대기오염, 상하수도 관리, 공공자전거 이용, 부동산 정보 등과 관련된 공공데이터는 서울열린데이터광장(data.seoul.go.kr)에서 다운로드 받을 수 있습니다. 또한 건강검진 정보, 건강보험 보험료 현황, 22대 질병분류별 급여현황, 의약품 처방정보, 직장소득 월액보험료 등의 보건의료 분야 공공데이터는 국민건강보험공단(nhiss.nhis.or.kr) 또는 건강보험심사평가원(www.hira.or.kr)을 통해 이용할 수 있습니다.

4장에서는 20세 이상의 국민건강보험 가입자 100만 명의 건강검진 정보를 활용하여 체질량지수(body mass index, BMI)와 관련된 분석을 수행합니다. 공공데이터포털에서 데이터를 다운로드 받으며, 방법은 <그림 4-1>, <그림 4-2>, <그림 4-3>과 같습니다.

1단계 공공데이터포털(www.data.go.kr) 사이트의 검색창에 [건강검진정보]를 입력합니다.

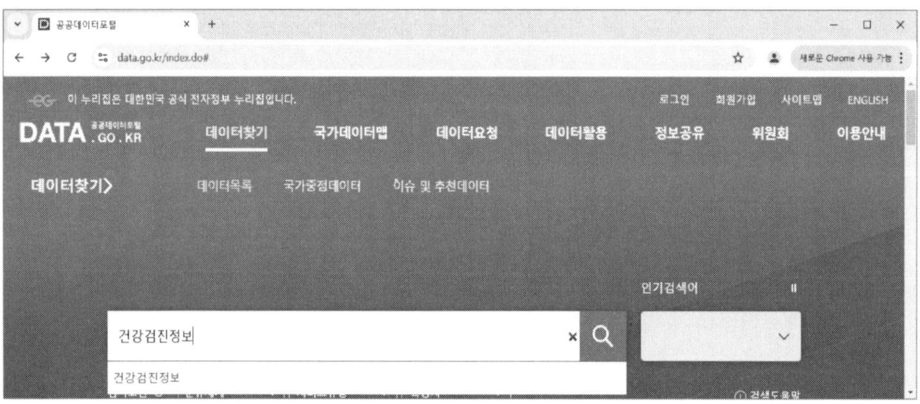

그림 4-1 공공데이터포털(www.data.go.kr) 사이트

2단계 파일데이터 중 첫 번째 [국민건강보험공단_건강검진정보]를 클릭합니다.

그림 4-2 공공데이터포털 중 건강검진정보 검색 결과

3단계 [국민건강보험공단_건강검진정보]의 [다운로드]를 클릭하여 파일을 다운로드합니다 (파일명 : 국민건강보험공단_건강검진정보_20231231.ZIP).

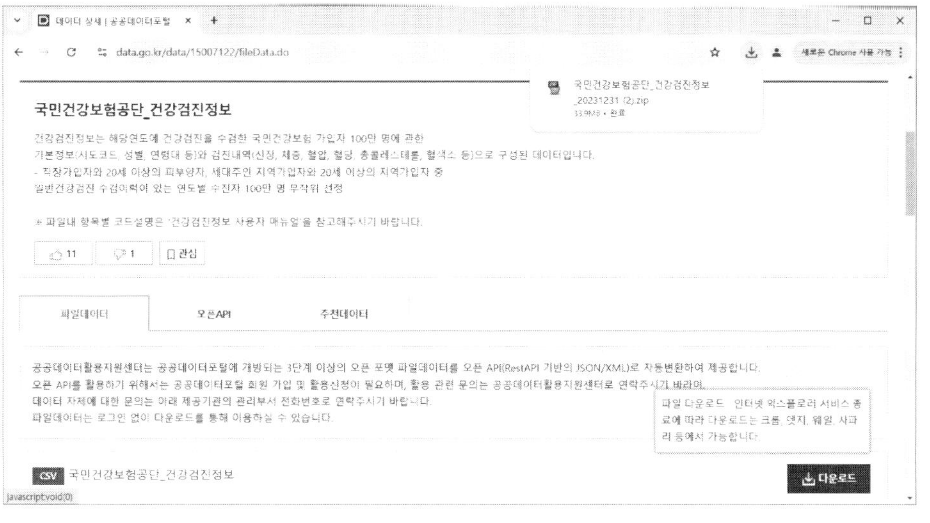

그림 4-3 국민건강보험공단의 건강검진정보 상세 화면

<그림 4-3> 중 다운로드를 통해 얻은 압축파일에는 100만명의 성별, 연령, 신장, 체중, 허리둘레 등을 포함한 데이터파일(국민건강보험공단_건강검진정보_2023.CSV)과 데이터를 설명하는 사용자 메뉴얼 파일이 포함되어 있습니다. 데이터 파일을 엑셀에서 열어보면 다음과 같습니다.

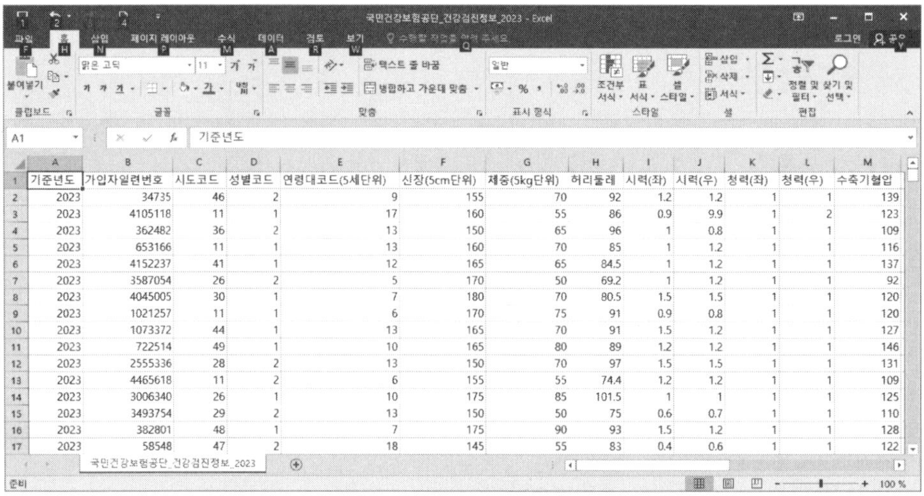

	A	B	C	D	E	F	G	H	I	J	K	L	M
1	기준년도	가입자일련번호	시도코드	성별코드	연령대코드(5세단위)	신장(5cm단위)	체중(5kg단위)	허리둘레	시력(좌)	시력(우)	청력(좌)	청력(우)	수축기혈압
2	2023	34735	46	2	9	155	70	92	1.2	1.2	1	1	139
3	2023	4105118	11	1	17	160	55	86	0.9	9.9	1	2	123
4	2023	362482	36	2	13	150	65	96	1	0.8	1	1	109
5	2023	653166	11	1	13	160	70	85	1	1.2	1	1	116
6	2023	4152237	41	1	12	165	65	84.5	1	1.2	1	1	137
7	2023	3587054	26	2	5	170	50	69.2	1	1.2	1	1	92
8	2023	4045005	30	1	7	180	70	80.5	1.5	1.5	1	1	120
9	2023	1021257	11	1	6	170	75	91	0.9	0.8	1	1	120
10	2023	1073372	44	1	13	165	70	91	1.5	1.2	1	1	127
11	2023	722514	49	1	10	165	80	89	1.2	1.2	1	1	146
12	2023	2555336	28	2	13	150	70	97	1.5	1.5	1	1	131
13	2023	4465618	11	2	6	155	55	74.4	1.2	1.2	1	1	109
14	2023	3006340	26	1	10	175	85	101.5	1	1	1	1	125
15	2023	3493754	29	2	13	150	50	75	0.6	0.7	1	1	110
16	2023	382801	48	1	7	175	90	93	1.5	1.2	1	1	128
17	2023	58548	47	2	18	145	55	83	0.4	0.6	1	1	122

그림 4-4 건강검진 정보 데이터

<그림 4-4>와 같이 100만명의 건강검진정보 데이터를 R로 불러오기 위하여 read.csv() 함수를 사용하며, 불러온 데이터는 데이터프레임 df_data에 저장하겠습니다. CSV 파일에 한글 데이터가 포함된 경우, 데이터를 읽어오는 과정에서 문자가 깨지는 등의 오류가 발생할 수 있습니다. 이러한 문제의 발생을 방지하기 위해 read.csv() 함수에 fileEncoding = "EUC-KR"을 추가합니다. EUC-KR은 한글 인코딩 방식 중 하나로, 한글이 포함된 데이터를 올바르게 불러오는 데 자주 사용됩니다. 또한 df_data에 포함된 변수명, 변수의 개수, 변수 속성 및 일부 변수값을 확인하기 위해서 함수 str()을 활용합니다.

```
# 국민건강보험공단_건강검진정보_2023.csv 파일에서 데이터 불러오기
> df_data <- read.csv("c:/my_R/국민건강보험공단_건강검진정보_2023.csv",
                      fileEncoding = "EUC-KR")

> str(df_data)
'data.frame':    1000000 obs. of  33 variables:
    $ 기준년도          : int  2023 2023 2023 2023 2023 ...
    $ 가입자일련번호    : int  34735 4105118 362482 653166 4152237 ...
    $ 시도코드          : int  46 11 36 11 41 26 30 11 44 49 ...
    $ 성별코드          : int  2 1 2 1 1 2 1 1 1 1 ...
    $ 연령대코드.5세단위.   : int  9 17 13 13 12 5 7 6 13 10 ...
    $ 신장.5cm단위.         : int  155 160 150 160 165 170 180 170 ...
    $ 체중.5kg단위.         : int  70 55 65 70 65 50 70 75 70 80 ...
    $ 허리둘레              : num  92 86 96 85 84.5 69.2 ...
                (이하 생략)
```

4.2 변수명 변경

데이터프레임 df_data에 속한 한글 변수명을 영문 변수명으로 변경하고자 하며, 이를 위해 colnames() 함수를 사용합니다. 3장에서는 비만도를 파악할 수 있는 체질량지수(body mass index, BMI)를 생성하고, 허리둘레와의 관련성 등을 파악할 것입니다. 이를 위해 33개 변수중 성별, 연령, 신장, 체중, 허리둘레에 관한 5개의 변수를 대상으로 하겠습니다. 따라서 변수들 중 4번째 성별코드를 gender로, 5번째 연령대코드 5세단위를 age로, 6번째 신장 5cm단위를 height로, 7번째 체중 5Kg단위를 weight로, 그리고 8번째 허리둘레를 waisteline으로 변수명을 변경하겠습니다. 함수 str()을 다시 적용해보면 성별 변수부터 허리둘레 변수까지 변수명이 영문 변수명으로 변경된 것을 확인할 수 있습니다.

```
> colnames(df_data)[4] <- "gender"
> colnames(df_data)[5] <- "age"
> colnames(df_data)[6] <- "height"
> colnames(df_data)[7] <- "weight"
> colnames(df_data)[8] <- "waistline"
> str(df_data)
  'data.frame':  1000000 obs. of  33 variables:
   $ 기준년도         : int  2023 2023 2023 2023 2023 ...
   $ 가입자일련번호   : int  34735 4105118 362482 653166 4152237 ...
   $ 시도코드         : int  46 11 36 11 41 26 30 11 44 49 ...
   $ gender    : int  2 1 2 1 1 2 1 1 1 1 ...
   $ age        : int  9 17 13 13 12 5 7 6 13 10 ...
   $ height     : int  155 160 150 160 165 170 180 170 ...
   $ weight    : int  70 55 65 70 65 50 70 75 70 80 ...
   $ waistline   : num  92 86 96 85 84.5 69.2 ...
   (이하 생략)
```

4.3 일부 변수로 새로운 데이터프레임 생성

데이터프레임 df_data에서 5개의 변수(gender, age, height, weight, waistline)만 추출

하여 새로운 데이터프레임 new_data를 생성하고자 하며, 이를 위하여 함수 subset()을 사용하겠습니다. 얻어진 new_data 중 상위 6개 데이터를 확인하려면 head() 함수를 이용합니다.

```
# subset()을 이용한 데이터 추출
> new_data <- subset(df_data, select=c("gender", "age", "height", "weight", "waistline"))

# 새로운 데이터프레임 new_data의 변수명, 속성, 값 확인
> str(new_data)
'data.frame':     1000000 obs. of  4 variables:
 $ gender : int  2 1 2 1 1 2 1 1 1 1 ...
 $ age    : int  9 17 13 13 12 5 7 6 13 10 ...
 $ height  : int  155 160 150 160 165 170 180 170 165 165 ...
 $ weight : int  70 55 65 70 65 50 70 75 70 80 ...
 $ waistline: num  92 86 96 85 84.5 69.2 80.5 91 91 89 ...

# head() 함수를 이용하여 처음의 6개 데이터 확인
> head(new_data)
  gender age height weight  waistline
1      2   9    155     70       92.0
2      1  17    160     55       86.0
3      2  13    150     65       96.0
4      1  13    160     70       85.0
5      1  12    165     65       84.5
6      2   5    170     50       69.2
```

4.4 | BMI 변수 생성 및 비만도 분류

체질량지수(BMI)는 체중(weight)을 신장(height)의 제곱 값으로 나누어 얻을 수 있습니다. 다만 신장의 단위가 센티미터(cm)인 경우 100으로 나누어 미터(m)를 사용합니다. 그리고 BMI 값에 따른 비만도 수준은 <표 4-1>과 같이 5가지 범주로 세분화됩니다.

$$\text{BMI} = 체중 \div (신장/100)^2$$

<표 4-1> BMI 값에 따른 비만도 평가 기준

저체중	정상	과체중	비만	고도비만
BMI 18.5 미만	18.5 이상 ~ 23 미만	23 이상 ~ 25 미만	25 이상 ~ 30 미만	BMI 30 이상

이제 BMI 계산식을 활용하여 새로운 변수 bmi에 건강검진을 받은 사람들의 BMI 값을 계산하고 입력합니다. 또한 변수 bmi 값에 ifelse() 함수를 적용하여 비만도를 5개 수준(고도비만, 비만, 과체중, 정상, 저체중)으로 평가하고 그 결과를 변수 bmi_level에 입력합니다.

```
# 데이터프레임 new_data의 6번째 변수로써 bmi 입력
> new_data$bmi <- new_data$weight/((new_data$height/100)^2)

# 데이터프레임 new_data의 7번째 변수로써 bmi_level 입력
> new_data$bmi_level <- ifelse(new_data$bmi >= 30, '고도비만',
                          ifelse(new_data$bmi >= 25, '비만',
                            ifelse(new_data$bmi >= 23, '과체중',
                              ifelse(new_data$bmi >= 18.5, '정상', '저체중'))))

> head(new_data)
  gender age height weight waistline      bmi bmi_level
1      2   9    155     70      92.0 29.13632      비만
2      1  17    160     55      86.0 21.48437      정상
3      2  13    150     65      96.0 28.88889      비만
4      1  13    160     70      85.0 27.34375      비만
5      1  12    165     65      84.5 23.87511    과체중
6      2   5    170     50      69.2 17.30104    저체중
```

4.5 | 요약통계 생성하기

데이터프레임 new_data에는 7개의 변수로 이루어진 100만 명의 건강검진 결과가 입력되어 있습니다. 각 변수의 특성에 맞는 요약통계를 산출하기 위해 summary() 함수를 사용합니다.

```
> summary(new_data)

     gender             age             height              weight
 Min.   :1.000    Min.   : 5.0    Min.    :130.0    Min.    :30.00
 1st Qu.:1.000    1st Qu.: 8.0    1st Qu. :155.0    1st Qu. :55.00
 Median :1.000    Median :11.0    Median :165.0     Median :65.00
 Mean   :1.485    Mean   :10.6    Mean   :162.7     Mean    :64.33
 3rd Qu.:2.000    3rd Qu.:13.0    3rd Qu. :170.0    3rd Qu. :75.00
 Max.   :2.000    Max.   :18.0    Max.    :195.0    Max.    :135.0

   waistline           bmi              bmi_level
 Min.   :7.50     Min.    :10.38    Length:1000000
 1st Qu.:74.00    1st Qu. :21.48    Class :character
 Median :81.00    Median  :23.88    Mode  :character
 Mean   :81.32    Mean    :24.16
 3rd Qu.:88.00    3rd Qu. :26.16
 Max.   :999.00   Max.    :60.00
 NA's   :411
```

위 얻어진 결과를 살펴보면 변수 gender, age, waistline, bmi_level에서 문제점이 나타납니다. 변수 waistline에 존재하는 411개의 결측치를 처리하는 방법은 4.6절에서 소개하겠습니다. 우선 첫 번째 문제점으로, gender 변수의 데이터 값 1은 '남성', 2는 '여성'을 의미하지만, 숫자로 인식되어 평균값이 계산된 것을 알 수 있습니다. 이는 변수 gender의 속성이 int(정수형)로 설정되어 있기 때문이며, str() 함수를 통해 확인할 수 있습니다. 변수 gender를 정수형에서 범주형으로 변환하기 위해 factor() 함수를 사용합니다. 먼저, 데이터프레임의 이름과 변수명 사이에 $ 연산자를 추가하여 변수를 정확히 지정합니다. levels = c(1, 2)를 통해 gender 값이 1과 2로 구성됨을 명시하고, labels = c("male", "female")을 활용해 1을 "male", 2를 "female"로 변환합니다. 이제 str() 함수를 적용해보면 gender가 범주형 변수로 변환됨을 알 수 있으며, summary() 함수를 적용하면 100만 명의 검진자 중 남성은 515,035명, 여성은 484,965명으로 구성되었음을 알 수 있습니다.

```
# gender를 범주형 변수로, 값 1을 'male', 2를 'female'로 변환
> new_data$gender <- factor(new_data$gender, levels = c(1, 2),
                                               labels = c("male", "female"))

# gender 변수가 범주형 변수 변환을 확인
> str(new_data$gender)
```

```
  Factor w/ 2 levels "male","female": 2 1 2 1 1 2 1 1 1 1 ...

# gender 변수의 기술통계 결과
> summary(new_data$gender)
    male  female
  515035 484965
```

이번에는 age 변수의 문제점을 수정하겠습니다. 공공데이터포탈에서 다운로드 받은 데이터 중 국민건강보험공단_건강검진정보 사용자 매뉴얼_2023 파일을 살펴보면, 변수 age는 그룹 5부터 18까지 14개의 범주로 구성되어 있습니다(<표 4-2>).

<표 4-2> 연령그룹과 해당 연령대에 관한 정의

그룹	연령대	그룹	연령대
5	20~24세	12	55~59세
6	25~29세	13	60~64세
7	30~34세	14	65~69세
8	35~39세	15	70~74세
9	40~44세	16	75~79세
10	45~49세	17	80~84세
11	50~54세	18	85세+

연령이 20~24세에 해당하면 '5'로, 25~29세에 해당하면 '6'으로 입력되고, 5세 간격으로 '18'(85세 이상)까지 입력되어 있습니다. 따라서 변수 age도 범주형 변수로 변환하여 연령대별 인원수를 파악할 수 있습니다.

```
# age를 범주형 변수로 변환
> new_data$age <- factor(new_data$age)

# age 변수의 범주별 빈도 결과
> summary(new_data$age)
      5      6      7      8      9     10     11
  33930  70889  90527  72393 117307  93336 127965
     12     13     14     15     16     17     18
  98632 113124  73631  55414  26779  20042   6031
```

마지막으로 bmi_level 변수의 문제점을 수정하겠습니다. 이 변수의 summary() 함수 결과는 Length: 1000000으로 나타나고 있지만, 비만도 수준별 빈도수를 확인할 수 있어야 정확한 결과를 얻은 것입니다. 현재 str() 함수를 통해 확인해 보면 bmi_level이 문자형(chr)으로 설정되어 있습니다. 따라서 factor() 함수를 사용하여 범주형으로 변환하겠습니다.

```
# bmi_level 변수가 문자형임을 확인
> str(new_data$bmi_level)
   chr [1:1000000] "비만" "정상" "비만" "비만" "과체중" "저체중" "정상" "비만" ...

# bmi_level 변수를 범주형 변수로 변환
> new_data$bmi_level <- factor(new_data$bmi_level)

# bmi_level 변수의 범주별 빈도 결과
> summary(new_data$bmi_level)
     고도비만   과체중    비만   저체중    정상
      68477   207931   293578   52299   377715
```

위 결과를 보면 고도비만 인원수는 68,477명임을 확인할 수 있습니다. 그러나 이후 비만도에 따른 결과가 비만, 과체중, 정상, 저체중 순서로 출력되지 않고, 변수명의 오름차순으로 정렬되어 결과 해석에 혼동을 줄 수 있습니다. 이를 해결하기 위해 factor() 함수에 levels = c("고도비만", "비만", "과체중", "정상", "저체중")을 추가하여 비만도 수준에 따른 순서대로 결과가 얻어짐을 확인할 수 있습니다.

```
# 비만도 수준에 따른 결과
> new_data$bmi_level <- factor(new_data$bmi_level, levels = c("고도비만",  "비만",
                                  "과체중", "정상", "저체중"))

> summary(new_data$bmi_level)
     고도비만    비만   과체중    정상   저체중
      68477   293578   207931   377715   52299
```

4.6 결측값 처리하기

4.6.1 결측값 파악하기

변수 waistline의 summary() 함수 결과를 살펴보면, 허리둘레의 평균값(Mean)은 81.32이고, 메뉴얼에 따르면 단위는 센티미터(cm)입니다. 최댓값(Max)은 999로 표시되어 있으며, 결측값(NA's)은 411개로 나타납니다. NA는 "Not Applicable"의 약자로, 원래부터 결측값으로 인식된 데이터를 의미합니다. 반면, 999는 임의로 입력된 숫자로, 이를 결측값으로 변환하지 않으면 분석 결과에 오류가 포함될 수 있습니다. sum(df_3$waistline==999, na.rm=TRUE) 명령을 사용하면 999의 개수를 파악할 수 있습니다. 이 표현에서 waistline==999는 허리둘레 값이 999인 경우 1로, 그렇지 않은 경우 0으로 설정하라는 의미이며, na.rm=TRUE는 NA는 제외하라는 뜻입니다. 이 명령을 실행하면 데이터중 999의 개수가 5개 임을 알 수 있습니다. 다음으로 5개의 999값을 NA로 변환하고 결측값의 개수를 파악해보면 416개임을 알 수 있습니다.

```
# waistline의 summary() 결과 확인
> summary(new_data$waistline)
   Min. 1st Qu.  Median    Mean 3rd Qu.    Max.    NA's
   7.50   74.00   81.00   81.32   88.00  999.00     411

# 결측값 999의 개수 파악
> sum(new_data$waistline == 999, na.rm = TRUE)
  [1] 5

# 결측값 999를 NA로 대체
> new_data$waistline[new_data$waistline == 999] <- NA

# 결측값 개수 확인
> summary(new_data$waistline)
   Min. 1st Qu.  Median    Mean 3rd Qu.    Max.    NA's
   7.50   74.00   81.00   81.32   88.00  480.00     416
```

4.6.2 결측값을 갖는 관측치 모두 삭제하기

416개의 결측값을 포함한 관측치(행 데이터)를 모두 제거하기 위하여 na.omit() 함수를 활용하겠습니다. 이 명령을 수행하면 100만 명의 데이터에서 416명의 데이터가 삭제되어 건강검진 대상자는 999,584명으로 조정됨을 확인할 수 있습니다.

```
# 결측값 제거 수행
> new_data <- na.omit(new_data)

# 결측값을 포함하는 416개의 행을 삭제한 후, 잔여 행 개수 확인
> nrow(new_data)
  [1] 999584
```

이제 7개 변수의 정확한 요약 결과를 얻기 위해 진행한 데이터 전처리(data preprocessing) 과정을 마쳤습니다. 최종적으로 처리된 데이터의 요약 결과는 아래와 같습니다.

```
# 999,584명의 데이터에 관한 요약 통계 결과(100만 명 중 결측값 갖는 관측치 제거)
> summary(new_data)

     gender              age              height              weight
 male  :515029     11      :127962     Min.    :130.0     Min.    :30.00
 female:484555     9       :117290     1st Qu. :155.0     1st Qu. :55.00
                   13      :113123     Median :165.0      Median :65.00
                   12      : 98632     Mean    :162.7     Mean    :64.34
                   10      : 93334     3rd Qu. :170.0     3rd Qu. :75.00
                   8       : 90296     Max.    :195.      Max.    :135.0
                   (Other) :358947

    waistline            bmi              bmi_level
 Min.    :   7.50   Min.    :10.38     고도비만: 68444
 1st Qu.: 74.00     1st Qu. :21.48     비만    :293488
 Median :81.00      Median :23.88      과체중  :207845
 Mean    :81.32     Mean    :24.16     정상    :377527
 3rd Qu.: 88.00     3rd Qu. :26.16     저체중  : 52280
 Max.    :480.00    Max.    :60.00
```

위에 얻어진 999,584명의 요약 통계 결과를 보면 성별에서는 남성이 여성보다 30,474명 더 많음을 확인할 수 있습니다. 연령대별로는 50~54세(코드: 11)에 해당하는 인원이

127,962명으로 가장 많았습니다. 평균 신장은 162.7cm, 평균 체중은 64.34kg, 평균 허리 둘레는 81.32cm로 나타났습니다. 또한 비만도 수준의 경우 정상, 비만, 과체중, 고도비만, 저체중의 순서로 인원수가 많이 분포되어 있음을 알 수 있습니다.

4.6.3 결측값을 변수의 평균값으로 대체하기

앞 4.6.2절에서 변수 waistline 중 결측값을 포함하고 있는 416명의 관측치 전부를 데이터에서 삭제했습니다. 이와 같이 결측값을 갖는 관측치를 모두 삭제하면 표본 크기가 줄어들고 유용한 정보까지 손실될 수 있습니다. 따라서 결측값이 발생한 경우, 해당 변수의 평균값으로 대체하는 방법을 고려할 수 있습니다. 이제 현재 상태는 4.6.1절까지 수행한 상태임을 가정하고, 결측값을 waistline 변수의 평균값으로 대체하는 방법을 소개하겠습니다.

```
# 결측값을 제외한 waistline 데이터의 평균값 파악
> mean(new_data$waistline, na.rm=TRUE)
   [1] 81.31781

> is.na(new_data$waistline)
   [1] FALSE FALSE FALSE FALSE FALSE FALSE FALSE FALSE FALSE FALSE FALSE
  [12] FALSE FALSE FALSE FALSE FALSE FALSE FALSE FALSE FALSE FALSE FALSE
                                 (이하 생략)

> which(is.na(new_data$waistline))
   [1]    887   1566   2261   5189   5404   7580  16280  17316  17652  19021
  [11]  19677  20982  21280  23751  24550  27409  27487  28386  30704  32644
                                 (이하 생략)

# 결측값을 waistline 변수의 평균값(81.31781)으로 대체
> new_data$waistline[is.na(new_data$waistline)] <- mean(new_data$waistline,
                                                          na.rm=TRUE)

# 결측값을 해당 변수의 평균값으로 대체 후, 얻어진 waistline 변수의 요약 통계
> summary(new_data$waistline)
   Min. 1st Qu.  Median    Mean  3rd Qu.    Max.
   7.50   74.00   81.00   81.32   88.00   480.00
```

명령 mean(new_data$waistline, na.rm=TRUE)을 사용하여 waistline의 데이터 중 416개

의 결측값을 제외하고 평균값 81.31781을 얻었습니다. is.na(new_data$waistline) 명령은 결측값이 있는 위치에 TRUE, 그렇지 않은 위치에 FALSE를 반환합니다. 100만 개 데이터 중 결측치는 416개이므로 결측치의 위치를 정확히 확인하기가 어렵습니다. 만약 결측치의 위치만을 확인하고자 한다면 which() 함수를 함께 사용합니다. 이에 따라 첫 번째 결측치의 위치는 887번째임을 알 수 있습니다.

이제 평균값 81.31781을 416개의 TRUE 위치에 입력합니다. summary() 함수를 통해 waistline의 평균값은 소수 세 번째 자리에서 반올림하여 81.32임을 알 수 있습니다. 최종적으로 아래 얻어진 summary(new_data)의 결과를 살펴보면, 4.6.2절의 결과와 달리 남녀의 합계 인원이 100만 명이며, 변수 age와 bmi_level의 요약 통계에서도 인원수의 차이가 있습니다. 또한 변수 weight의 평균값은 64.33이며, 이는 4.6.2절에서 얻어진 64.34와 미세한 차이가 있음을 알 수 있습니다. 이러한 변화는 결측값이 삭제되지 않고 평균값으로 대체되어 발생했습니다.

```
# 100만명의 데이터에 관한 요약 통계 결과 (결측값을 평균값으로 대체)
> summary(new_data)

     gender              age               height             weight
 male  :515035    11      :127965    Min.    :130.0     Min.    :30.00
 female:484965    9       :117307    1st Qu. :155.0     1st Qu. :55.00
                  13      :113124    Median  :165.0     Median  :65.00
                  12      : 98632    Mean    :162.7     Mean    :64.33
                  10      : 93336    3rd Qu. :170.0     3rd Qu. :75.00
                  7       : 90527    Max.    :195.0     Max.    :135.0
                  (Other) :359109

    waistline           bmi              bmi_level
 Min.    :  7.50    Min.    :10.38    고도비만: 68477
 1st Qu.: 74.00     1st Qu. :21.48    비만    :293578
 Median :81.00      Median  :23.88    과체중  :207931
 Mean    :81.32     Mean    :24.16    정상    :377715
 3rd Qu.: 88.00     3rd Qu. :26.16    저체중  : 52299
 Max.    :480.00    Max.    :60.00
```

4.7 그룹별 평균, 빈도 및 비율 비교

여러 변수를 함께 분석하면 더욱 의미있는 정보를 파악할 수 있습니다. 특히 보건의료 데이터의 경우, 성별과 연령은 중요한 변수로 고려됩니다. 따라서 연령에 따른 신장, 체중, 허리둘레, bmi의 평균값을 구하고 비교해 보겠습니다. R에서는 aggregate() 함수를 사용하여 성별에 따른 신장(height), 체중(weight), 허리둘레(waistline), BMI(bmi)의 평균값 등을 계산할 수 있습니다.

데이터는 결측값을 제거한 4.6.2절의 데이터를 활용하여 설명하겠습니다. 따라서 건강검진 대상자 100만 명의 데이터 중 waistline 변수에 결측값이 있는 416명을 제외한 총 999,584명의 데이터를 사용합니다.

```
# 성별에 따른 신장, 체중, 허리둘레, BMI의 평균값 계산
> summary_by_gender <- aggregate(cbind(height, weight, waistline, bmi) ~ gender,
                                  data=new_data, FUN=mean)

> summary_by_gender
    gender   height   weight  waistline      bmi
  1   male 169.0933 71.93560   86.05147 25.09464
  2 female 155.8729 56.25909   76.28644 23.16378
```

aggregate() 함수에서 여러 변수를 한 번에 요약하기 위해 cbind()를 사용해 변수를 묶었으며, ~ gender를 통해 성별을 기준으로 데이터를 그룹화하였습니다. data=new_data를 통해 사용할 데이터프레임을 지정하고, FUN=mean을 사용하여 그룹화된 데이터의 평균값을 계산하도록 설정하였습니다. 결과를 살펴보면, 남성의 모든 변수에서 평균값이 여성의 평균값보다 높게 나타났습니다. 특히, 남성의 평균 BMI 값은 25.09464로 비만 범주에 속하는 반면, 여성의 평균 BMI 값은 23.16378로 과체중 범주에 속함을 알 수 있습니다.

이번에는 비만도 수준별 남성과 여성의 빈도(인원수) 및 해당 비율을 파악해보도록 하겠습니다. 이를 위해 소개한 aggregate() 함수를 활용할 수 있습니다만, 이번에는 dplyr 패키지를 활용하여 분석하는 방법을 소개하겠습니다. dplyr 패키지는 데이터프레임에 포함된 데이터를 필터링, 선택, 요약, 정렬, 변환할 때 많이 사용됩니다.

```
# dplyr 패키지 활용(1) : 비만도 수준별 남여의 인원수 파악 명령
> library(dplyr)
> obesity_gender <- new_data %>%
    group_by(bmi_level, gender) %>%
    summarise(count = n()) %>%
    ungroup()
```

%>%는 파이프 연산자(pipe operator)로, 이전 작업의 결과를 다음 작업으로 전달하여 작업이 연속적으로 실행될 수 있도록 합니다. 따라서 위 명령은 %>%를 통해 new_data 데이터프레임의 데이터를 다음의 groupby() 함수, summarise() 함수, 그리고 ungroup() 함수로 순차적으로 전달하며 최종 결과를 생성합니다. 조금 더 상세히 설명하면 group_by(bmi_level, gender)는 bmi_level과 gender를 기준으로 데이터를 그룹화하여, 각각의 비만도 수준과 성별 조합에 해당하는 데이터를 묶습니다. 그 다음 summarise(count = n()) 중 summarise() 함수는 각 그룹에 대해 요약 통계를 계산하며, n()은 해당 그룹에 속하는 관측치의 개수를 반환합니다. 이렇게 계산된 값은 새로운 열 count로 저장됩니다. 마지막으로 앞서 bmi_level과 gender를 기준으로 그룹화한 상태를 해제하기 위해 ungroup()을 수행합니다. 이를 통해 이후 작업에서 데이터를 전체적으로 다룰 수 있게 됩니다. 아래는 해당 명령을 수행한 결과입니다.

```
# dplyr 패키지 활용(1)의 결과 : 비만도 수준별 남여의 인원수
> obesity_gender
     bmi_level gender  count
     <fct>     <fct>   <int>
   1 고도비만  male    41572
   2 고도비만  female  26872
   3 비만      male   197880
   4 비만      female  95608
   5 과체중    male   120284
   6 과체중    female  87561
   7 정상      male   143679
   8 정상      female 233848
   9 저체중    male    11614
  10 저체중    female  40666
```

위 결과표에서 <fct>는 factor의 약자로 해당 변수가 범주형 데이터임을 나타내고,

<int>는 integer의 약자로 해당 변수가 정수형 데이터임을 의미합니다. 결과를 살펴보면, 명령 group_by(bmi_level, gender)에 의해 bmi_level 열과 gender 열이 범주별로 그룹화되었고, summarise(count = n())에 의해 각 그룹의 관측치 개수를 저장한 count 열이 추가되었습니다. 따라서 남성의 경우, 비만 197,880명, 정상 143,679명, 과체중 120,284명 순으로 인원이 많으며, 여성의 경우, 정상 233,848명, 비만 95,608명, 과체중 87,561명 순으로 인원이 많음을 알 수 있습니다.

이제 dplyr 패키지를 추가 활용하여 앞서 얻어진 범주 그룹별 빈도를 비율(percent)로 계산하고, 표의 4번째 열로 추가하겠습니다.

```
# dplyr 패키지 활용(2) : 비만도 수준별 남여의 인원수에 해당하는 비율 열 추가
> obesity_gender <- obesity_gender %>%        # dplyr 패키지 활용(1)의 결과
    group_by(bmi_level) %>%
    mutate(percent = count / sum(count) * 100) %>%
    ungroup()

> obesity_gender

     bmi_level gender  count percent
     <fct>     <fct>   <int>   <dbl>
   1 고도비만  male    41572    60.7
   2 고도비만  female  26872    39.3
   3 비만      male   197880    67.4
   4 비만      female  95608    32.6
   5 과체중    male   120284    57.9
   6 과체중    female  87561    42.1
   7 정상      male   143679    38.1
   8 정상      female 233848    61.9
   9 저체중    male    11614    22.2
  10 저체중    female  40666    77.8
```

위 percent 결과는 count 변수의 값을 해당 비만도 수준(bmi_level)의 총 인원수로 나누어 계산된 값입니다. 이를 위해 group_by(bmi_level) 명령을 사용하여 데이터를 비만도 수준별로 그룹화하였고, mutate(percent=count/sum(count) * 100) 명령을 통해 각 그룹에서 count 값을 퍼센트로 변환하였습니다. 함수 mutate()는 사용자 정의 계산식을 적용해 새로운 열을 추가하거나 기존 데이터를 변환할 때 사용됩니다. 반면, 앞서 사용한 summarise() 함수는 각 그룹에 대해 sum(), mean(), max(), min(), n() 등의 함수를 활용

하여 합계, 평균, 최댓값, 최솟값, 관측치 개수 등의 요약 통계를 생성할 때 사용합니다. 얻어진 결과를 살펴보면, 각 비만도 수준중 남성의 비율이 높은 비만도 수준은 비만(67.4%), 고도비만(60.7%), 과체중(57.9%)으로 나타났습니다. 반면, 여성의 비율이 높은 비만도 수준은 저체중(77.8%)과 정상(61.9%)임을 알 수 있습니다.

아래 명령은 앞서 2번에 나누어 소개한 dplyr 패키지 명령(1)과 명령(2)를 하나로 통합한 것입니다. 먼저 bmi_level과 gender를 기준으로 그룹화하여 각 그룹의 인원수를 파악한 후, 각 bmi_level 내에서 성별 비율을 계산하기 위해 bmi_level만 기준으로 재그룹하였습니다.

```
# dplyr 패키지 활용(3) : dplyr 패키지 활용(1) 및 (2)를 한번에 수행하는 명령
> obesity_gender <- new_data %>%
    group_by(bmi_level, gender) %>%              # 1차 그룹화(bmi_level, gender)
    summarise(count = n()) %>%                   # 각 그룹의 빈도 계산
    ungroup() %>%                                # 그룹 해제
    group_by(bmi_level) %>%                      # 2차 그룹화(bmi_level만 기준)
    mutate(percent = count /sum(count)*100) %>%
    ungroup()
```

4.8 | 교차표 작성(1) : 성별, 연령별 비만도 수준 반영

2개의 범주형 변수(성별과 비만도 수준, 연령과 비만도 수준)에 해당하는 빈도를 파악하기 위해 교차표(cross table)를 작성하겠습니다. 이를 위해 table() 함수를 사용합니다.

```
# 변수 gender와 bmi_level 간의 교차표 작성
> table_gender_bmi_level <- table(new_data$gender, new_data$bmi_level)
> table_gender_bmi_level

          고도비만   비만  과체중    정상  저체중
  male       41572 197880 120284 143679  11614
  female     26872  95608  87561 233848  40666
```

교차표 결과를 살펴보면, 남성의 경우 비만, 정상, 과체중, 고도비만, 저체중 순으로 빈도가 높게 나타납니다. 반면, 여성은 정상, 비만, 과체중, 저체중, 고도비만 순으로 나타나고 있습니다. 위 교차표에 행 또는 열 합계를 추가하려면, addmargins() 함수를 사용합니다.

```
# 행 합계를 추가 및 결과 확인
> table_with_margins <- addmargins(table_gender_bmi_level, margin=2, FUN=sum)
> table_with_margins

           고도비만   비만  과체중    정상 저체중     Sum
  male        41572 197880 120284 143679  11614  515029
  female      26872  95608  87561 233848  40666  484555
```

addmargins() 함수 중 margin=2는 각 행의 합계를 계산하고, 반대로 margin=1은 각 열의 합계를 계산합니다. 얻어진 table_with_margins 결과표에서 열 이름 "Sum"을 "합계"로 변경하려면 dimnames() 함수를 사용합니다. 이 함수는 데이터의 행 이름이나 열 이름을 수정할 때 사용합니다. 예를 들어, dimnames(table_with_margins)[[2]][6] 명령은 열 이름 중 여섯 번째 이름을 의미합니다. 여기서 [[2]]는 열 이름 벡터를, [6]은 여섯 번째 열 이름 "Sum"을 지칭합니다. 이를 "합계"로 변경하려면 아래와 같이 명령을 작성하고 실행합니다.

```
# 열 이름 "Sum"을 "합계"로 변경 및 실행
> dimnames(table_with_margins)[[2]][6] <- "합계"
> table_with_margins

           고도비만   비만  과체중    정상 저체중    합계
  male        41572 197880 120284 143679  11614  515029
  female      26872  95608  87561 233848  40666  484555
```

prop.table() 함수를 사용하여 빈도표 table_gender_bmi_level을 비율표로 변환할 수 있습니다. 이때 행을 기준으로 비율을 계산하려면 margin=1을, 열을 기준으로 비율을 계산하려면 margin=2를 사용합니다. 먼저 행 합계 기준으로 비율표를 생성하겠습니다.

```
# 행 합계 기준으로 비율 분석
> p_table_gender_bmi_level <- prop.table(table_gender_bmi_level, margin=1)
> p_table_gender_bmi_level

          고도비만       비만     과체중       정상     저체중
  male   0.08071778 0.38421137 0.23354801 0.27897264 0.02255019
  female 0.05545707 0.19731093 0.18070394 0.48260363 0.08392443

# round() 함수를 사용하여 소수 4번째 자리까지 출력
> p_table_gender_bmi_level <- round(p_table_gender_bmi_level, 4)

         고도비만   비만 과체중   정상 저체중
  male     0.0807 0.3842 0.2335 0.2790 0.0226
  female   0.0555 0.1973 0.1807 0.4826 0.0839

# addmargins() 함수와 dimnames() 함수를 사용하여 "합계" 열 추가
> p_table_with_margins <- addmargins(p_table_gender_bmi_level, margin=2, FUN=sum)
> dimnames(p_table_with_margins)[[2]][6] <- "합계"
> p_table_with_margins

         고도비만   비만 과체중   정상 저체중   합계
  male     0.0807 0.3842 0.2335 0.2790 0.0226 1.0000
  female   0.0555 0.1973 0.1807 0.4826 0.0839 1.0000
```

위 결과를 살펴보면, 남성은 비만(38.42%), 과체중(23.35%), 고도비만(8.07%)에서 여성보다 높은 비율을 보이고 있습니다. 반면, 여성은 정상(48.26%)과 저체중(8.39%)의 비율이 남성보다 높게 나타나고 있음을 알 수 있습니다.

이제 table_gender_bmi_level을 열 기준의 비율표로 변환해 보겠습니다. 이 결과는 4.7절에서 dplyr 패키지 명령을 사용해 얻은 결과 중 percent의 값과 동일한 값임을 확인할 수 있습니다.

```
# 열 합계 기준으로 비율 분석
> p_table_gender_bmi_level <- prop.table(table_gender_bmi_level, margin=2)
> p_table_gender_bmi_level

          고도비만      비만    과체중      정상    저체중
  male 0.6073871 0.6742354 0.5787197 0.3805794 0.2221500
  female 0.3926129 0.3257646 0.4212803 0.6194206 0.7778500
```

```
> p_table_gender_bmi_level <- round(p_table_gender_bmi_level, 4)
> p_table_gender_bmi_level

         고도비만   비만 과체중  정상 저체중
  male     0.6074 0.6742 0.5787 0.3806 0.2221
  female   0.3926 0.3258 0.4213 0.6194 0.7779

> p_table_with_margins <- addmargins(p_table_gender_bmi_level, margin=1, FUN=sum)
> p_table_with_margins

         고도비만  비만 과체중   정상 저체중
  male     0.6074 0.6742 0.5787 0.3806 0.2221
  female   0.3926 0.3258 0.4213 0.6194 0.7779
  sum      1.0000 1.0000 1.0000 1.0000 1.0000

> dimnames(p_table_with_margins)[[1]][3] <- "합계"
> p_table_with_margins

         고도비만  비만 과체중   정상 저체중
    male   0.6074 0.6742 0.5787 0.3806 0.2221
  female   0.3926 0.3258 0.4213 0.6194 0.7779
  합계     1.0000 1.0000 1.0000 1.0000 1.0000
```

위의 비율표를 보면, 비만도 수준별로 남성과 여성이 차지하는 비중의 차이를 확인할 수 있습니다. 저체중과 정상에서는 여성의 비율이 각각 77.79%와 61.94%로 높은 반면, 비만, 고도비만, 과체중에서는 남성의 비율이 각각 67.42%, 60.74%, 57.87%로 더 높게 나타났습니다.

비만도를 고려할 때, 성별 이외에도 연령이 중요한 변수로 고려됩니다. 교차표를 활용하여 연령별 비만도를 파악해 보겠습니다.

```
# 변수 age와 bmi_level 간의 교차표 작성
> table(new_data$age, new_data$bmi_level)

       고도비만  비만 과체중 정상 저체중
    5      2733  6087   5004 15399   4705
    6      6108 16209  12011 29719   6788
    7      9188 24619  16133 33683   6673
```

```
8        7913 22383  13314 24578   4105
9       10678 35582  22406 42172   6452
10       7086 29142  18817 34144   4145
11       7540 38992  27117 48972   5341
12       4684 30479  22495 37759   3215
13       4682 33796  26934 43930   3781
14       3182 22836  17930 27329   2352
15       2422 17537  13626 19948   1881
16       1176  8592   6450  9538   1021
17        853  5903   4493  7669   1123
18        199  1331   1115  2687    698
```

현재 age 변수는 5에서 18까지의 숫자로 표기되어 있어, 이를 해당 연령대에 맞는 범주로 변환할 필요가 있습니다. 또한, 범주의 개수가 14개로 많아 보이므로, 유사 범주를 통합하여 개수를 줄이는 것이 효과적입니다. 예를 들어, 연령 그룹 5(20~24세)와 6(25~29세)을 '20대'로, 7(30~34세)와 8(35~39세)를 '30대'로 묶는 방식을 적용하면, 범주의 개수를 7개로 줄여 표의 가독성을 높일 수 있습니다.

```
# 연령의 범주를 7개로 축소하고 새로운 변수 new_age 생성
# 기호 '|'는 OR(또는)을 의미
> new_data$new_age <-
     ifelse((new_data$age=="5"|new_data$age=="6"), "20대",
      ifelse((new_data$age=="7"|new_data$age=="8"), "30대",
       ifelse((new_data$age=="9"|new_data$age=="10"), "40대",
        ifelse((new_data$age=="11"|new_data$age=="12"), "50대",
         ifelse((new_data$age=="13"|new_data$age=="14"), "60대",
          ifelse((new_data$age=="15"|new_data$age=="16"), "70대", "80대 이상"))))))

# 변수 new_age와 bmi_level 간의 교차표 작성
> table(new_data$new_age, new_data$bmi_level)

              고도비만  비만  과체중  정상 저체중
  20대           8841 22296  17015 45118  11493
  30대          17101 47002  29447 58261  10778
  40대          17764 64724  41223 76316  10597
  50대          12224 69471  49612 86731   8556
  60대           7864 56632  44864 71259   6133
  70대           3598 26129  20076 29486   2902
  80대 이상      1052  7234   5608 10356   1821
```

```
# 행 합계 기준 비율 분석
> round(prop.table(table(new_data$new_age, new_data$bmi_level), margin=1), 4)

            고도비만   비만 과체중   정상 저체중
  20대       0.0844 0.2128 0.1624 0.4307 0.1097
  30대       0.1052 0.2891 0.1811 0.3583 0.0663
  40대       0.0843 0.3073 0.1957 0.3623 0.0503
  50대       0.0539 0.3066 0.2189 0.3828 0.0378
  60대       0.0421 0.3032 0.2402 0.3816 0.0328
  70대       0.0438 0.3179 0.2443 0.3587 0.0353
  80대 이상  0.0404 0.2775 0.2151 0.3972 0.0698
```

이제 간략하면서도 가독성이 높은 교차표와 비율표를 얻었습니다. 얻어진 비율표를 살펴보면, 정상과 저체중의 비율은 20대에서 각각 43.07%와 10.97%로 가장 높게 나타나며, 이후 연령이 증가함에 따라 점차 감소하다가 80대 이상에서 다시 증가하는 경향을 보입니다. 반면, 비만과 과체중의 비율은 연령대가 높아질수록 점진적으로 증가하여 70대에 각각 31.79%와 24.43%로 최고치를 기록한 뒤, 80대 이상에서는 감소하는 패턴을 확인할 수 있습니다.

4.9 | 교차표 작성(2) : 성별, 연령 및 비만도 수준 반영

4.8절에서는 두 개의 변수를 반영하여 교차표를 작성하였습니다. 이 절에서는 세 개의 변수(연령, 비만도 수준, 성별)를 함께 반영하여 더욱 상세한 교차표를 간략히 생성하겠습니다. 이를 위해 table() 함수에 세 번째 변수 성별(gender)을 추가합니다.

```
# table() 함수의 3번째 인수로 성별(gender) 변수 추가
> m_table <- table(new_data$new_age, new_data$bmi_level, new_data$gender)
> m_table

, ,  = male

            고도비만  비만  과체중  정상 저체중
  20대         5828 15674  10910 16716   1967
  30대        12593 36254  20551 22573   1450
  40대        12092 47779  26254 28120   1589
```

```
50대          6721 46831  27414 31146   2087
60대          3120 34165  22659 27641   2381
70대          1014 13862   9818 12885   1380
80대 이상      204  3315   2678  4598    760
```

",, =male" 중 ",,"는 첫번째, 두번째 변수의 모든 범주를 사용했다는 의미입니다. 또한 "= male"은 세번째 gender 변수의 경우, 남성(male) 범주만 적용했다는 의미입니다. 따라서 얻어진 결과에서 첫 번째 표는 남성의 연령별 비만도 수준의 교차표를 생성한 것이며, 두 번째 표는 여성의 연령별 비만도 수준의 교차표를 생성한 것임을 알 수 있습니다.

이제 행 합계 기준으로 합계 열을 추가하고 비율표로 변환해 보겠습니다. 이때 남성의 비율표는 남성 총인원수를 기준으로, 여성의 비율표는 여성 총인원수를 기준으로 반영하여 비율표를 생성합니다. 이를 위해 prop.table(m_table, margin=c(1, 3)) 명령을 사용하며 이중 margin=1은 연령별 총인원수를 기준으로 비율을 계산하고, margin=3은 성별(남성과 여성) 각각의 총합을 기준으로 각 비만도 수준에 대한 비율을 계산합니다. 따라서 margin=c(1, 3)을 사용하면 연령별(new_age) 및 성별(gender)의 조합을 기준으로 각각 독립적인 비율이 계산되어, 20대 남성의 모든 비만도 수준 비율의 합이 1.0000이 되고, 20대 여성 역시 모든 비만도 수준 비율의 합이 1.0000이 됩니다. 이는 다른 연령대에서도 동일하게 적용됩니다.

```
# 연령대(margin=1)와 성별(margin=3) 기준으로 비율 계산
> p_m_table <- prop.table(m_table, margin=c(1, 3))

# 합계 열 추가
> p_m_table_with_margins <- addmargins(p_m_table, margin=2, FUN=sum)
> dimnames(p_m_table_with_margins)[[2]][6] <- "합계"

# 결과 확인
> round(p_m_table_with_margins, 4)

  , ,  = male
              고도비만   비만 과체중   정상 저체중  합계
   20대         0.1141 0.3068 0.2135 0.3272 0.0385 1.0000
   30대         0.1348 0.3881 0.2200 0.2416 0.0155 1.0000
   40대         0.1044 0.4125 0.2267 0.2428 0.0137 1.0000
   50대         0.0589 0.4101 0.2401 0.2727 0.0183 1.0000
```

```
  60대       0.0347 0.3798 0.2519 0.3072 0.0265 1.0000
  70대       0.0260 0.3558 0.2520 0.3307 0.0354 1.0000
  80대 이상  0.0177 0.2869 0.2318 0.3979 0.0658 1.0000

, ,  = female

           고도비만   비만 과체중   정상 저체중  합계
  20대       0.0561 0.1234 0.1138 0.5292 0.1775 1.0000
  30대       0.0652 0.1554 0.1286 0.5160 0.1349 1.0000
  40대       0.0598 0.1788 0.1579 0.5085 0.0950 1.0000
  50대       0.0490 0.2014 0.1975 0.4946 0.0576 1.0000
  60대       0.0490 0.2321 0.2294 0.4507 0.0388 1.0000
  70대       0.0598 0.2837 0.2373 0.3840 0.0352 1.0000
  80대 이상  0.0584 0.2700 0.2018 0.3967 0.0731 1.0000
```

고도비만과 비만의 경우를 살펴보면, 남성은 고도비만에서 30대 비율이 13.48%로 가장 높고, 다음으로는 20대(11.41%), 40대(10.44%) 순으로 나타납니다. 비만의 경우, 40대 비율이 41.25%로 가장 높으며, 이어서 50대(41.01%), 30대(38.81%) 순으로 높게 나타납니다. 이는 남성의 경우 30~50대에서 고도비만과 비만 비율이 높게 나타나는 특징이 있음을 시사합니다. 또한 남성은 나이가 들수록 고도비만, 비만, 과체중의 비율이 점차 감소하는 경향을 보이며, 고령층에서는 정상과 저체중 비율이 상대적으로 증가합니다.

여성의 경우, 고도비만 비율은 30대에서 6.52%로 가장 높게 나타나고 있고, 이후 40대부터 60대까지 비율은 감소하다가, 70대부터 증가하고 있습니다. 비만의 경우, 70대(28.37%)의 비율이 가장 높으며, 이어서 80대 이상(27.0%), 60대(23.21%) 순으로 나타납니다. 과체중의 경우, 20대 여성은 11.38%로 가장 낮고, 연령이 높아질수록 증가하여 70대에서 23.73%로 정점을 찍은 후, 80대 이상에서는 20.18%로 다소 감소합니다. 이러한 결과는 여성의 경우 고도비만은 비교적 젊은 층에서 높고, 비만과 과체중은 고령층에서 증가하는 특징을 나타냅니다. 즉, 여성은 나이가 들수록 고도비만 비율은 일정 수준에서 유지되거나 소폭 감소하는 반면, 비만과 과체중 비율은 20대부터 70대까지 꾸준히 증가하는 경향을 보이고 있습니다.

정상 비율은 모든 연령대에서 여성이 남성보다 높습니다. 특히 20대 여성은 정상 비율이 52.92%로 가장 높은 반면, 20대 남성은 32.72%에 그쳐 20.2% 차이가 납니다. 30대 여성은 51.6%, 남성은 24.16%로 27.44%의 차이를 기록합니다. 따라서 연령대가 높아질수록 여성의 정상 비율은 점차 낮아지지만, 여전히 80대를 제외한 모든 연령대에서 남성보다 높은 수준을 유지하고 있음을 확인할 수 있습니다.

연습문제

1. 4장에서 사용한 데이터파일(국민건강보험공단_건강검진정보_2023.CSV)을 불러온 후, 다음을 수행하시오.

1) 파일 중 변수명 성별, 나이, 신장, 체중, 허리둘레, 수축기혈압, 이완기혈압을 gender, age, height, weight, waistline, sbp, dbp로 변경하시오.

2) 영문으로 이름이 변경된 7개의 변수만을 추출하여, 데이터프레임 df_bp를 생성하고, 해당 데이터의 구조와 상위 6개의 데이터를 확인하시오.

2. 아래의 표는 대한고혈압학회에서 발간한 고혈압 진료지침(2022년)과 질병관리청 국가건강정보포털에서 제시한 저혈압에 관한 판정 기준이다. 아래 표의 기준에 따라, 데이터프레임 df_bp의 변수 sbp(systolic blood pressure, 수축기 혈압)와 dbp(diastolic blood pressure, 이완기 혈압)를 활용하여 검진자별 혈압 상태를 판정하는 새로운 변수 bp_category를 생성하시오. 생성 후 bp_category 변수를 데이터프레임 df_bp의 8번째 변수로 추가하시오.

혈압 상태	수축기혈압(sbp, mmHg)	혈압간 관계	이완기혈압(dbp, mmHg)
저혈압	< 90	&	< 60
정상혈압	< 120	&	< 80
주의혈압	120~129	&	< 80
고혈압(1기)	130~139	|	80~89
고혈압(2기)	≥ 140	|	≥ 90

[참고] 기호 "&"는 "그리고(AND)"를 의미하며, "|"는 "또는(OR)"을 의미함.

3. 데이터프레임 df_bp에 포함된 8개 변수의 요약 통계를 생성하시오.

4. 변수 성별(gender), 나이(age), 혈압 상태(bp_category)를 범주형 변수로 변환하고, 데이터프레임 df_bp의 요약통계를 재생성하시오.

5. 데이터프레임 df_bp의 요약통계 결과로부터, 변수별 결측값의 수를 확인하시오. 결측값을 포함한 관측치들을 데이터프레임에서 모두 제거한 후, 최종적으로 남은 관측치 수를 파악하시오.

6. 다음의 작업을 수행하시오.

1) 아래 기준에 따라 age를 재분류하여 새로운 변수 new_age로 저장하고, 이를 데이터프레임 df_bp의 9번째 변수로 포함하시오(4.8절 참조).

age	5, 6	7, 8	9, 10	11, 12	13, 14	15, 16	17, 18
new_age	20대	30대	40대	50대	60대	70대	80대 이상

2) 4.4절에 소개한 내용을 참조하여 체질량지수(bmi)와 비만도 수준(bmi_level)에 관한 변수를 생성하고, 데이터프레임 df_bp의 10, 11번째 변수로 포함하시오.

3) 새로 생성한 변수들의 요약통계를 확인하시오.

7. 변수 혈압 상태(bp_category)를 행(row), 비만도 수준(bmi_level)을 열(column)로 하여 교차표를 작성하시오. 또한, 작성한 교차표를 활용하여 행 기준 비율표를 생성하시오. 비율 값들은 반올림하여 소수 3번째 자리까지 출력되도록 하시오.

8. 변수 혈압 상태(bp_category)를 행(row), 재그룹한 나이(new_age)를 열(column)로 하여 교차표를 작성하시오. 작성한 교차표를 활용하여 행 기준 비율표를 생성하시오. 비율 값들은 반올림하여 소수 3번째 자리까지 출력되도록 하시오.

9. 변수 혈압 상태(bp_category)를 행(row), 비만도 수준(bmi_level)을 열(column)로 하는 교차표를 재그룹한 나이(new_age)별로 각각 생성하시오. 또한, 행 기준 비율표를 각각 생성하시오. 비율 값들은 반올림하여 소수 3번째 자리까지 출력되도록 하시오.

5장

빅데이터 시각화 분석

5.1 | ggplot2를 활용한 건강검진정보 데이터 시각화 분석

패키지 ggplot2는 R에서 가장 널리 사용되는 데이터 시각화 패키지로, 레이어(layer)를 추가하는 방식을 통해 그래프를 생성합니다. 이를 통해 R의 기본 그래픽 함수로 생성한 그래프보다 고품질의 시각화를 구현할 수 있어, 데이터 분석과 시각화 작업에서 필수적인 도구로 활용되고 있습니다. 그래프를 생성하기 위해 ggplot() 함수를 사용하며, gg는 "Grammar of Graphics(그래프 문법)"를 의미합니다.

5.1.1 막대그래프

ggplot2 패키지를 사용하기 위해 install.packages("ggplot2") 명령을 활용하여 패키지를 설치하고, library(ggplot2) 명령을 실행하여 패키지를 활성화합니다. 또한 막대그래프를 생성할 때에는 ggplot() 함수와 geom_bar() 함수를 함께 사용합니다.

```
# 패키지 ggplot2 설치 및 활성화 명령
> install.packages("ggplot2")
> library(ggplot2)

# 성별을 X축으로 설정하고 그래프의 기본 구조 생성
> ggplot(new_data, aes(x=gender))

# 함수 geom_bar()를 추가하여 막대그래프 작성
> ggplot(new_data, aes(x=gender)) + geom_bar()
```

4장에서 활용한 데이터프레임 new_data의 gender 변수를 활용하여 남성과 여성의 인원수를 막대그래프로 나타내려면, 먼저 ggplot(new_data, aes(x=gender)) 명령을 실행하여 그래프의 기본 바탕을 생성합니다. 여기서 aes(x=gender)는 그래프의 X축에 gender 변수를 배치하는 역할을 수행합니다. 이제 geom_bar() 함수를 추가적으로 실행하여 성별에 따른 인원수 막대를 기본 바탕 위에 나타내며 그래프를 최종적으로 완성합니다(<그림 5-1>). 이러한 과정은 ggplot2 패키지가 그래프를 구성하는 요소들을 층(layer)의 형태로 추가하는 방식을 사용하고 있음을 보여줍니다.

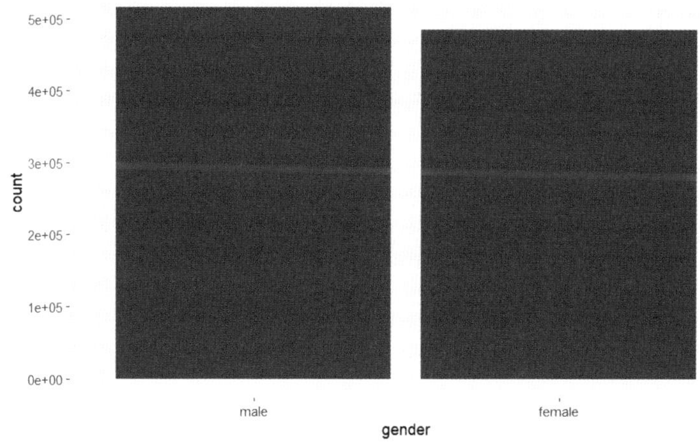

그림 5-1 성별에 관한 기본 막대그래프

작성된 막대그래프를 시각적으로 보기 좋게 편집하겠습니다. 우선 지수로 표시된 Y축의 인원수를 일반 숫자로 변환하겠습니다. 현재 표시된 5e+05는 500,000을 의미합니다. 이를 일반 숫자로 수정하기 위해 scale_y_continuous() 함수를 사용합니다.

```
# Y축 지수 표기를 일반 숫자로 변경
> ggplot(new_data, aes(x=gender) + geom_bar() +
                                    scale_y_continuous(labels=scales::comma)
```

scale_y_continuous() 함수 중 labels=scales::comma 명령을 사용하여 숫자에 천 단위 구분 기호인 쉼표(,)를 추가한 결과는 <그림 5-2>와 같습니다.

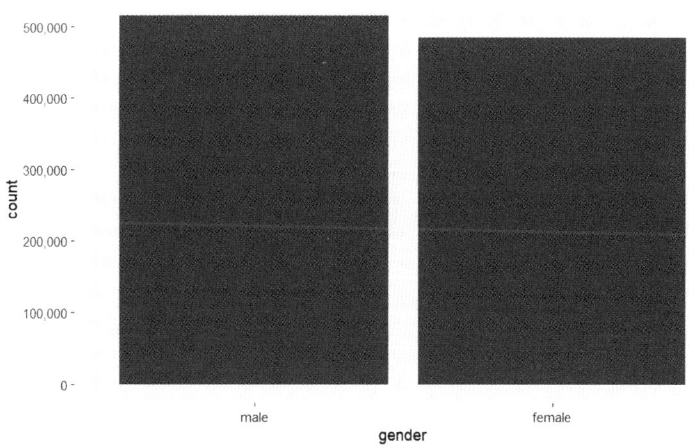

그림 5-2 성별에 관한 막대그래프(천단위 구분 기호 활용)

이제 그래프에 제목 및 범례(legend)를 추가하겠습니다. 성별을 범례로 표시하려면 ggplot() 함수 중 aes()에 fill = gender 옵션을 적용합니다. 그래프 또는 축에 제목을 추가하려면 labs() 함수를 사용하며, 추가한 제목의 스타일을 편집하려면 theme() 함수를 활용합니다. 또한 plot.title은 그래프 제목의 스타일을 지정하며, element_text() 함수는 텍스트의 서식(정렬, 글꼴 크기, 스타일, 색상 등)을 설정하는 데 사용됩니다. 만약, 제목을 가운데 정렬하려면 hjust = 0.5, 좌측 정렬하려면 hjust = 0, 우측 정렬하려면 hjust = 1로 설정합니다.

```
# 성별에 관한 범례 및 그래프 제목 추가
> ggplot(new_data, aes(x=gender, fill=gender)) + geom_bar() +
    scale_y_continuous(labels = scales::comma) +
    labs(title="성별에 따른 인원수", x="성별", y="인원수") +
    theme(
      plot.title = element_text(hjust=0.5, size=16, face="bold"),
      legend.title = element_blank()
    )
```

명령 legend.title = element_blank()를 사용하여, 그래프에 성별의 범례 제목 gender가 표시되지 않았습니다.

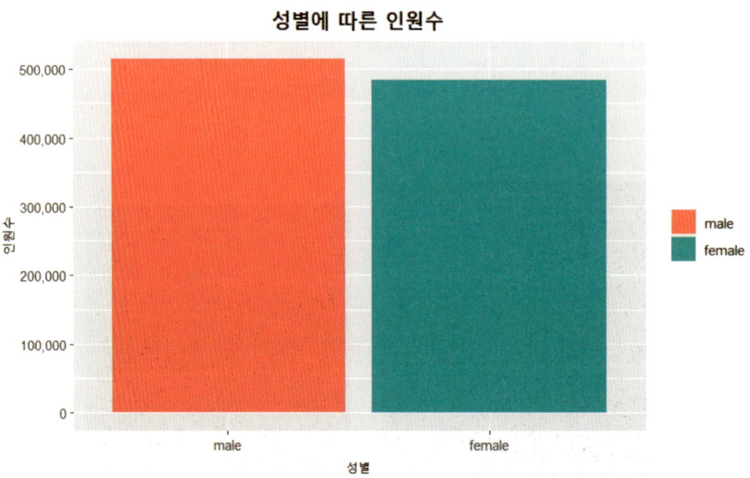

그림 5-3 성별 빈도에 관한 막대그래프(범례 활용)

최종적으로 얻어진 <그림 5-3>을 살펴보면 남성 인원수는 50만 명을 초과하고, 여성의 인원수는 50만 명 미만임을 쉽게 확인할 수 있습니다.

5.1.2 히스토그램

ggplot()에서 히스토그램은 geom_histogram() 함수를 사용하여 작성합니다. 이를 통해 전체 검진자의 체중 분포를 시각화할 수 있으며, 성별에 따라 세분화 된 체중의 분포도 히스토그램으로 파악할 수 있습니다.

```
# 전체 검진자 체중의 히스토그램
> ggplot(new_data, aes(x=weight)) + geom_histogram()
```

작성된 결과를 살펴보면, 특정 구간에서 히스토그램이 비어 있는 것으로 나타납니다(<그림 5-4>). 이는 데이터가 수집될 때부터 체중 데이터가 5kg 단위로 입력되었기 때문입니다. 예를 들어, 65kg~70kg 미만 구간의 데이터들은 모두 65kg로 입력되었기 때문에 해당 구간에 막대가 생성되지 않았습니다

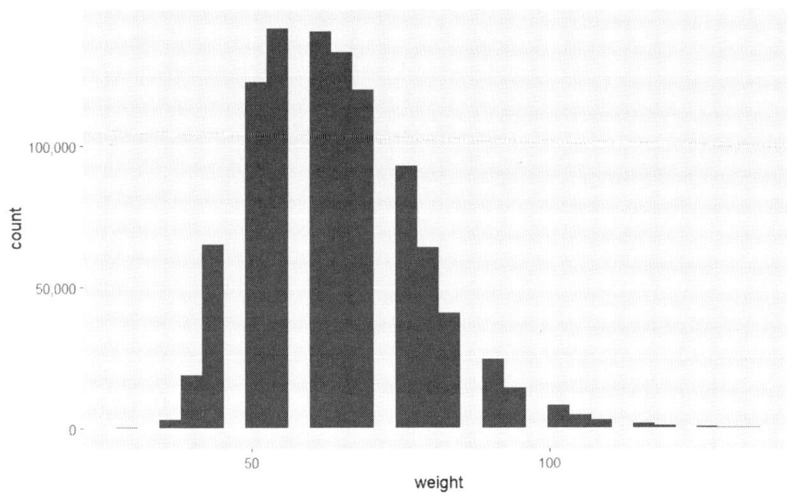

그림 5-4 전체 검진자 체중의 히스토그램

이 문제를 해결하기 위해 히스토그램의 구간 폭(binwidth)을 5로, 조금 더 넓게 조정하겠습니다. 만약 binwidth를 10으로 설정하면, 히스토그램의 구간 수가 줄어들어 막대의 개수도 감소하게 됩니다.

```
# 히스토그램의 구간 폭을 5로 조정
> ggplot(new_data, aes(x=weight)) + geom_histogram(binwidth=5) +
    scale_y_continuous(labels=scales::comma)
```

수정된 히스토그램 <그림 5-5>를 살펴보면, 전체 검진자들의 체중의 분포는 왼쪽으로 치우쳐진 모양으로 나타남을 알 수 있습니다.

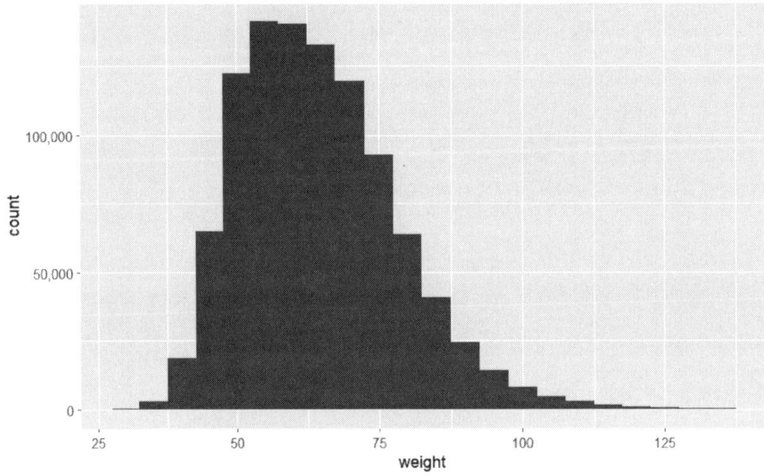

그림 5-5 전체 검진자 체중의 히스토그램(binwidth=5)

```
# 성별로 세분화하여 작성한 체중의 히스토그램
> ggplot(new_data, aes(x=weight, fill=gender)) + geom_histogram(binwidth=5) +
   scale_y_continuous(labels=scales::comma)
```

체중의 히스토그램을 성별에 따라 세분화하기 위해 fill = gender를 aes() 함수에 추가하였습니다. 이에 따른 결과는 <그림 5-6>과 같습니다. 각 체중의 구간에서 남성 인원수

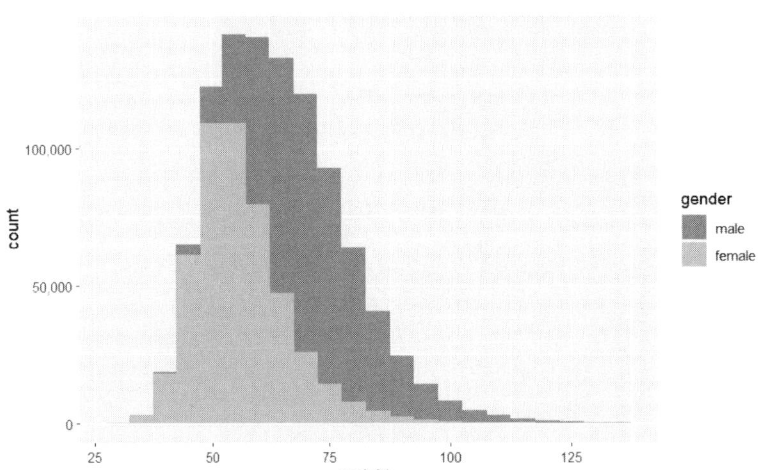

그림 5-6 성별에 따른 검진자 체중의 히스토그램(범례 추가)

는 여성에 비해 매우 많게 보이고 있습니다. 그러나 여성이 100,000명을 넘는 50-55kg 미만 구간과 55-60kg 미만 구간의 남성의 인원수는 각각 13,529명, 32,276명입니다. 따라서 세분화된 히스토그램을 작성할 때, 각 성별의 히스토그램이 겹치는 구간에서는 히스토그램의 높이가 왜곡될 가능성이 있습니다. 이를 방지하기 위해 position = "identity" 옵션을 적용하여 각 성별 데이터를 정확히 시각화합니다(<그림 5-7>). 또한, 히스토그램이 겹치는 구간에서도 각 성별의 분포를 명확히 파악할 수 있도록 alpha = 0.6과 같은 투명도 설정을 추가합니다.

```
# 성별로 세분화하고 투명도를 반영하여 작성한 체중의 히스토그램
> ggplot(new_data, aes(x=weight, fill=gender)) +
    geom_histogram(binwidth=5,  position="identity", alpha=0.6) +
    scale_y_continuous(labels=scales::comma)
```

이를 통해 작성된 <그림 5-7>을 살펴보면, 남성의 체중 분포가 여성의 체중 분포보다 오른쪽에 위치해 평균 체중이 더 높음을 알 수 있으며, 남성 데이터의 분포가 더 넓게 퍼져 있음을 확인할 수 있습니다.

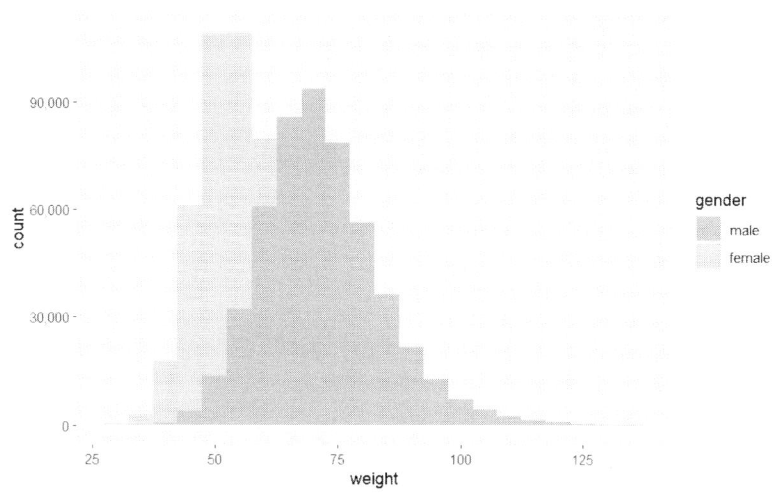

그림 5-7 성별에 따른 검진자 체중의 히스토그램(alpha=0.6)

이제 전체 건강검진자의 비만도 수준에 따른 체중의 히스토그램을 작성해 보겠습니다.

```
# 비만도 수준으로 세분화한 전체 검진자 체중의 분포
> ggplot(new_data, aes(x=weight, fill=bmi_level)) +
    geom_histogram(binwidth=5, position="identity", alpha=0.6) +
    scale_y_continuous(labels=scales::comma)
```

위 명령에 따라 작성된 <그림 5-8>을 살펴보면, 비만도 수준별 체중의 히스토그램이 겹쳐서 출력되고 있음을 알 수 있습니다. 이는 BMI 값과 비만도 수준은 체중과 신장이 함께 반영되어 결정되기 때문입니다. 따라서 동일한 체중을 갖더라도 신장에 따라 다른 비만도 수준에 속할 수 있습니다. 이번에는 하나의 그래프 안에서 비만도 수준별 체중의 히스토그램을 성별에 따라 각각 작성해 보겠습니다.

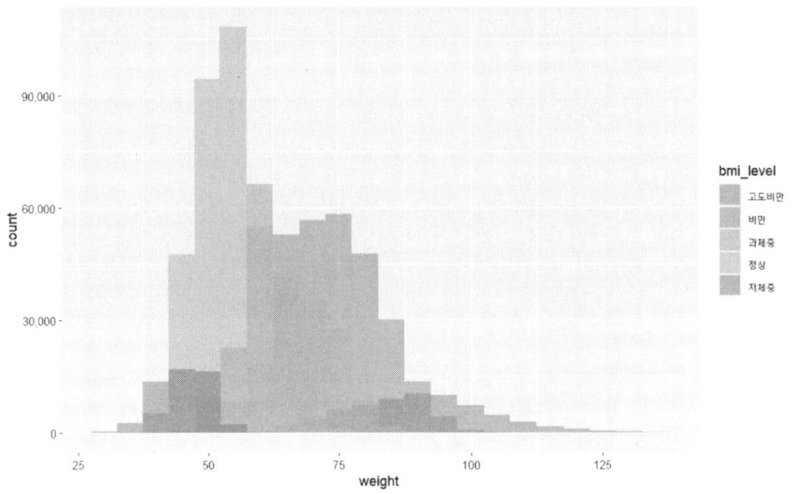

그림 5-8 비만도 수준별 체중의 히스토그램

```
# 성별과 비만도 수준으로 세분화한 전체 검진자 체중의 분포
> ggplot(new_data, aes(x=weight, fill=bmi_level)) +
    geom_histogram(binwidth=5, position="identity", alpha=0.6) +
    scale_y_continuous(labels = scales::comma) +
    facet_wrap(~gender, labeller=as_labeller(c("male"="남성", "female"="여성"))) +
    labs(x="체중 (kg)", y="빈도", fill="") +
    theme_minimal() +
    theme(plot.title=element_text(hjust=0.5, size=16, face="bold"),
      legend.position="bottom",
      panel.border=element_rect(color="black", fill=NA, size=0.5)
      )
```

함수 facet_wrap()은 데이터를 범주별로 분리하여 독립된 그래프를 생성합니다. 여기서는 명령 facet_wrap(~gender)를 적용하여 남성과 여성의 비만도 수준별 체중 히스토그램을 하나의 그래프 안에서 각각 작성하도록 설정했습니다(<그림 5-9>). 또한, theme_minimal()을 적용하여 그래프의 바탕색을 흰색으로 설정했으며, element_rect() 중 fill = NA는 각 그래프 영역의 배경을 투명하게 하여 히스토그램이 깔끔하게 보이도록 합니다.

<그림 5-9> 중 여성의 히스토그램을 살펴보면, 남성에 비해 정상에 속하는 인원이 많음을 확인할 수 있습니다. 반면, 남성의 경우 과체중, 비만, 고도비만 수준에 상대적으로 많은 인원이 <그림 5-9> 성별과 비만도 수준별 체중의 히스토그램 분포하고 있음을 알 수 있습니다.

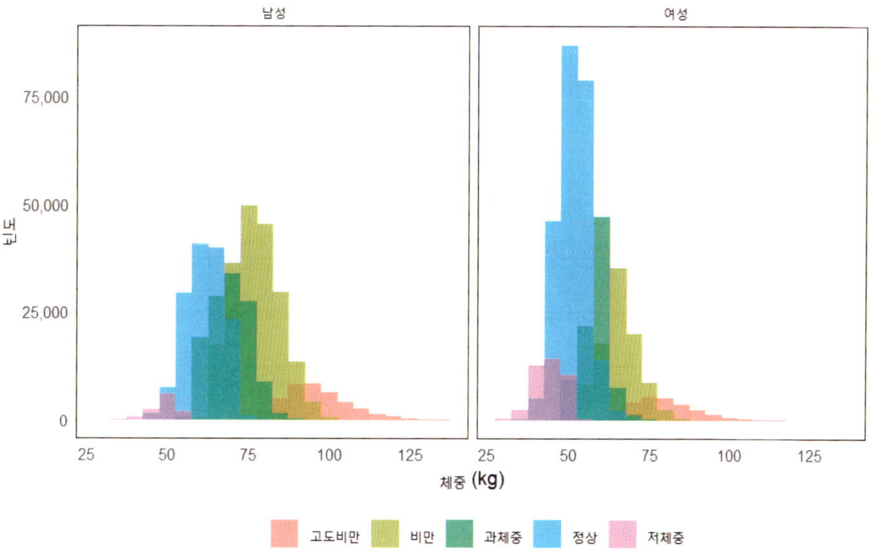

그림 5-9 성별과 비만도 수준별 체중의 히스토그램

5.1.3 꺾은선 그래프

패키지 dplyr을 활용하여 연령과 비만도 수준별 평균 체질량지수(bmi)를 계산한 후, 이를 활용하여 꺾은선 그래프를 작성하겠습니다. 먼저 연령과 비만도 수준별 평균 체질량지수를 얻기 위해 summarise() 함수와 mean() 함수를 사용합니다.

```
# 연령과 비만도 수준별 평균 체질량지수(bmi) 계산
> library(dplyr)
> data_summary <- new_data %>%
   group_by(new_age, bmi_level) %>%
   summarise(mean_bmi = mean(bmi)) %>%
   ungroup()

> data_summary
   # A tibble: 35 × 3
      new_age  bmi_level  mean_bmi
    1 20대     고도비만      33.9
    2 20대     비만          27.2
    3 20대     과체중        24.1
    4 20대     정상          20.9
    5 20대     저체중        17.3
    6 30대     고도비만      33.6
    7 30대     비만          27.3
    8 30대     과체중        24.1
    9 30대     정상          21.0
   10 30대     저체중        17.4
   # i 25 more rows
```

이제 geom_line() 함수를 통해 꺾은선 그래프를 작성하겠습니다. 범례를 그래프 아래 부분에 출력하기 위해 legend.position = "bottom"을 적용하였으며, legend.title = element_blank()를 사용하여 범례 제목을 생략하였습니다. 또한 X축 텍스트를 가운데 정렬하기 위해 hjust = 0.5를 설정하였습니다.

```
# 평균 체질량지수(bmi)에 관한 꺾은선 그래프 작성
> ggplot(data_summary, aes(x=new_age, y=mean_bmi, color=bmi_level,
                                                   group=bmi_level)) +
   geom_line(size=1) + geom_point(size=3) +
   labs(x="연령대", y="평균 체질량지수(bmi)") +
   theme_minimal() +
   theme(legend.position="bottom", legend.title=element_blank(),
         legend.text=element_text(size=11),
         axis.text.x = element_text(hjust=0.5, size=11),
         axis.text.y = element_text(size=11))
```

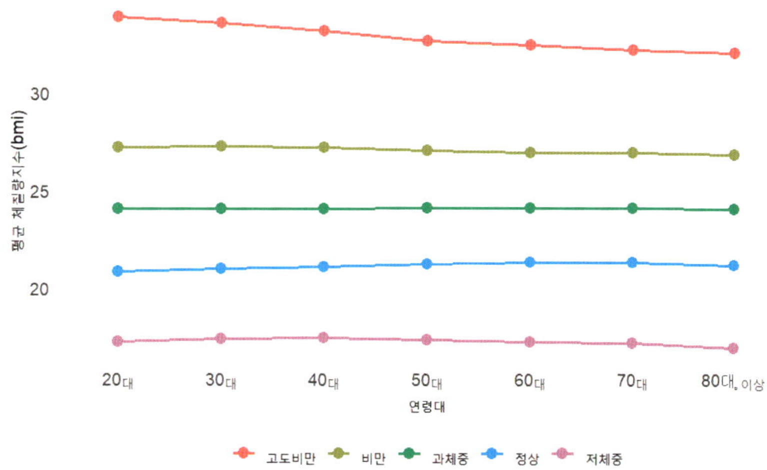

그림 5-10 평균 체질량지수(bmi)에 관한 꺾은선 그래프

위 명령을 활용하여 작성한 꺾은선 그래프 <그림 5-10>을 살펴보면, 비만도 수준 중 고도비만의 경우 연령이 증가할수록 평균 체질량지수는 낮아지는 경향이 있으나, 그 외의 연령에서는 변화가 크지 않음을 보여줍니다.

5.1.4 파이 차트와 도넛 차트

비만도 수준별 남성과 여성의 비율을 파악하는 방법을 4.7절(패키지 dplyr 활용)과 4.8절(함수 table() 및 prop.table() 활용)에서 각각 소개한 바 있으며, 4.7절의 방법에 따라 얻어진 obesity_gender의 출력 결과는 다음과 같습니다.

bmi_level	gender	count	percent
고도비만	male	41572	60.7
고도비만	female	26872	39.3
비만	male	197880	67.4
비만	female	95608	32.6
과체중	male	120284	57.9
과체중	female	87561	42.1
정상	male	143679	38.1
정상	female	233848	61.9
저체중	male	11614	22.2
저체중	female	40666	77.8

이제 변수 bmi_level, gender, 그리고 percent를 활용하여 비만도 수준별 남성과 여성의 비율을 파이 차트(pie chart)로 시각화한 뒤, 이를 도넛 차트(donut chart)로 변형해 보겠습니다. 현재 데이터에는 5개의 비만도 수준이 있으며, 각 수준별 남성과 여성의 비율을 10가지 색상으로 표현하기 위해, colors() 함수에서 제공하는 657가지 색상 중 적절한 10가지 색상을 선택하여 활용하겠습니다.

```
# colors() 함수에서 제공하는 적절한 색상명 확인
> colors()
    [1] "white"              "aliceblue"           "antiquewhite"
    [4] "antiquewhite1"      "antiquewhite2"       "antiquewhite3"
                            (생략)
  [652] "yellow"             "yellow1"             "yellow2"
  [655] "yellow3"            "yellow4"             "yellowgreen"

# 변수 palette_colors에 확인한 색상명 10가지를 지정
> palette_colors <- c(
    "mediumseagreen", "coral", "cornflowerblue", "orchid", "yellowgreen",
    "gold", "burlywood", "lightgray", "saddlebrown", "forestgreen"
  )
```

변수 palette_colors에 10가지 색상명을 지정했습니다. 색상 mediumseagreen은 고도비만 파이 차트 중 남성 파이에, gold 색상은 여성의 파이에 적용되며, 나머지 색상들도 비만, 과체중, 정상, 그리고 저체중의 남성과 여성 파이에 차례대로 적용됩니다. 이제 막대그래프를 생성하는 geom_bar() 함수와 막대그래프를 파이 차트로 변환하는 coord_polar() 함수를 사용하여 <그림 5-11>과 같은 파이 차트를 작성하겠습니다.

```
# 파이 차트 생성
> ggplot(obesity_gender, aes(x="", y=percent,
                             fill = interaction(bmi_level, gender))) +
  geom_bar(stat="identity", width=1, color="white") +
  geom_text(aes(label = paste0(ifelse(gender=="male", "남성", "여성"), "\n",
                round(percent, 1), "%")),
            position = position_stack(vjust=0.5), size=6, fontface = "bold",
            color="white") +
  coord_polar("y") +
  facet_wrap(~bmi_level, ncol = 3) +
```

```
scale_fill_manual(values=palette_colors) +
theme_void() +
theme(strip.text=element_text(size=18, face="bold"),
      legend.position = "none")
```

ggplot() 함수의 aes()에서 X축 값을 빈 문자열(" ")로 설정한 이유는 파이 차트를 작성할 때 X축 값이 필요하지 않기 때문입니다. 또한, 명령 fill = interaction(bmi_level, gender)는 변수 bmi_level과 gender를 결합하여 비만도 수준별 파이에서 남성과 여성을 구분하도록 설정합니다. geom_bar() 함수에서 stat = "identity"는 데이터가 미리 계산된 값을 사용하는 경우 필수적으로 설정해야 합니다. color = "white"는 막대의 테두리 색상을 지정하며, 이후 파이 차트나 도넛 차트의 각 조각을 구분하는 테두리 색상으로 사용됩니다.

geom_text() 함수는 5개의 파이 조각에 남성과 여성이 차지하는 비율을 하얀색 글씨로 출력합니다. 명령 ifelse(gender == "male", "남성", "여성")을 사용하여 영문 성별(male, female)을 한글(남성, 여성)로 변환하였으며, 각 성별과 비율을 결합하고 두 줄로 출력하기 위해서 paste() 함수와 줄바꿈 문자(\n)를 활용하고 있습니다. 또한 옵션 position_stack(vjust = 0.5)은 남성, 여성 및 비율이 각 비만도 수준별 파이 조각의 세로 방향 중앙에 배치되도록 하며, coord_polar("y") 명령은 Y축 데이터인 남성, 여성의 비율(변수명 percent)을 기준으로 파이 차트를 생성합니다. <그림 5-11>과 같이 5개의 비만도 수준

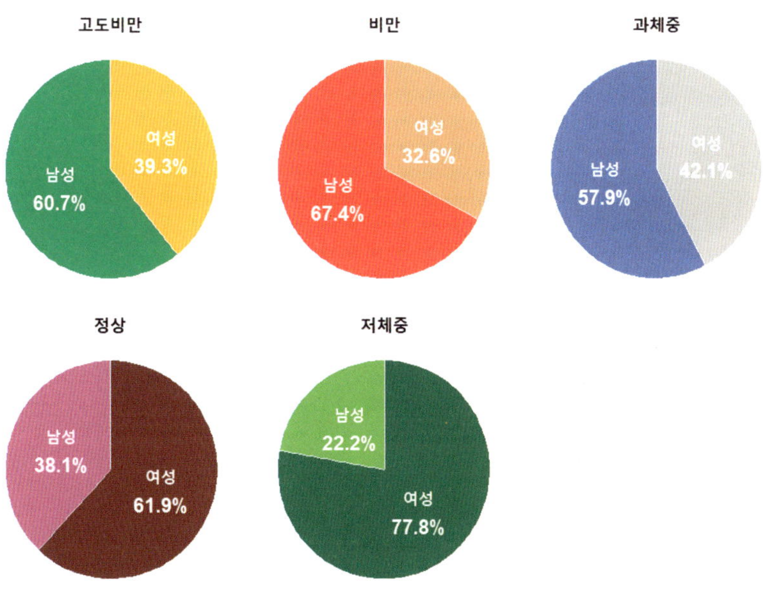

그림 5-11 비만도 수준별 성별 비율에 관한 파이 차트

별 파이 차트를 위쪽에 3개, 아래쪽에 2개를 배치하기 위해 facet_wrap(~bmi_level, ncol = 3) 명령을 사용합니다. 함수 scale_fill_manual()를 사용하여 10가지 색상을 파이 각각에 적용하였으며, theme_void() 함수를 통해 불필요한 배경과 격자선 등을 모두 제거하고 파이에 집중하도록 하였습니다.

이제 파이 차트<그림 5-11>을 도넛 차트<그림 5-12>로 변형해 보겠습니다. 도넛 차트는 파이 차트의 중심에 공백을 추가하여 생성됩니다. 이를 위해 ggplot() 함수의 aes()에서 x = " "를 x = 2로 설정합니다. 여기서 x = 2는 도넛 조각의 중심이 파이 차트(원)의 중심에서 2 만큼 떨어진 위치에 배치되도록 하는 역할을 합니다. 또한 width = 1을 적용하면, 2를 기준으로 안쪽으로 0.5, 바깥쪽으로 0.5씩 퍼져 도넛의 안쪽 경계는 1.5, 바깥쪽 경계는 2.5를 갖는 도넛을 생성합니다. 한편, xlim(1, 2.5)는 X축의 1부터 2.5까지의 영역만을 화면에 나타내게 함으로써, 1부터 1.5 사이의 약 0.5에 해당하는 부분은 데이터가 그려지지 않아 도넛 차트의 중심에 빈 공백(도넛 구멍)을 형성하게 됩니다. 만약 xlim의 시작값을 1에서 0.5로 낮춰 xlim(0.5, 2.5)로 설정하면, 보이는 영역의 시작점이 0.5로 조정되면서 중심에서 0.5부터 1.5 사이의 영역이 도넛 구멍으로 나타나고, 도넛 구멍의 크기는 1로 확대됩니다. xlim(1, 2.5)는 좌표의 범위를 조정하여 중심을 비우는 역할을 하므로, coord_polar() 바로 뒤에 추가하는 것이 일반적입니다. 하지만 ggplot의 좌표 변환 및 범위 조정은 순서에 크게 영향을 받지 않기 때문에, 코드의 가독성을 고려하여 적절한 위치에 배치해도 동일한 효과를 얻을 수 있습니다.

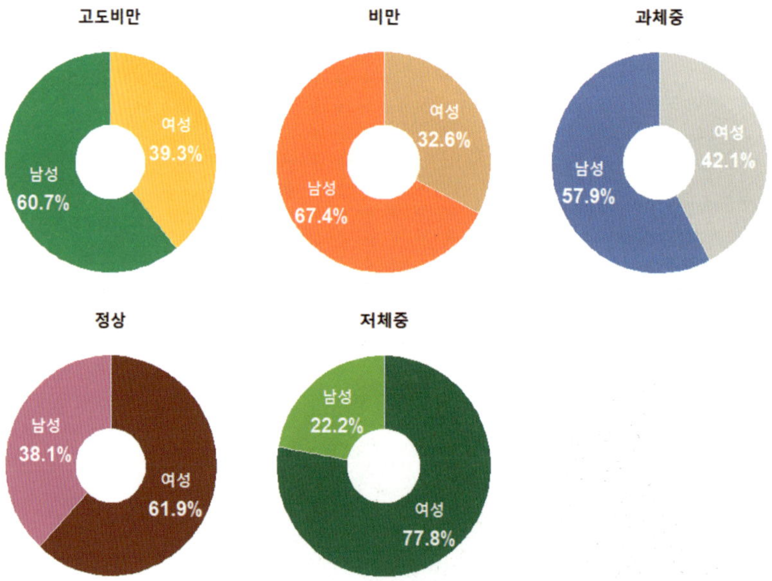

그림 5-12 비만도 수준별 성별 비율에 관한 도넛 차트

5.1.5 산점도

성별에 따른 신장과 체중을 평면에 점으로 나타내려면 산점도를 작성합니다. 이를 위해 함수 geom_point()를 사용합니다. 신장과 체중 데이터를 순서쌍으로 결합하여 점으로 표현하고, shape = gender를 설정하여 남성은 둥근 점으로, 여성은 삼각형 점으로 구분합니다. 또한, 성별에 따라 점의 색상을 다르게 표시하려면 color = gender를 추가합니다.

```
# 성별에 따른 키와 체중의 산점도
> ggplot(new_data, aes(x=height, y=weight, shape=gender, color=gender)) +
    geom_point()
```

<그림 5-13>과 같이 성별에 따른 신장과 체중의 분포를 살펴보면, 남성을 나타내는 동그란 점이 여성을 나타내는 삼각형 점보다 우상향에 분포하는 경향이 있음을 알 수 있습니다. 만약 신장과 체중이 증가함에 따라 점의 크기를 커지게 설정한다면 이러한 경향을 시각적으로 분명히 나타낼 수 있습니다. 이를 위해서는 버블(bubble) 차트를 사용합니다.

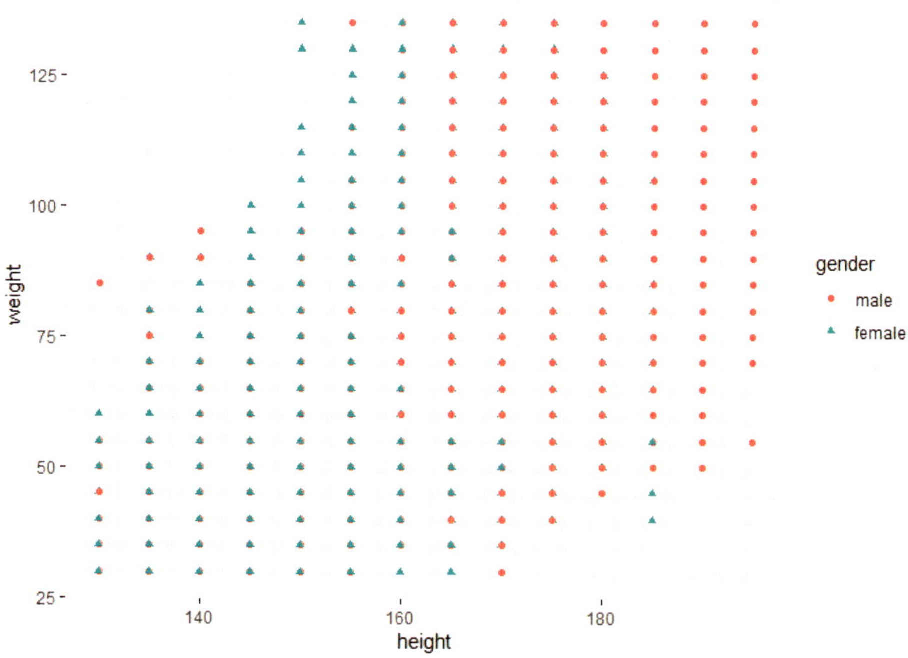

그림 5-13 성별에 따른 신장과 체중 비교 산점도

5.1.6 버블 차트

앞서 학습한 산점도는 보통 X축과 Y축에 두 변수의 값을 점으로 표시하며, 점의 크기가 변하지 않습니다. 반면, 버블 차트는 X축, Y축 외에 점의 크기를 세 번째 변수로 추가하여 분포의 차이를 더욱 효과적으로 강조할 수 있습니다. 여기서는 신장과 체중이 증가하면 점의 크기가 커지도록, 세 번째 변수에 신장과 체중을 함께 반영하여 작성하겠습니다.

먼저, 신장과 체중은 단위가 다르기 때문에 이를 동일한 척도로 변환해야 합니다. 이를 위해 scale() 함수를 사용합니다. scale() 함수는 데이터를 표준화하여 평균을 0, 표준편차를 1로 변환합니다. 이후 표준화된 신장과 체중의 값을 합산하고, 이 값을 점의 크기를 결정하는 기준으로 사용하겠습니다.

```
# scale() 함수를 사용하여 표준화된 신장과 체중 산출
> new_data$normalized_height <- scale(new_data$height)
> new_data$normalized_weight <- scale(new_data$weight)

# 정규화된 값의 합으로 combined_size 생성
> new_data$combined_size <- new_data$normalized_height +
                                             new_data$normalized_weight

# 표준화된 신장, 체중 및 합산 값을 확인
> head(data.frame(new_data$normalized_height, new_data$normalized_weight,
                                             new_data$combined_size))
new_data.normalized_height new_data.normalized_weight new_data.combined_size
1               -0.8218741                 0.40847937             -0.4133948
2               -0.2871192                -0.67335762             -0.9604768
3               -1.3566291                 0.04786704             -1.3087620
4               -0.2871192                 0.40847937              0.1213602
5                0.2476357                 0.04786704              0.2955028
6                0.7823907                -1.03396995             -0.2515793

# 성별에 따른 신장과 체중 분포의 버블 차트 작성
> ggplot(new_data, aes(x=height, y=weight, shape=gender, color=gender)) +
    geom_point(aes(size=combined_size)) +
    scale_size(range=c(1, 5))
```

이를 위해 geom_point() 함수에 aes(size = combined_size)를 추가하여 표준화된 신장

과 체중의 합에 따라 점의 크기를 조절합니다. 또한, scale_size(range = c(1, 5))을 사용하여 점의 최소 크기는 1, 최대 크기는 5로 설정하였습니다. 따라서 신장과 체중의 증가가 점 크기로 반영되는 버블 차트를 <그림 5-14>와 같이 작성할 수 있습니다.

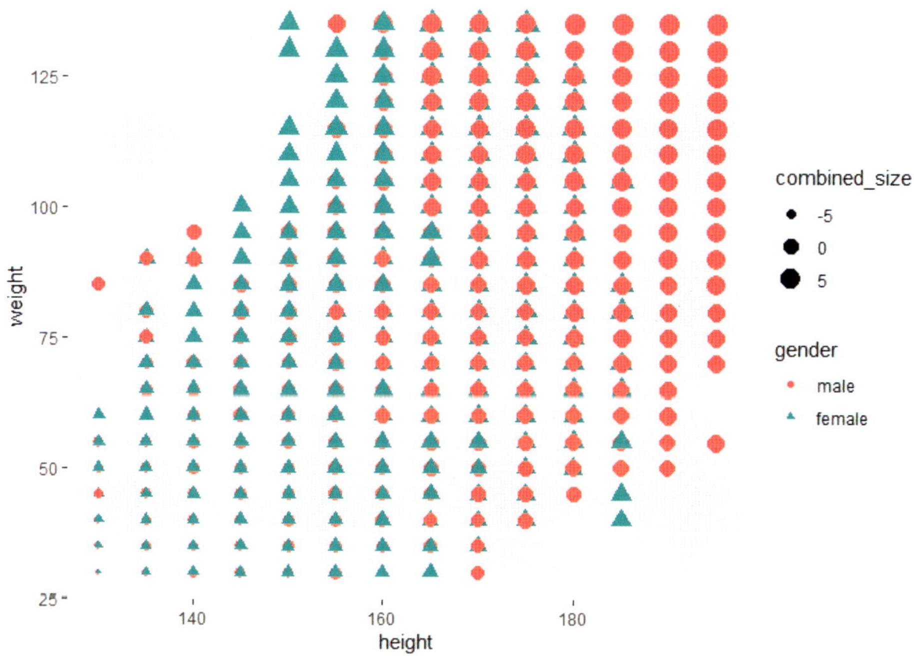

그림 5-14 성별에 따른 신장과 체중 비교 버블 차트

5.1.7 리본 차트

리본 차트(ribbon chart)는 데이터의 범위를 시각적으로 보여주는 차트이며, 범위를 나타내는 두 값(예: 최솟값과 최댓값 또는 1사분위수와 3사분위수) 사이의 영역을 리본 형태로 표현합니다. 이를 통해 데이터가 시간, 카테고리, 연령대 등 특정 축에 따라 어떻게 변하는지를 한눈에 확인할 수 있습니다. 또한, 리본의 색상과 투명도를 활용하여 범주별 데이터의 추세와 차이를 명확히 시각화할 수 있습니다.

이제 성별과 연령대별 허리둘레의 1사분위수와 3사분위수를 사용하여 리본 차트를 작성하겠습니다. 앞서 1사분위수와 3사분위수는 데이터를 작은 값부터 크기순으로 나열했을 때 25%와 75%에 위치한 값을 의미함을 설명한 바 있습니다. 먼저, dplyr 패키지를 활용하여 성별과 연령대별 허리둘레의 1사분위수와 3사분위수를 계산하겠습니다.

```
# 허리둘레의 1사분위수(Q1)와 3사분위수(Q3) 생성
> library(dplyr)
> summary_data <- new_data %>%
    group_by(new_age, gender) %>%
    summarise(
      q1_waistline = quantile(waistline, 0.25),
      q3_waistline = quantile(waistline, 0.75)
    )

> summary_data
     new_age   gender q1_waistline q3_waistline
   1 20대      male            76           89
   2 20대      female          64           75
   3 30대      male            80           92
   4 30대      female          66           78.8
   5 40대      male            81           92
   6 40대      female          68           80
   7 50대      male            80.3         91
   8 50대      female          70           82
   9 60대      male            80.3         91
  10 60대      female          73           84
  11 70대      male            81           92
  12 70대      female          76           87
  13 80대 이상 male            80           92
  14 80대 이상 female          76           89
```

리본 차트를 작성하기 위해 geom_ribbon() 함수를 사용합니다. 이 함수는 연속적인 값으로 X축을 표현해야 매끄러운 리본을 생성할 수 있습니다. 현재 new_age 변수는 범주형 데이터로 저장되어 있으며, 범주형 데이터를 X축으로 직접 사용하면 리본이 제대로 그려지지 않을 수 있습니다. 이를 해결하기 위해 as.numeric() 함수를 활용하여 범주형 변수 new_age를 새로운 수치형 변수 new_age_numeric으로 변환하겠습니다. 이제 new_age_numeric 변수값을 그래프의 X축 값으로 사용하면 리본 차트를 잘 작성할 수 있습니다.

```
# 범주형 데이터를 숫자형 데이터로 변환 및 리본차트 작성
> summary_data$new_age_numeric <- as.numeric(summary_data$new_age)
> summary_data$new_age_numeric
  [1] 1 1 2 2 3 3 4 4 5 5 6 6 7 7

> ggplot(summary_data, aes(x=new_age_numeric, ymin=q1_waistline,
                         ymax=q3_waistline, fill=gender)) +
    geom_ribbon(alpha = 0.5) +
    scale_x_continuous(breaks=1:7, labels=levels(summary_data$new_age)) +
    labs(x = "연령대", y = "허리둘레(cm)") +
    theme_minimal() +
    theme(legend.position="bottom", legend.title=element_blank())
```

남성과 여성이 허리둘레에 관한 1사분위수(Q_1)와 3사분위수(Q_3) 구간을 나타내는 두 개의 리본이 <그림 5-15>와 같이 생성되었습니다. 겹치는 구간에서도 각각의 리본을 명확히 관찰할 수 있도록 geom_ribbon() 함수에 투명도를 설정하는 alpha = 0.5를 적용하였습니다.

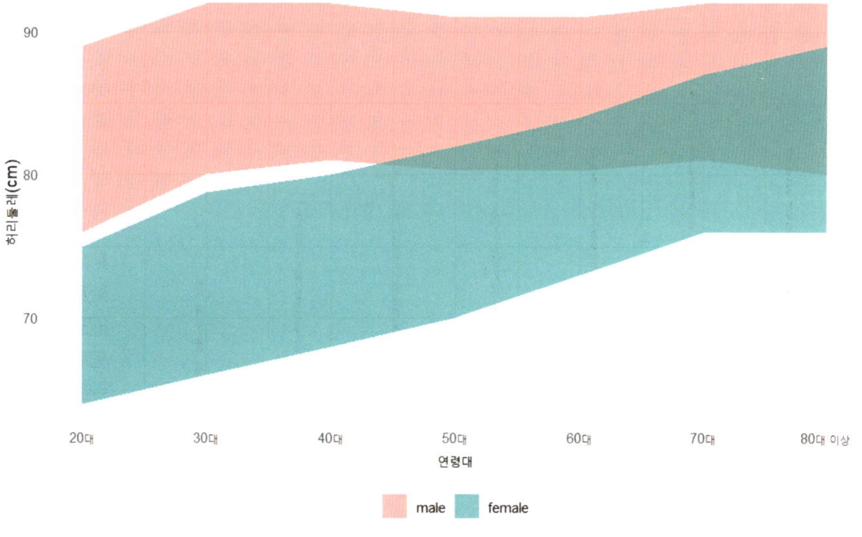

그림 5-15 성별과 연령대별 허리둘레 비교 리본 차트(사분위수 범위 활용)

또한, scale_x_continuous() 함수는 new_age_numeric 변수를 기반으로 1부터 7까지 생성된 X축의 숫자 위치에 "20대"부터 "80대 이상"이라는 연령대를 배치하는 역할을 수행합니다. 이를 통해 그래프의 X축이 숫자 데이터로 표현되면서도, 해당 숫자에 대응하는 연령대가 그래프에 표시되도록 하였습니다. 그래프 결과를 살펴보면, 여성의 리본은 연령대가 높아질수록 허리둘레의 1사분위수와 3사분위수가 점점 커지는 경향을 보입니다. 특히, 50대 이후부터는 여성의 리본이 남성의 리본과 교차하는 구간이 나타나는 것을 확인할 수 있습니다.

5.1.8 상자그림

2.9절에서 학습한 상자그림(Boxplot)을 ggplot2 패키지를 활용하여 시각적으로 작성하고자 한다면 geom_boxplot() 함수를 사용합니다. 이번에는 연령대별 체질량지수를 상자그림으로 시각화해 보겠습니다.

```
# 연령대별 체질량지수 상자그림
> ggplot(new_data, aes(x=new_age, y=bmi, fill=new_age)) + geom_boxplot()
```

<그림 5-16> 중 점은 각 연령대(new_age)에 속하는 개별 관측값(bmi) 중 이상값을 나타냅니다. 예를 들어, 연령대별 체질량지수의 분포를 살펴보면, 30대의 경우 가장 넓은 범위로 분포하고 있음을 알 수 있습니다.

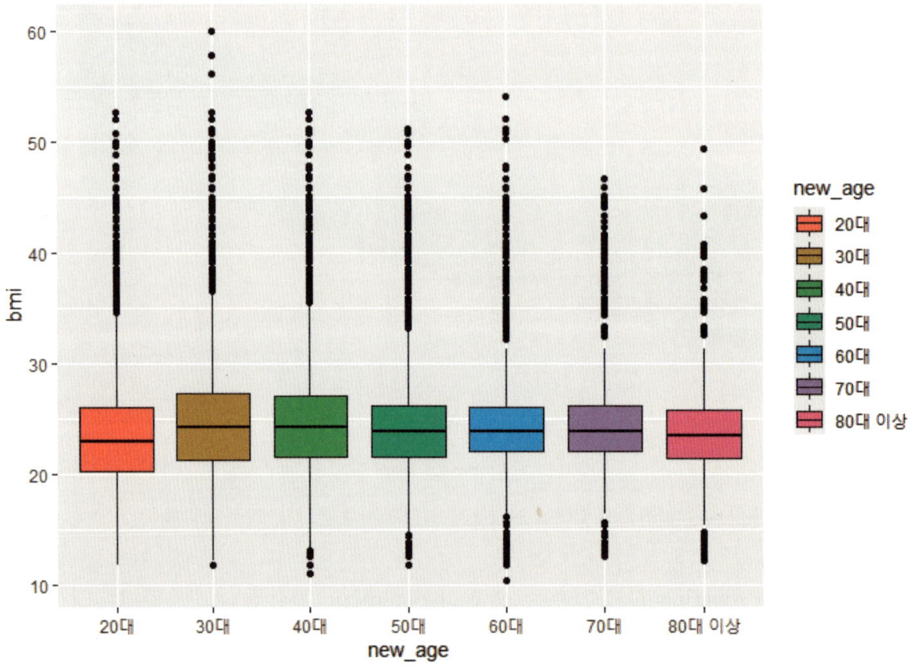

그림 5-16 연령대별 체질량지수 비교 상자그림

다음으로, 비만도 수준(bmi_level)에 따라 체질량지수의 상자그림을 작성해 보겠습니다. 이를 위해 x=bmi와 fill = bmi_level을 사용합니다.

```
# 비만도 수준에 따른 체질량지수의 상자그림
> ggplot(new_data, aes(x=bmi_level, y=bmi, fill=bmi_level)) + geom_boxplot()
```

생성된 <그림 5-17>을 살펴보면 비만, 과체중, 정상 범주에 해당하는 체질량지수는 정해진 범위 내에 있어 이상값이 나타나지 않습니다. 그러나 고도비만의 상한값과 저체중의 하한값은 정해져 있지 않아, 이상값들이 나타나는 것을 확인할 수 있습니다.

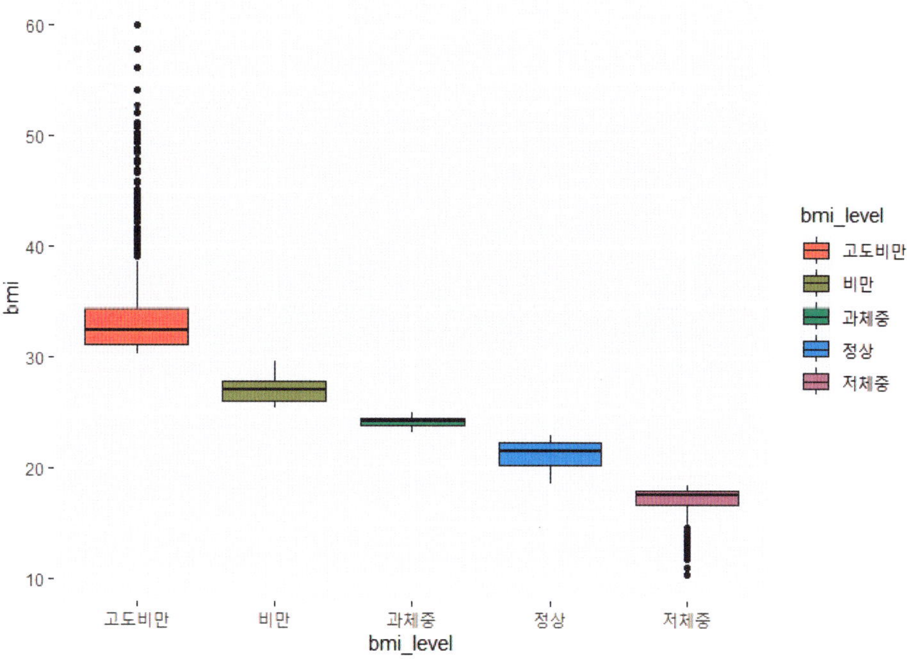

그림 5-17 비만도 수준별 BMI 비교 상자그림

5.2 | 히트맵을 활용한 진료과별 대기시간 트렌드 분석

히트맵(heatmap)은 데이터를 색상의 강도(또는 그라데이션)로 표현하여, 데이터에 포함된 패턴이나 트렌드를 직관적으로 파악할 수 있도록 시각화할 수 있습니다. 행과 열로 구성된 표 형태의 데이터를 기반으로, 표를 구성하는 각 셀의 색상은 데이터 값의 크기나 상대적 차이를 나타냅니다. 일반적으로 값이 클수록 색상이 더 진하고, 값이 작을수록 색상이 더 옅어집니다. 예를 들어, 병원의 진료과별 대기 시간에 히트맵을 적용하면 대기 시간이 긴 진료과는 진한 색, 짧은 진료과는 옅은 색으로 표시할 수 있습니다. 이를 통해 대기 시간의 차이를 한눈에 쉽게 파악할 수 있습니다. 따라서 히트맵은 복잡한 숫자 데이터를 시각적으로 이해하기 쉽게 만들어주는 효과적인 도구입니다.

이제 12월 한 달간 진료과별 평균 대기시간(단위: 분) 데이터를 활용하여 히트맵을 작성해 보겠습니다. 사용할 데이터 파일은 hospital_waiting_times.csv 입니다. 평균 대기시간은 일별 내원한 환자들의 대기시간의 평균값을 의미합니다.

```
# 데이터 불러오고 확인하기
> hospital_data <- read.csv("c:/my_R/hospital_waiting_times.csv",
                                                  fileEncoding="EUC-KR")
> head(hospital_data)
   일시       진료과 평균대기시간 환자수
1 12-01         내과           40     57
2 12-01 소아청소년과           71    160
3 12-01     정형외과           57     71
4 12-01       피부과           37     46
5 12-01   이비인후과           71    108
6 12-02         내과           43    181

> tail(hospital_data)
     일시       진료과 평균대기시간 환자수
130 12-30   이비인후과           37     11
131 12-31         내과           73     38
132 12-31 소아청소년과           80     45
133 12-31     정형외과           26     22
134 12-31       피부과           36    169
135 12-31   이비인후과           53     80
```

데이터 파일에 한글 데이터가 포함되어 있어 "EUC-KR" 인코딩을 사용했습니다. 데이터를 살펴보면, 진료과는 내과, 소아청소년과, 정형외과, 피부과, 이비인후과로 구성되어 있으며, 각 진료과의 일별 환자들의 평균 대기시간이 기록되어 있음을 확인할 수 있습니다. 우선 패키지 dplyr를 활용하여 각 진료과별 평균 대기시간 데이터를 요약해 보겠습니다.

```
# dplyr 패키지 활성화 및 진료과별 대기시간의 요약 통계
> library(dplyr)
> summary_data <- hospital_data %>%
    group_by(진료과) %>%
    summarise(최소_대기시간 = min(평균대기시간, na.rm =TRUE),
              평균_대기시간 = mean(평균대기시간, na.rm =TRUE),
              최대_대기시간 = max(평균대기시간, na.rm =TRUE),
              )

> summary_data
     진료과         최소_대기시간 평균_대기시간 최대_대기시간
  1 내과                   18          63.6            78
  2 소아청소년과           60          71.2            85
  3 이비인후과              0          32.4            73
  4 정형외과                3          30.1            73
  5 피부과                 28          50.7            79
```

summary_data 결과를 살펴보면 소아청소년과는 평균 대기시간이 71.2분으로 가장 길었으며, 최대 대기시간은 85분에 이르러 대기시간이 가장 긴 진료과로 확인되었습니다. 내과의 경우에도 평균 대기시간이 63.6분, 최대 대기시간이 78분에 달해 환자들이 진료를 받기 위해 상당한 시간을 기다려야 하는 것으로 나타났습니다. 피부과의 경우도 유사한 결과를 보이고 있습니다. 반면, 정형외과와 이비인후과는 각각 평균 대기시간이 30.1분과 32.4분으로 상대적으로 대기시간이 짧게 나타나고 있습니다. 피부과는 평균 대기시간이 50.7분으로 다소 긴 편이지만, 최대 대기시간은 79분으로 나타나 소아청소년과와 내과보다는 대기 부담이 적은 것으로 나타났습니다.

이제 hospital_data 데이터프레임을 활용하여 진료과별 평균 대기시간 데이터를 활용하여 히트맵을 작성하겠습니다.

```
# 히트맵을 활용한 진료과별 대기시간 시각화 분석
> library(ggplot2)
> ggplot(hospital_data, aes(x=진료과, y=일시, fill=평균대기시간)) +
    geom_tile(color="white") +
    scale_fill_gradient(low="lightblue", high="red") +
    labs(title = "진료과별 평균대기시간", x = "진료과", y = "일시") +
    theme_minimal() +
```

```
    theme(plot.title = element_text(size = 16, face = "bold"),
          legend.position = "bottom" )
```

히트맵을 작성을 위해 함수 geom_tile()와 scale_fill_gradient()을 사용하였습니다. geom_tile()은 ggplot2 패키지에서 타일 모양의 그래프를 그리는 함수입니다. 여기서 color = "white"를 적용하여 타일의 테두리 색상을 흰색으로 지정하고, 각 타일을 쉽게 구분할 수 있도록 했습니다. 함수 scale_fill_gradient()는 히트맵에서 타일의 색상을 데이터 값의 크기에 따라 채우는 색상 그라데이션을 설정합니다. 이에 따라 평균 대기시간이 긴 경우 타일을 빨간색(red)으로, 짧은 경우는 밝은 파란색(lightblue)이 나타나도록 하였습니다.

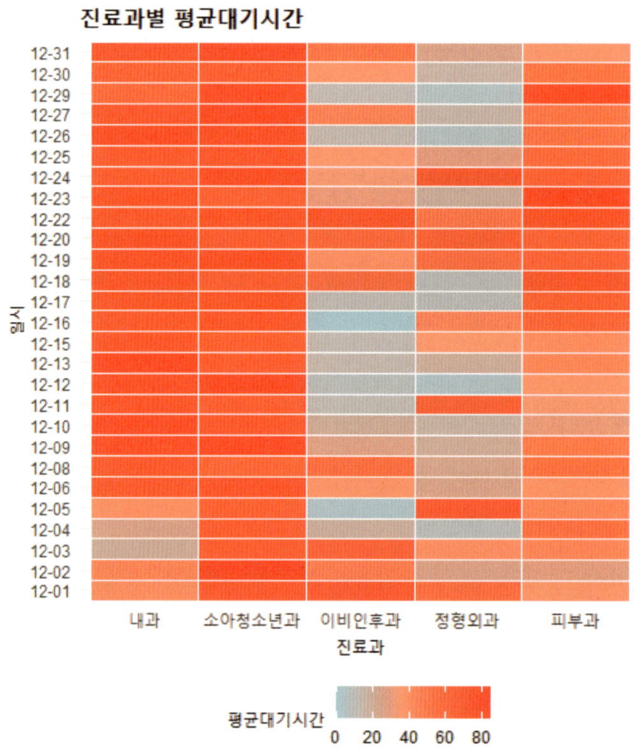

그림 5-18 진료과별 평균대기시간의 히트맵

소아청소년과의 히트맵을 보면, 진한 빨간색 타일들이 주를 이루어 12월 한 달 동안 환자들의 평균 대기시간이 매우 길었음을 알 수 있습니다. 내과의 히트맵은 12월 1일부터 5일까지의 기간을 제외하면 소아청소년과와 비슷한 수준으로 평균 대기시간이 길게 나타나고 있습니다. 반면, 정형외과와 이비인후과의 히트맵에서는 밝은색이 많이 나타나고 있어, 평균 대기시간이 비교적 짧음을 알 수 있습니다. 이를 종합하면, 소아청소년과와 내과는 대기시간의 단축이 필요함을 알 수 있습니다.

5.3 트리맵을 활용한 치과의원 분포 시각화 분석

트리맵(treemap)은 데이터를 여러 개의 사각형으로 표현하며, 각 사각형의 크기는 특정 값의 크기를 나타냅니다. 이 차트는 제한된 공간에서 데이터를 효율적으로 표현할 수 있어, 범주별 비율을 비교하고자 할 때 매우 유용합니다. 트리맵은 주로 시장 점유율, 병원/의원의 수, 매출 비중과 같은 데이터를 시각화할 때 많이 활용되고 있습니다.

이제 서울특별시 서초구에서 현재 정상 진료 중인 치과의원의 수를 동별로 파악하고 트리맵으로 작성해 보겠습니다. 데이터를 얻기 위해 공공데이터포털(www.data.go.kr)에 접속하고 검색어로 '서울특별시 서초구 의원'을 입력하면, <그림 5-19>를 확인할 수 있습니다.

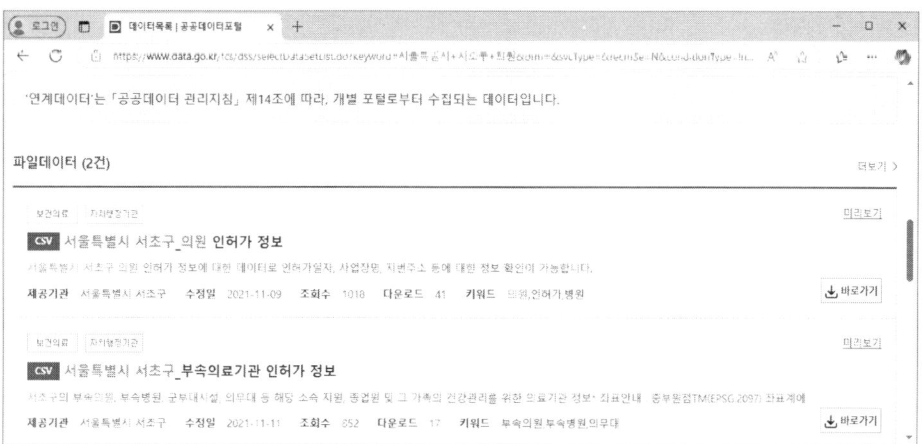

그림 5-19 서울특별시 서초구 의원 인허가 데이터 조회 화면

얻어진 파일데이터 2건 중 첫 번째 '서울특별시 서초구_의원 인허가 정보'의 바로가기를 클릭합니다. 그러면 <그림 5-20>과 같이 데이터의 일부를 미리 확인할 수 있습니다. 이제 '내려받기(CSV)'를 클릭해 '서울특별시 서초구 의원 인허가 정보.csv' 파일을 다운로드 받습니다.

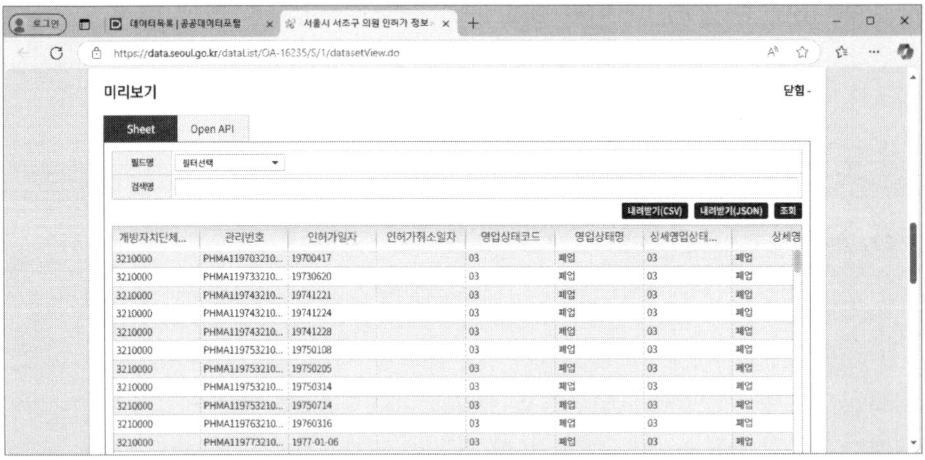

그림 5-20 서울특별시 서초구 의원 인허가 데이터 조회 상세 화면

분석을 위해 함수 read.csv()를 활용하여 데이터를 불러온 후, subset() 함수를 사용하여 '영업상태명', '도로명주소', '업태구분명' 열만을 추출하여 새로운 데이터프레임 new_data를 생성합니다.

```
# '서울특별시 서초구 의원 인허가 정보.csv' 파일에서 데이터 불러오기
> clinic_data <- read.csv("c:/my_R/서울시 서초구 의원 인허가 정보.csv",
                                                  fileEncoding = "EUC-KR")

> new_data <- subset(clinic_data, select=c("영업상태명", "도로명주소", "업태구분명"))

> str(new_data)
'data.frame':     2616 obs. of  3 variables:
    $ 영업상태명 : chr  "폐업" "폐업" "폐업" "폐업" ...
    $ 도로명주소 : chr  "서울특별시 서초구 동작대로 130 (방배동,3층)" ...
    $ 업태구분명 : chr  "치과의원" "의원" "치과의원" "의원" ...

> head(new_data, 20)
   영업상태명                    도로명주소                     업태구분명
                                   (생략)
 17      폐업          서울특별시 서초구 방배로 195 (방배동)   치과의원
 18      폐업   서울특별시 서초구 서초대로 331, 4층 (서초동)       의원
 19      폐업           서울특별시 서초구 동광로 67 (방배동)       의원
 20      폐업        서울특별시 서초구 신반포로 340 (반포동)   치과의원
```

str() 함수와 head() 함수의 결과를 살펴보면, 총 2,616개의 관측치가 있음을 확인할 수 있으며, 업태구분명을 확인했을 때 치과의원 이외에 의원도 포함되어 있음을 알 수 있습니다. 현재 문자형(chr)으로 설정된 영업상태명과 업태구분명 변수를 범주형으로 변환한 뒤, 범주별 요약 정보를 파악하겠습니다.

```
# new_data$영업상태명 <- factor(new_data$영업상태명)
> summary(new_data$영업상태명)
   영업/정상  제외/삭제/전출  취소/말소/만료/정지/중지    폐업  휴업
       1468             54                        9  1082     3

> new_data$업태구분명 <- factor(new_data$업태구분명)
> summary(new_data$업태구분명)
   보건소  보건지소     의원    조산원  치과의원    한의원
       1        2     1532        2      533       546
```

위 결과로부터 2,616개 전체 데이터 중 영업상태가 '영업/정상'인 곳은 1,468곳이며, 또한 업태구분을 확인했을 때, '치과의원'은 533곳으로 나타났습니다. 이제 치과의원들 중 영업상태가 "영업/정상"인 데이터를 추출해 보겠습니다. 이를 위하여 dplyr 패키지의 filter() 함수를 사용하여 데이터를 추출하고 이를 filtered_data에 저장하겠습니다.

```
# new_data를 데이터프레임으로 설정하기
> new_data <- as.data.frame(new_data)
> class(new_data)
  [1] "data.frame"

# 영업상태가 "영업/정상"이며, "치과의원" 데이터 추출하기
> library(dplyr)
> filtered_data <- new_data %>%
     filter(영업상태명 == "영업/정상" & 업태구분명 == "치과의원")

> nrow(filtered_data)
  [1] 311

> head(filtered_data$도로명주소)
  [1] "서울특별시 서초구 동작대로 120, 성산빌딩 3층 (방배동)"
  [2] "서울특별시 서초구 서초중앙로 48, 3층 (서초동, 한솔빌딩)"
  [3] "서울특별시 서초구 신반포로15길 29, 3층 (반포동, 신반포상가)"
```

```
[4] "서울특별시 서초구 신반포로 332, 201호 (반포동, 우진빌딩)"
[5] "서울특별시 서초구 방배로20길 4 (방배동, 5층)"
[6] "서울특별시 서초구 신반포로 177, 3동 3층 (잠원동, 반포쇼핑타운)"
```

함수 nrow()를 적용하여 filtered_data에 저장된 데이터의 수가 311이므로, 정상 영업 중인 치과의원의 수는 311곳임을 알 수 있습니다. 또한, head() 결과를 통해 각 치과의원의 동명은 도로명주소 중 마지막 부분에 위치한 괄호 안에 포함되어 있음을 확인할 수 있습니다. 이제 gsub() 함수를 사용해 도로명주소에서 동명 이외의 주소 정보는 모두 제거하고 동별 치과의원의 수를 파악하겠습니다.

```
# 데이터 정제(1) : 도로명주소 데이터 중 처음부터 괄호 '(' 까지 빈 문자열("")로 대체
> filtered_data <- filtered_data %>%
    mutate(도로명주소 = gsub(".*₩₩(", "", 도로명주소))

> head(filtered_data)
    영업상태명                도로명주소  업태구분명
  1  영업/정상                   방배동)    치과의원
  2  영업/정상        서초동, 한솔빌딩)    치과의원
  3  영업/정상      반포동, 신반포상가)    치과의원
  4  영업/정상        반포동, 우진빌딩)    치과의원
  5  영업/정상                방배동,5층)    치과의원
  6  영업/정상 잠원동, 반포쇼핑타운)    치과의원
```

함수 gsub()는 대상 문자열에서 특정 패턴을 찾아 희망 문자열로 대체하는 함수입니다. 여기서는 도로명주소에 입력된 문자열의 처음부터 '(' 괄호 까지의 모든 내용을 빈 문자열(" ")로 대체하고자 gsub() 함수를 사용합니다. 이를 위해 명령 gsub("*₩₩(", " ", 도로명주소)을 사용하였으며 이중 패턴 ".*₩₩("중 ".*"는 임의의(.) 모든(*) 문자열을, "₩₩("는 괄호 '('를 의미합니다. 따라서 패턴 ".*₩₩("는 도로명주소에 포함된 문자열의 시작부터 괄호 '('까지의 모든 내용을 뜻합니다. 또한 mutate() 함수를 사용하여 1차 정제된 결과가 기존 '도로명주소' 열에 다시 저장되도록 하였습니다. 함수 head()를 통해 얻어진 정제된 1차 결과를 살펴보면 '방배동), 서초동, 한솔빌딩)' 등으로 '('을 포함해 이전의 모든 내용이 삭제된 것을 알 수 있습니다.

이제 동명 다음에 나타나는 괄호 ')'를 삭제하기 위해 패턴 "₩₩)$"을 사용합니다. 패턴 "₩₩)$"은 문자열 끝($)에 있는 괄호 ')'를 의미하며 함수 gsub("₩₩)$", "", 도로명

주소)를 적용하여 괄호 ')'를 빈 문자열로 대체합니다. 얻어진 결과를 살펴보면 동명, 쉼표(,), 상가명 또는 빌딩명만이 남았음을 알 수 있습니다.

```
# 데이터 정제(2) : ")" 괄호 삭제
> filtered_data <- filtered_data %>%
    mutate(도로명주소 = gsub("\\)$", "", 도로명주소))

> head(filtered_data)
  영업상태명              도로명주소  업태구분명
1  영업/정상                  방배동    치과의원
2  영업/정상        서초동, 한솔빌딩    치과의원
3  영업/정상      반포동, 신반포상가    치과의원
4  영업/정상        반포동, 우진빌딩    치과의원
5  영업/정상               방배동,5층    치과의원
6  영업/정상  잠원동, 반포쇼핑타운    치과의원
```

이제 쉼표로 시작하는 모든 데이터들을 삭제해 최종적으로 동명만 남도록 하겠습니다.

```
# 데이터 정제(3) : 쉼표 ',' 및 쉼표 뒤 문자열 삭제
> filtered_data <- filtered_data %>%
    mutate(도로명주소 = gsub(",.*", "", 도로명주소))

> head(filtered_data)
  영업상태명  도로명주소  업태구분명
1  영업/정상      방배동    치과의원
2  영업/정상      서초동    치과의원
3  영업/정상      반포동    치과의원
4  영업/정상      반포동    치과의원
5  영업/정상      방배동    치과의원
6  영업/정상      잠원동    치과의원
```

패턴 ",.*"에서 쉼표(,)는 쉼표 문자 자체를 의미합니다. 함수 gsub(",.*", "", 도로명주소)를 적용하여 쉼표(,)로 시작하며, 그 다음 임의의(.) 모든(*) 문자를 빈 문자열로 대체하여 도로명주소에는 동명만 남게 되었습니다. 이제, 동별 빈도수를 파악하겠습니다.

```
# 동별 빈도수 파악
> result <- filtered_data %>%
            count(동명 = 도로명주소, name = "빈도") %>%
            arrange(desc(빈도))

> result
       동명 빈도
   1 서초동 129
   2 방배동  61
   3 반포동  48
   4 양재동  28
   5 잠원동  26
   6 우면동   9
   7 내곡동   5
   8 신원동   4
   9 마곡동   1
```

count() 함수 중 "동명 = 도로명주소"를 활용하여 지금까지 사용한 변수명 도로명주소를 동명으로 변경하고, name = "빈도"를 적용하여 변수명 빈도에 동별 빈도를 저장하였습니다. 또한 arrange(desc(빈도))를 통해 빈도가 높은 동명부터 출력되도록 하였습니다. 얻어진 결과를 살펴보면 서초동에는 치과의원이 129곳, 방배동에는 61곳이 있는 것으로 확인됩니다. 다만 마곡동은 현재 사용하고 있는 CSV 데이터 파일로부터 강서구에 속하는 동명임을 확인할 수 있습니다. 따라서 result[1:8,] 명령을 적용하여 마곡동에 해당하는 9번째 행을 제외한 후, 트리맵을 작성하겠습니다.

```
# 동명중 서초구에 해당하는 행정동명만을 반영
> result <- result[1:8, ]

# 트리맵 패키지 설치 및 활성화
> install.packages("treemap") ; library(treemap)

# 트리맵 작성
> treemap(result, index="동명",  vSize="빈도",
          title="서울특별시 서초구 동별 치과의원 수",
          palette="Blues", border.col="white")
```

treemap() 함수 중 index="동명"은 각 사각형을 구분하는 기준으로 변수 동명을 사용함을 의미하며, vSize="빈도"는 사각형의 크기를 빈도 값에 따라 결정합니다. 트리맵에 제목을 추가하고자 할 경우 title 옵션을 사용합니다. 또한 명령 palette="Blues"을 적용하여 사각형의 색을 파란 계열로 나타냈으며, border.col="white"는 사각형의 경계선을 흰색으로 설정하여 시각적 효과를 강조했습니다. 생성된 트리맵 <그림 5-21>을 살펴보면, 서초동, 방배동, 반포동, 양재동 등의 순으로 진료 중인 치과의원 수가 많다는 것을 쉽게 확인할 수 있습니다.

그림 5-21 서울특별시 서초구 동별 치과의원 수 비교 트리맵

연습문제

※ 4장 연습문제에서 생성한 데이터프레임 df_bp와 ggplot2 패키지를 활용하여 작성하시오.

1. 혈압 상태에 관한 변수 bp_category를 활용하여 아래의 막대그래프를 작성하시오.

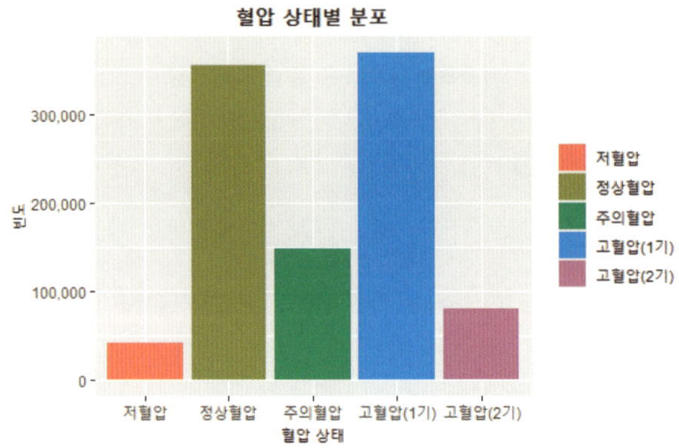

2. 다음의 작업을 수행하시오.

1) 성별(gender)과 혈압 상태(bp_category)별 체질량지수(BMI)에 관한 아래의 히스토그램을 작성하시오. 단, 구간 폭(binwidth)은 3으로 반영하시오.

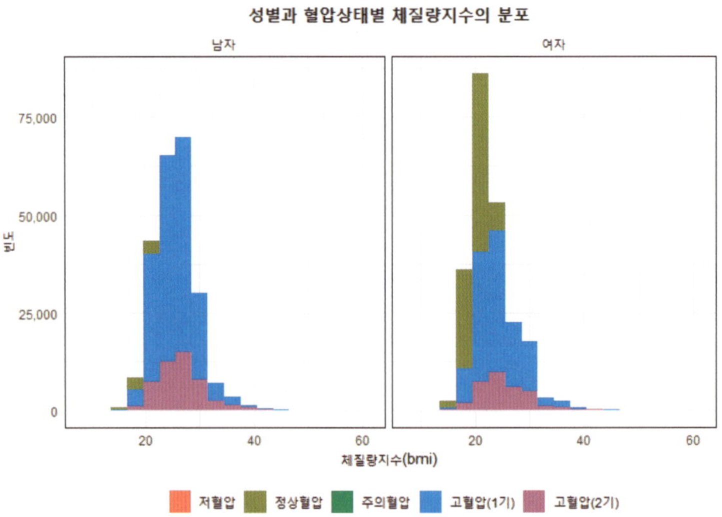

2) 히스토그램의 투명도를 0.6으로 조정하여, 각 분포를 보다 명확히 작성하시오.

3. 다음의 작업을 수행하시오.

1) 성별(gender)이 여성(female)인 관측치를 활용하여, 아래 표와 같이 연령(new_age)과 비만도 수준(bmi_level)별 허리둘레의 평균값(mean_waistline)을 파악하시오.

new_age	bmi_level	mean_waistline
20대	고도비만	94.6115500
20대	비만	80.9024313
20대	과체중	74.2582146
20대	정상	67.8342370
20대	저체중	62.8471706
(생략)		
80대 이상	고도비만	97.8954430
80대 이상	비만	88.7613384
80대 이상	과체중	83.7135740
80대 이상	정상	77.7829803
80대 이상	저체중	69.2723205

2) 얻어진 데이터를 활용하여 여성의 연령(new_age)과 비만도 수준(bmi_level)별 평균 허리둘레(mean_waistline)의 변화를 꺾은선 그래프로 아래와 같이 나타내시오.

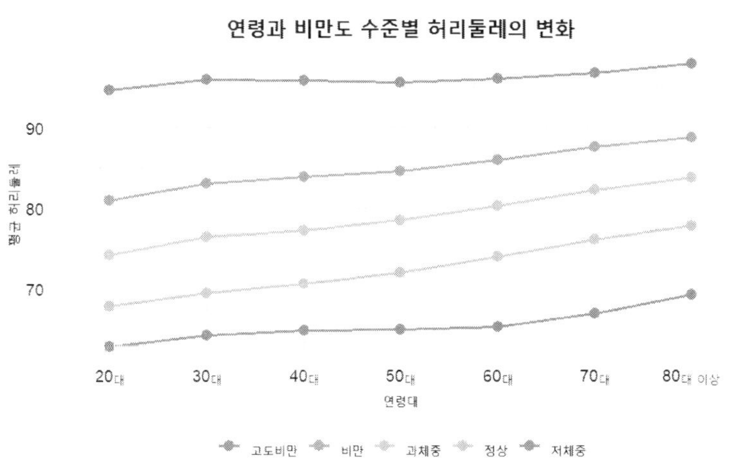

4. 다음의 작업을 수행하시오.

1) 데이터프레임 df_bp를 활용하여 혈압 상태(bp_category)별 남성과 여성의 비율을 아래 표와 같이 파악하고, 이를 데이터셋 bp_category_gender에 저장하시오.

bp_category	gender	count	percent
저혈압	male	11434	27.4
저혈압	female	30268	72.6
정상혈압	male	150111	42.3
정상혈압	female	204724	57.7
주의혈압	male	79677	53.7
주의혈압	female	68743	46.3
고혈압(1기)	male	223785	60.6
고혈압(1기)	female	145338	39.4
고혈압(2기)	male	47745	59.9
고혈압(2기)	female	32020	40.1

2) 데이터셋 bp_category_gender을 활용하여 다음의 도넛 차트를 작성하시오.

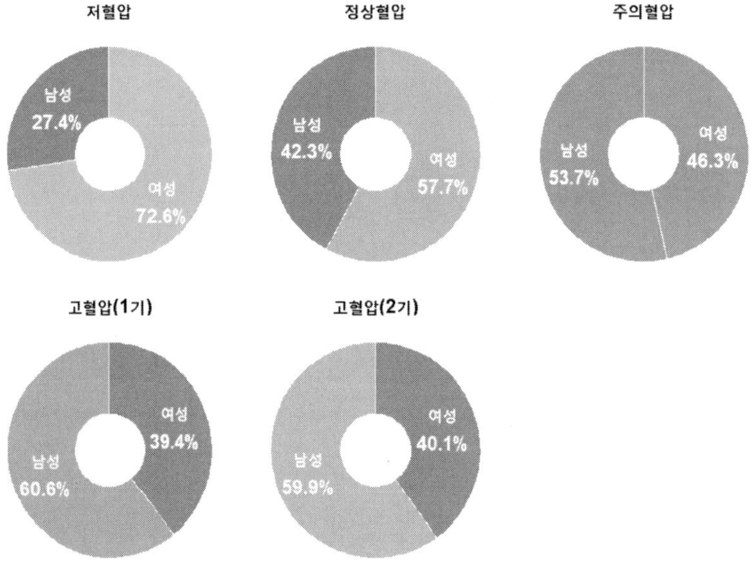

5. 데이터프레임 df_bp를 활용하여 작업을 수행하시오.

1) 변수 수축기 혈압(sbp)과 이완기 혈압(dbp)을 활용하여 남성과 여성의 산점도를 아래와 같이 작성하시오.

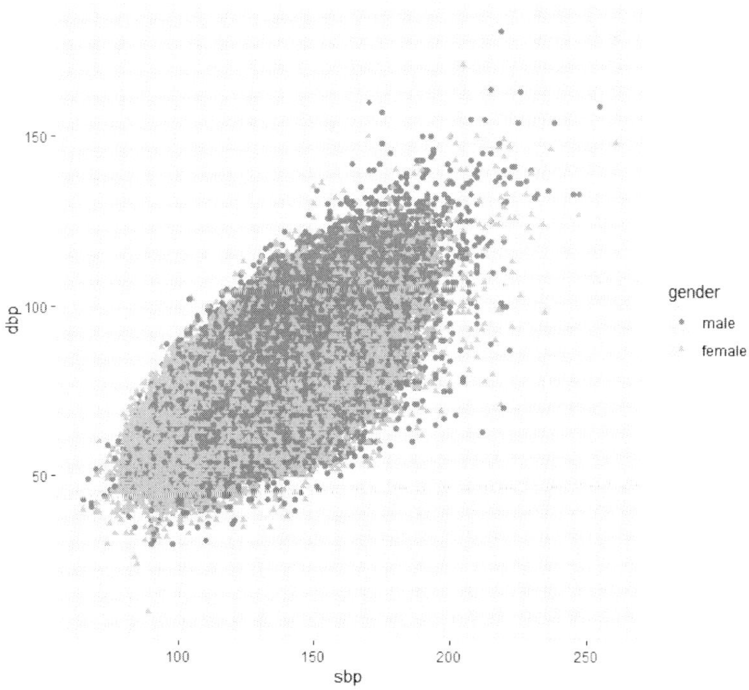

2) 평균 동맥압(mean arterial pressure, MAP)은 심장이 한 박동 주기 동안 조직에 혈액을 공급하기 위해 생성되는 평균적인 동맥 내 압력을 의미하며, 일반적으로 MAP이 70~100 mmHg 범위이면 정상으로 간주된다. 수축기 혈압(sbp)과 이완기 혈압(dbp)을 활용하여 평균 동맥압을 dbp + (sbp − dbp) × (1/3) 공식으로 계산하고 계산값을 변수 map에 저장하시오.

3) 1)에서 작성한 산점도에 map 값이 증가할수록 버블의 크기가 커지도록 버블차트를 작성하시오.

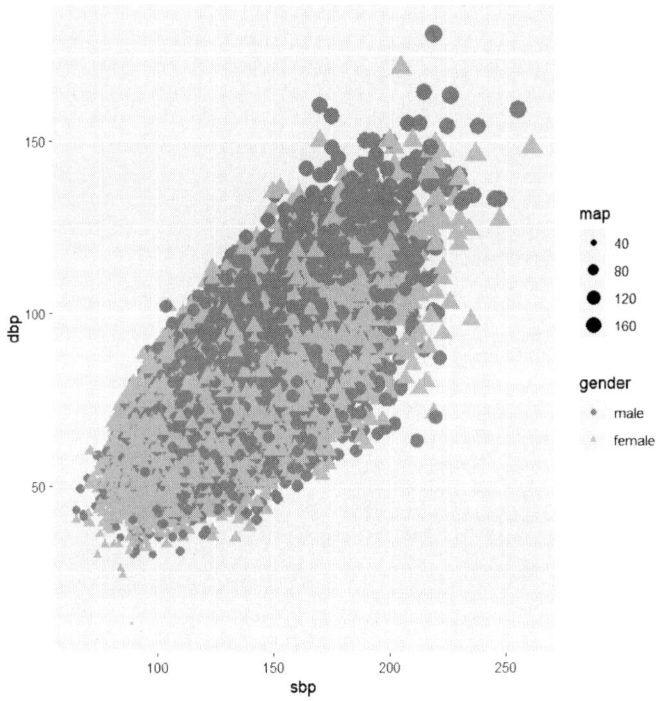

6. 다음의 작업을 수행하시오.

1) 성별(gender)과 연령(new_age)에 따라 평균 동맥압(map)의 1사분위수(q1_map)와 3사분위수(q3_map)를 아래 표와 같이 작성하시오.

new_age	gender	q1_map	q3_map	new_age_numeric
20대	male	83.3	95.7	1
20대	female	76.7	89.3	1
30대	male	85.3	98.3	2
30대	female	77.7	91	2
40대	male	87.3	101	3
40대	female	80	94.3	3
50대	male	87.7	101	4
50대	female	83	96.7	4
60대	male	87.3	100	5
60대	female	84.7	98.3	5
70대	male	86.7	100	6
70대	female	86.7	99.7	6
80대 이상	male	86.3	100	7
80대 이상	female	86.7	101	7

2) 성별(gender)과 연령(new_age)별 평균 동맥압(map)의 1사분위수(q1_map)와 3사분위수(q3_map)를 활용하여 리본 차트를 생성하시오.

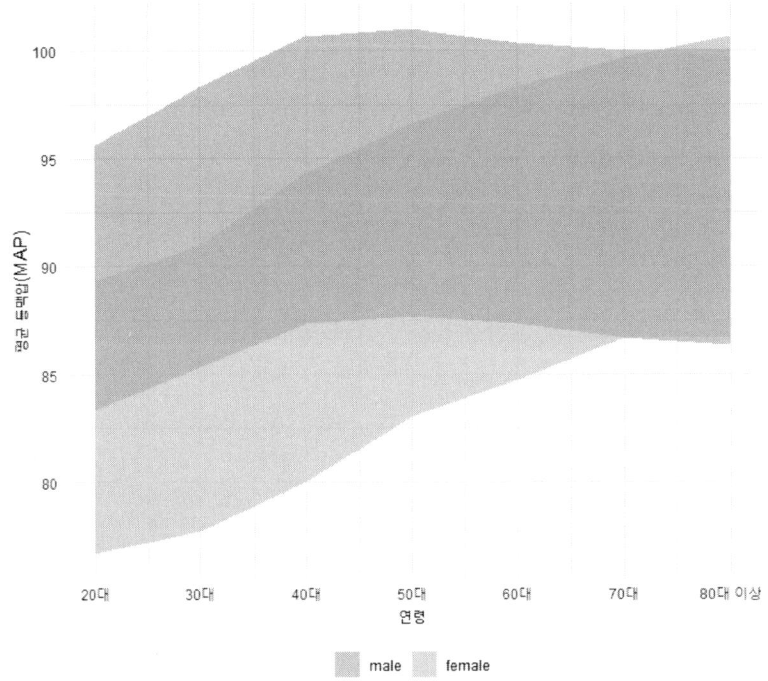

7. 혈압 상태(bp_category)별 평균 동맥압(map)에 관한 상자그림을 아래와 같이 작성하시오.

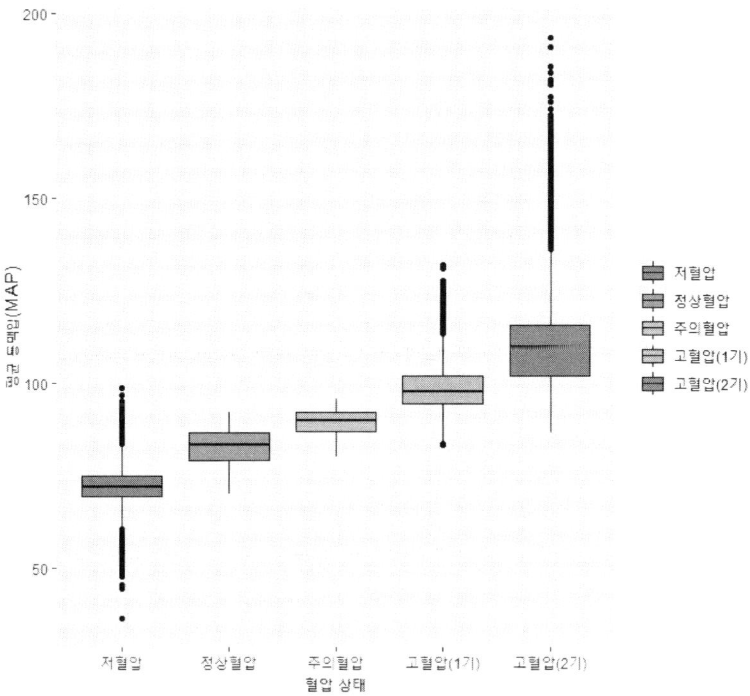

8. 1월 한 달 동안 5개 병동의 병상가동률 데이터(단위 %)를 활용하여 히트맵을 작성하시오. (파일명 : bed_utilization_data.csv)

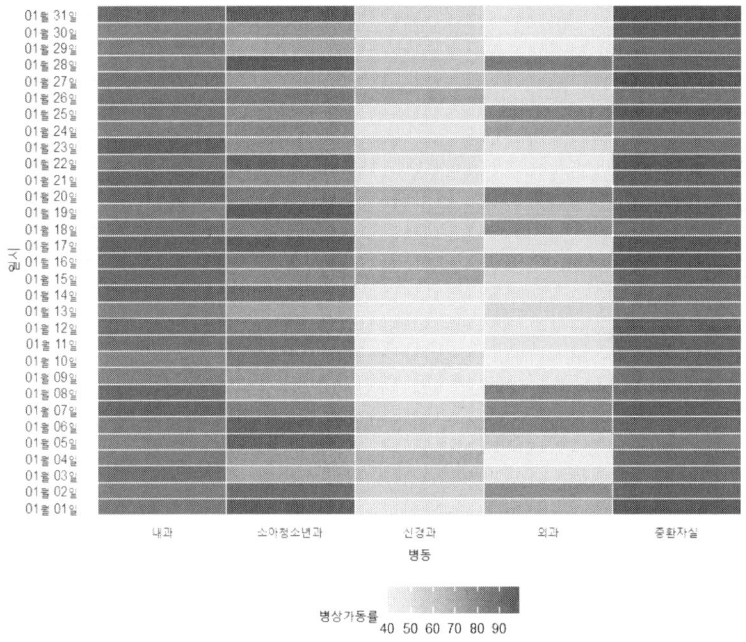

9. 공공데이터포털(www.data.go.kr)에서 '서울특별시 서초구 약국'을 검색하여 "서울특별시 서초구_약국 인허가 정보" 페이지에서 '서울시 서초구 약국 인허가 정보.csv' 파일을 다운로드 후, 데이터를 요약하면 아래와 같이 현재 정상적으로 영업 중인 약국 수를 동별로 파악할 수 있다.

서울특별시 서초구 동별 영업 중인 약국 수

동명	서초동	반포동	방배동	양재동	잠원동	우면동	내곡동	신원동
빈도	120	50	49	27	27	5	4	2

이를 작성하기 위해, 반영되어야 할 사항들은 다음과 같다.

1) 동명 중 "반포2동"은 "반포동"으로, "방배1동", "방배2동", "방배3동", "방배 4동", "방배본동"은 "방배동"으로, "서초1동"은 "서초동"으로 변환하시오.

2) 변수 동명 중 동명이 아닌 다른 내용이 잘못 입력되어 있는 경우, filtered_data[!grepl("잘못 입력된 내용", filtered_data$동명),] 명령을 사용하여 불필요한 데이터가 데이터프레임에서 제외되도록 하시오. 여기서 함수 grepl()은 "잘못 입력된 내용"이 filtered_data$동명에 포함되어 있으면 TRUE, 포함되어 있지 않으면 FALSE를 반환하며, 앞에 위치한 !는 TRUE를 FALSE로, FALSE를 TRUE로 바꾸는 연산자이다.

이를 반영하여 아래의 트리맵을 작성하시오.

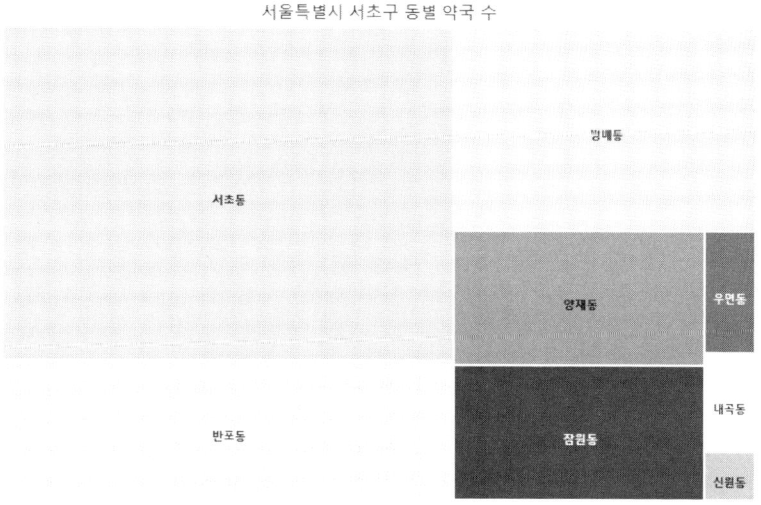

6장

R 데이터 분석

6.1 | 통계적 가설검정

통계적 가설검정(statistical hypothesis testing)은 모집단에서 추출한 표본 데이터를 이용하여 모수(parameter)에 대한 가설이 올바른지를 판정하는 과정입니다. 여기서 모수란 모집단(population)의 특성을 나타내는 값으로, 모집단의 평균에 관심이 있는 경우에는 모평균이, 모집단의 분산에 관심이 있는 경우에는 모분산이 모수에 해당됩니다. 통계적 가설검정은 표본(sample)에 기반하여 수행되므로, 무엇보다 모집단을 잘 대표하는 표본을 추출하는 것이 중요합니다. 가설검정을 수행하는 과정은 1) 가설설정(귀무가설과 대립가설), 2) 귀무가설이 참이라는 가정으로부터 검정통계량의 값 계산, 3) 기각역을 파악하고 검정통계량의 값이 기각역에 포함되는 여부를 확인, 4) 귀무가설의 기각여부를 결정으로 이루어집니다. 이제 가설검정과 관련된 용어들을 소개하겠습니다.

가설설정

가설검정을 수행하기 위해 귀무가설(null hypothesis, H_0)과 대립가설(alternative hypothesis, H_1)을 설정합니다. 대립가설은 실험이나 관찰을 통해 기존의 알려진 사실과 차이가 있는 새로운 내용을 주장하는 가설입니다. 반면, 귀무가설은 새로운 주장과 기존의 내용 간에 차이가 없다고 설정합니다. 예를 들어 새롭게 개발한 진통제의 평균 효과 지속시간이 기존 진통제의 평균 지속시간인 7시간과 차이가 있는지에 관심이 있다면, 귀무가설과 대립가설은 다음과 같이 설정합니다.

H_0 : 새로운 진통제의 평균 효과 지속시간은 7시간과 차이가 없다.
H_1 : 새로운 진통제의 평균 효과 지속시간은 7시간과 차이가 있다.

만약 새로운 진통제의 평균 효과 지속시간이 7시간보다 더 오래 지속되는지를 검정하려면 귀무가설은 위와 동일하지만 대립가설은 다음과 같이 새롭게 설정해야 합니다.

H_1 : 새로운 진통제의 평균 효과 지속시간은 7시간보다 길다.

검정통계량과 기각역

검정통계량(test statistic)은 표본으로 부터 얻은 데이터를 기반으로 귀무가설이 참이라는 가정하에서 귀무가설의 기각 여부를 판단하는데 사용합니다. 귀무가설을 기각할 수 있는 영역(범위)은 기각역(rejection region)이라고 하며, 계산된 검정통계량 값이 기각역에 포함되면 귀무가설을 기각하고 대립가설을 채택합니다. 이는 검정통계량 값이 귀무가설이 참일 때 기대되는 값에서 충분히 벗어나 있기 때문이며, 이를 근거로 귀무가설을 기각하고 대립가설을 채택할 수 있습니다.

양측검정 vs 단측검정

대립가설은 양측검정(two-sided test)과 단측검정(one-sided test)으로 구분됩니다. 만일 대립가설이 "차이가 있다"와 같이 방향성을 명시하지 않을 경우, 검정통계량 값이 양쪽 극단에서 벗어나는지를 평가해야 합니다. 따라서 기각역은 양쪽 끝에 설정하게 되며, 이를 양측검정이라고 합니다. 반면에 대립가설이 "효과가 더 길다" 또는 "효과가 더 짧다"와 같이 특정 방향성을 포함하는 경우, 검정통계량이 대립가설에 제시된 방향에서 유의미한지를 평가하게 됩니다. 따라서 기각역은 해당 방향의 한쪽 끝에만 설정되며, 이를 단측검정이라고 합니다. 따라서 기각역의 형태는 대립가설에 따라 결정됩니다.

유의수준과 유의확률

모집단으로부터 얻은 표본 데이터를 바탕으로 귀무가설의 기각 여부를 판정하는 과정에서 오류(error)가 발생할 수 있습니다. 1종 오류(type I error)란 귀무가설이 참일 때 귀무가설을 잘못 기각하고 대립가설을 채택하는 오류를 말하며, 이러한 1종 오류가 발생할 확률을 유의수준(significance level)이라고 합니다. 일반적으로 유의수준은 α로 표기하며, 유의수준 값으로 0.05와 0.01이 자주 사용됩니다. 반면, 2종 오류(type II error)는 대립가설이 참일 때 대립가설을 기각하고 귀무가설을 채택하는 오류입니다. 새로운 사실을 주장할 때는 기존의 사실과 유의한 차이가 있는지를 먼저 신중하게 검토해야 하므로, 2종 오류보다 1종 오류를 최소화하는 것이 더욱 중요할 수 있습니다.

귀무가설을 검정하는 과정에서 유의확률(p-value)은 중요한 역할을 합니다. p-value는 귀무가설이 참일 때, 현재 표본에서 관측된 검정통계량 값보다 더 극단적인 값이 나타날 확률을 의미합니다. 만약 p-value가 유의수준보다 작다면, 표본에서 관측된 결과가 우연히 발생했을 가능성이 매우 낮다고 판단할 수 있으며, 이를 근거로 귀무가설을 기각하고 대립가설을 채택하게 됩니다. 다만, 대립가설의 설정 방식에 따라 p-value의 계산 방법은 달라집니다. 양측검정을 수행하는 경우, 기각역이 분포의 양쪽 극단에 설정되므로 p-value는 두 영역을 모두 고려하여 계산됩니다. 반면, 단측검정을 수행하는 경우, 검정통계량이 대립가설이 주장하는 방향에서 유의한지를 평가하므로, 기각역은 한쪽 방향에만 설정되며, p-value도 해당 방향의 영역만을 반영하여 계산됩니다.

이상의 내용을 종합하면, 가설검정의 과정은 다음과 같습니다.

> 1단계. 모집단의 모수에 관한 귀무가설과 대립가설을 설정
> 2단계. 귀무가설이 참이라는 가정하에서 표본 데이터를 사용하여 검정통계량을 계산
> 3단계. 주어진 유의수준과 대립가설을 반영하여 기각역을 결정
> 4단계. 검정통계량 값이 기각역에 속하는 경우 귀무가설을 기각 또는 p-value가 유의수준(α) 보다 작은 경우 귀무가설을 기각하고 대립가설을 채택

가설검정에서 p-value와 유의수준을 비교하는 방법은 귀무가설의 기각 여부를 판정하는 유용한 방법입니다. 통계분석 프로그램을 활용하여 가설검정을 수행하는 경우, 분석 결과 중 검정통계량 값과 p-value를 확인할 수 있습니다. 따라서, 사용자는 귀무가설과 대립가설을 정확히 설정하고 "주어진 유의수준보다 얻어진 p-value가 작은 경우, 귀무가설을 기각하고 대립가설을 채택한다"는 원칙을 기억한다면, 가설검정을 쉽게 수행할 수 있습니다.

6.2 대응표본 t-검정

대응표본 t-검정(paired t-test)은 두 모집단에서 비교 대상이 되는 쌍(pair)을 추출하고, 각 쌍에 주어진 두 값의 차이를 이용하여 모평균의 차이가 유의한지를 검정하는 방법입니다. 또한 쌍을 이루는 데이터의 차이가 정규분포를 따르는 경우 대응표본 t-검정을 적용할 수 있습니다. 여기서 정규분포는 평균을 중심으로 종모양의 대칭 형태를 갖는 연속형 확률분포입니다. 만약 정규분포를 따르지 않는 경우에는 비모수 검정법(nonparametric test)에 속하는 윌콕슨 부호-순위 검정(Wilcoxon signed-rank test)을 수행하여야 합니다. 비모수적 검정은 모집단이 특정한 분포를 따른다는 가정 없이, 순위(rank)나 중앙값(median)과 같은 기준을 사용하여 두 집단 이상을 비교하는 통계 방법입니다. 대응표본 t-검정을 적용할 수 있는 사례로는 운동 전후의 체질량지수의 변화, 약물 치료 전후의 혈압 변화, 교육이수 전후의 성적 변화 등이 있습니다.

예제 1 100명의 지원자를 대상으로, 4주 동안 주 5일, 시속 5~6km의 속도로 하루 30분 이상 걷는 유산소 운동을 실시한 후 체질량지수(BMI)를 측정하였다. 이를 통해 운동 전과 후의 평균 BMI 간에 통계적으로 유의한 차이가 있는지를 유의수준 5%에서 가설검정하시오.

귀무가설과 대립가설

4주간의 유산소 운동을 수행한 후, 평균 BMI에 유의한 차이가 있는지를 가설검정 하므로 이에 관련된 내용은 대립가설(H_1)에 설정되며, 운동 전과 후에 차이가 없다는 내용은 귀무가설(H_0)에 설정합니다.

H_0 : 유산소 운동 전 평균 BMI와 4주 운동 후 평균 BMI 간에는 차이가 없다.

H_1 : 유산소 운동 전 평균 BMI와 4주 운동 후 평균 BMI 간에는 차이가 있다.

R 명령 및 분석결과

100명을 대상으로 측정한 운동 전 BMI(변수명: pre_bmi)와 4주간 유산소 운동 후 BMI(변수명: post_bmi) 데이터를 분석합니다(파일명: data6_1.csv).

```
# data6_1.csv 파일에서 데이터 불러오기
> data1 <- read.csv("c:/my_R/data6_1.csv")
> attach(data1)                    # attach(data1)을 통하여 변수명을 직접 활용 가능
> head(data1)
    pre_bmi post_bmi
  1  24.73   24.07
  2  24.38   23.42
  3  25.13   23.33
  4  24.49   24.35
  5  26.11   24.36
  6  25.97   25.47
```

데이터를 불러온 후 attach(data1) 명령을 실행하였습니다. 이 명령은 데이터프레임 data1을 작업 공간에 연결하여, data1$pre_bmi 대신 pre_bmi만으로 변수를 직접 호출할 수 있게 합니다. 따라서 R 명령의 가독성을 높이고 입력을 단순화하는 장점이 있습니다. 그러나 함수 attach()를 사용하면 동일한 변수명이 다른 데이터프레임에서도 존재할 경우, 기존 변수와 새로운 변수가 서로 충돌하여 예기치 않은 오류가 발생할 수 있습니다. 이러한 문제를 방지하기 위해, 분석이 끝난 후에는 반드시 detach(data1)를 실행하여 데이터프레임의 연결을 해제하는 것이 필요합니다. 또한, 분석 과정에서 생성된 여러 변수가 작업 공간(workspace)에 남아 있으면 새로운 분석에 영향을 미칠 수 있으므로, rm(list=ls()) 명령을 추가로 실행하여 불필요한 변수를 정리하는 것이 바람직합니다.

이제 4주간 유산소 운동 전후의 BMI 데이터에 대한 평균과 표준편차를 확인하겠습

니다. 이를 위해 mean() 함수와 sd() 함수를 활용합니다.

```
> mean(pre_bmi) ; sd(pre_bmi)        # 유산소 운동 이전 BMI의 평균과 표준편차
  [1] 25.2072
  [1] 0.9631955

> mean(post_bmi) ; sd(post_bmi)      # 유산소 운동 이후 BMI의 평균과 표준편차
  [1] 24.3527
  [1] 0.9573668
```

결과를 살펴보면, 유산소 운동 전 평균 BMI는 25.2072, 표준편차는 0.9631955이며, 운동 후 평균 BMI는 24.3527, 표준편차는 0.9573668으로 나타났습니다. 따라서, 운동 전후 평균 BMI의 차이는 0.8545임을 확인할 수 있습니다.

이제 두 변수의 차이 값이 정규분포를 따르는지 확인하기 위해 아래와 같이 가설을 설정하고 검정을 수행합니다. 이를 위해 사피로-윌크 검정(Shapiro–Wilk test)과 앤더슨–달링 검정(Anderson–Darling test)을 사용할 수 있습니다. 사피로-윌크 검정은 소표본이나 중간 규모 표본에서 널리 사용되며, 앤더슨–달링 검정은 분포 전체, 특히 꼬리 부분의 차이를 보다 민감하게 평가할 수 있습니다. 본 데이터의 경우 두 방법 모두 적용 가능하지만, 분포의 꼬리 부분까지 고려하기 위해 앤더슨–달링 검정을 사용합니다.

H_0 : 유산소 운동 전과 4주 운동 후 BMI 차이 값은 정규분포를 따른다.
H_1 : 유산소 운동 전과 4주 운동 후 BMI 차이 값은 정규분포를 따르지 않는다.

앤더슨-달링 검정을 활용하기 위하여 nortest 패키지의 ad.test() 함수를 사용합니다.

```
# 앤더슨-달링의 정규성 검정 수행
> install.packages("nortest") ; library(nortest)
> diff <- data1$post_bmi - data1$pre_bmi              # 두 변수간 차이 계산
> ad.test(diff)

          Anderson-Darling normality test

  data:  diff
  A = 0.17623, p-value = 0.9204
```

검정 결과, p-value는 0.9204로 유의수준 0.05보다 크므로, 운동 전후 BMI 차이값이 정규분포를 따른다고 판단할 수 있습니다. 따라서 t.test() 함수를 활용하여, 유의수준 5%에서 운동 전후 평균 BMI 간의 차이가 통계적으로 유의한지 검정하겠습니다.

```
# 대응표본 t-검정 수행 및 결과
> t.test(pre_bmi, post_bmi, paired=TRUE)

                        Paired t-test

  data:  pre_bmi and post_bmi
  t = 6.4018, df = 99, p-value = 5.167e-09
   alternative hypothesis: true mean difference is not equal to 0
   95 percent confidence interval:
    0.5896491 1.1193509
   sample estimates:
   mean difference
            0.8545
```

분석 결과 중 p-value는 5.167e-09으로 얻어졌습니다. 여기서 e-09는 10의 –9승 값이므로 5.167e-09는 0.000000005167로 표현할 수 있습니다. 이 값은 주어진 유의수준 5%보다 작기 때문에, 귀무가설을 기각하게 됩니다. 따라서 유의수준 5%에서 운동 전 평균 BMI와 4주간의 유산소 운동 후 평균 BMI 간에는 차이가 있다는 대립가설을 채택할 수 있습니다. 분석을 수행 중 얻어진 평균, 표준편차, t 값(검정통계량 값)과 p-value를 활용하여 <표 6-1>과 같이 정리할 수 있습니다.

<표 6-1> 4주간 유산소 운동 전후 평균 BMI 비교 분석

측정대상	변수명	Mean ± SD	t 값	p-value
BMI	운동(pre_bmi) 운동 후(post_bmi)	25.20 ± 0.96 24.35 ± 0.95	6.4018	5.167e-09

만약 연구의 관심이 4주간의 유산소 운동 후 평균 BMI가 운동 전보다 유의하게 감소하는지를 검정하는 것이라면, 대립가설을 아래와 같이 새롭게 설정할 수 있습니다.

H_1 : 4주간의 유산소 운동 후 평균 BMI는 운동 전 평균 BMI보다 감소하였다.

새롭게 설정된 대립가설은 "운동 전 평균 BMI > 4주간 유산소 운동 후 평균 BMI"와 동일한 의미를 갖으며, 이는 단측검정에 해당합니다. 따라서, 대립가설을 단측검정으로 설정하는 경우, 기존의 양측검정에서 얻어진 p-value(5.167e-09)는 단측검정에 맞게 조정됩니다. 양측검정에서는 기각역이 분포의 양쪽 극단에 설정되므로 p-value가 두 영역을 모두 고려하여 계산되지만, 단측검정에서는 기각역이 한쪽 방향에만 설정되므로, 기존 p-value의 일부만을 사용합니다.

특히, 대응표본 t-검정의 경우, 단측검정의 p-value는 양측검정에서 얻어진 p-value의 절반 값인 2.583e-09(=5.167e-09/2)로 조정됩니다. 이는 대응표본 t-검정에서 사용하는 t-분포의 형태가 종모양의 대칭 분포이며, 대립가설에 설정된 방향에서만 유의성을 평가하기 때문입니다. 단측검정을 위해 t.test(pre_bmi, post_bmi, paired=TRUE, alternative= "greater") 명령을 실행하면 p-value가 2.583e-09임을 확인할 수 있습니다. 여기서 alternative= "greater"는 대립가설 중 운동 전 평균 BMI와 4주간 유산소 운동 후 평균 BMI 차이가 0보다 크다는 단측검정의 방향성을 반영합니다.

```
# 대응표본 t-검정(단측검정) 수행 및 결과
> t.test(pre_bmi, post_bmi, paired=TRUE, alternative="greater")

                         Paired t-test

   data:  pre_bmi and post_bmi
   t = 6.4018, df = 99, p-value = 2.583e-09
   alternative hypothesis: true mean difference is greater than 0
   95 percent confidence interval:
    0.632873      Inf
   sample estimates:
   mean difference
           0.8545

> detach(data1)              # 데이터프레임 data1과 연결을 해제
> rm(list = ls())            # 작업공간에서 변수(pre_bmi, post_bmi) 삭제
```

새롭게 계산된 단측검정의 p-value(2.583e-09)가 유의수준(5%)보다 작기 때문에 귀무가설을 기각하고 대립가설을 채택할 수 있습니다. 따라서, 유의수준 5%에서 4주간의 유산소 운동 후 평균 BMI는 운동 전과 비교하여 통계적으로 유의하게 감소한 것으로 결론을 내릴 수 있습니다.

6.3 | 독립표본 t-검정

독립표본 t-검정(independent t-test)은 서로 다른 두 모집단에서 각각 독립적인 표본을 추출한 후, 표본 평균의 차이를 이용하여 모집단 평균 간 유의미한 차이가 존재하는지를 검정하는 방법입니다. 이 검정을 적용하기 위해서는 각 표본이 서로 독립적이어야 하며, 각 집단의 데이터는 정규분포를 따른다는 가정을 만족해야 합니다. 또한 두 모집단의 분산이 동일한지를 확인하기 위해 등분산 검정을 먼저 수행한 후, 그 결과를 반영하여 독립표본 t-검정을 수행합니다. 만약 정규분포를 따르지 않는 경우에는 윌콕슨 순위합 검정(Wilcoxon rank-sum test)을 사용합니다.

예제 2 병원은 안과와 외과 외래환자를 대상으로, 진료 전 대기시간(단위: 분)을 조사하였다. 이를 통해 두 진료과 간 평균 대기시간에 유의한 차이가 있는지를 가설검정 하시오(유의수준 5%).

귀무가설과 대립가설

진료과(안과, 외과)에 따른 진료 전 대기시간의 평균에 차이가 존재하는지를 검정하기 위해, 아래와 같은 대립가설을 설정하며, 차이가 없다는 내용은 귀무가설에 설정합니다.

H_0 : 안과와 외과 외래환자의 진료 전 평균 대기시간 간에 차이가 없다.
H_1 : 안과와 외과 외래환자의 진료 전 평균 대기시간 간에 차이가 있다.

R 명령 및 분석결과

총 129명의 외래환자를 대상으로 관련 데이터를 수집하였습니다(파일명: data6_2.csv). 환자들이 이용한 진료과(안과: 1, 외과: 2)에 관한 변수는 dept, 진료 전 대기시간(단위: 분)에 관한 변수는 wait_time으로 설정하였습니다. 우선 str(data2) 결과를 살펴보면 변수 dept는 정수형(int)이므로 분석 의도에 맞게 범주형(factor)로 변환하겠습니다.

```
# data6_2.csv 파일에서 데이터 불러오기
> data2 <- read.csv("c:/my_R/data6_2.csv")
> head(data2)
```

```
      dept wait_time
    1    1       27.1
    2    1       23.7
    3    2       23.2
    4    1       25.1
    5    2       17.8
    6    1       24.3
> str(data2)
  'data.frame':    129 obs. of  2 variables:
   $ dept     : int  1 1 2 1 2 1 1 2 1 1 ...
   $ wait_time: num  27.1 23.7 23.2 25.1 17.8 24.3 22.2 22.6 22.6 26.5 ...

# 변수 dept를 범주형 변수로 변환 및 값 1, 2를 각각 안과, 외과로 설정
> data2$dept <- factor(data2$dept, labels=c("안과", "외과"))
> attach(data2)
> summary(data2)
   dept       wait_time
   안과:72    Min.    :16.60
   외과:57    1st Qu.:21.90
              Median:23.70
              Mean   :23.64
              3rd Qu.:25.70
              Max.    :29.90
```

summary() 함수를 활용하여 기술통계 분석을 수행한 결과, 안과의 응답자 수는 72명, 외과의 응답자 수는 57명으로 확인되었으며, 전체 129명의 외래환자에 대한 평균 대기시간은 23.64분, 최댓값은 29.9분으로 나타났습니다. 보다 세부적으로 진료과별 평균 대기시간을 파악하기 위하여 aggregate(wait_time ~ dept, FUN = mean) 명령을 수행합니다. 이때 "~"의 왼쪽에는 연속형 변수를, 오른쪽에는 범주형 변수를 지정하여 진료과별 통계를 구합니다.

얻어진 결과를 살펴보면, 안과의 평균 대기시간(약 25.19분)이 외과의 평균 대기시간(약 21.69분)보다 길게 나타났으며, 대기시간에 관한 표준편차는 외과의 경우 2.60분, 안과의 경우 2.38분으로 나타나, 외과의 대기시간의 분포가 안과에 비해 조금 더 넓게 퍼져 있음을 알 수 있습니다.

```
# 진료과별 진료 전 대기시간에 관한 평균(mean) 및 표준편차(sd) 계산
> aggregate(wait_time ~ dept, FUN = mean)
    dept wait_time
  1 안과  25.18750
  2 외과  21.68947

> aggregate(wait_time ~ dept, FUN = sd)
    dept wait_time
  1 안과  2.380137
  2 외과  2.601901
```

이제 두 집단의 대기시간 분포가 정규분포를 따른다는 가정을 확인하기 위해, 정규성 검정을 수행하겠습니다. 독립표본 t-검정을 수행하기 위해서 각 그룹의 데이터가 정규성을 만족해야 합니다. 이에 따라 앤더슨-달링 검정을 진료과별 대기시간에 적용합니다. 정규성 검정을 두 번 반복 적용하기 위해 by() 함수를 사용합니다.

```
# 진료과별 대기시간 데이터의 정규성 검정
> install.packages("nortest") ; library(nortest)
> by(wait_time, dept, ad.test)
  dept: 안과

      Anderson-Darling normality test

  data:  dd[x, ]
  A = 0.20873, p-value = 0.8587

  ----------------------------------------------------------------
  dept: 외과

      Anderson-Darling normality test

  data:  dd[x, ]
  A = 0.50794, p-value = 0.1917
```

검정 결과, 진료과별 p-value(0.8587(안과), 0.1917(외과))가 모두 유의수준 0.05보다 크게 나타나 두 변수 모두 정규성을 만족합니다. 따라서, 등분산 검정(equal variance test)과 t-검정을 수행할 수 있습니다. 먼저 등분산 검정을 수행하기 위해 다음과 같이 귀무가설과 대립가설을 설정합니다.

H_0 : 안과와 외과 외래환자의 진료 전 대기시간의 분산 간에 차이가 없다.

H_1 : 안과와 외과 외래환자의 진료 전 대기시간의 분산 간에 차이가 있다.

이를 검정하기 위해 var.test() 함수를 활용합니다.

```
# 등분산 검정 수행 및 결과
> var.test(wait_time ~ dept)
                              F test to compare two variances


   data:  wait_time by dept
   F = 0.8368, num df = 71, denom df = 56, p-value = 0.4752
   alternative hypothesis: true ratio of variances is not equal to 1
   95 percent confidence interval:
    0.5037889 1.3693541
   sample estimates:
   ratio of variances
          0.8368017
```

검정 결과, 얻어진 p-value는 0.4752로 유의수준 5%보다 크기 때문에 귀무가설을 기각할 수 없습니다. 따라서, 두 모집단의 분산은 통계적으로 유의한 차이가 없으므로, 등분산으로 간주합니다. 이 결과는 독립표본 t-검정을 수행할 때, t.test() 함수에 적절하게 반영되어야 합니다. 이와 같이 등분산이 만족되는 경우, t.test() 함수에 var.equal=TRUE 옵션을 적용합니다. 만약 등분산이 만족되지 않는 경우라면, var.equal= FALSE 옵션을 사용하거나 해당 옵션을 생략하여 이분산(unequal variance)임을 반영합니다.

```
# 독립표본 t-검정 수행 및 결과 : 두 모집단의 분산이 등분산으로 가정되는 경우
> t.test(wait_time ~ dept, var.equal = TRUE)

                Two Sample t-test


   data:  wait_time by dept
   t = 7.9546, df = 127, p-value = 8.561e-13
   alternative hypothesis: true difference in means between group 1 and group 2 is
         not equal to 0
  95 percent confidence interval:
```

```
2.627838  4.368215
sample estimates:
mean in group 1  mean in group 2
       25.18750         21.68947
```

얻어진 독립표본 t-검정의 p-value는 8.561e-13이며 유의수준 5%보다 작으므로 안과와 외과 외래환자의 진료 전 평균 대기시간 간에 통계적으로 유의한 차이가 있다고 판정할 수 있습니다. 얻어진 결과는 <표 6-2>와 같이 요약될 수 있습니다.

<표 6-2> 진료과별 진료 전 대기시간 평균 차이 분석

변수명	분류	Mean ± SD	t 값	p-value
진료과	안과 외과	25.18750 ± 2.380 21.68947 ± 2.601	7.9546	8.561e-13

만약 대립가설을 단측검정으로 설정하여 분석을 수행하고자 한다면, 귀무가설은 동일하지만 대립가설은 다음과 같이 수정되어야 합니다.

H_1 : 진료 전, 안과 외래환자의 평균 대기시간은 외과 외래환자의 평균 대기시간 보다 길다.

위 가설은 안과의 평균 대기시간(25.188분)이 외과의 평균 대기시간(21.689분)보다 더 길게 나타났기 때문입니다. 또한, 대립가설이 단측검정으로 설정됨에 따라, p-value는 양측검정에서 얻어진 값의 절반, 즉 4.280e-13으로 조정됩니다. 이와 같은 조정은 앞서 6.2 대응표본 t-검정에서 설명한 이유와 동일합니다. 또한 명령 t.test(wait_time ~ dept, var.equal = TRUE, alternative = "greater")을 추가로 실행하면 단측검정에 따른 p-value(4.280e-13)를 확인할 수 있으며, 이는 주어진 유의수준 보다 작으므로 귀무가설을 기각하고 대립가설을 채택할 수 있습니다. 여기서 alternative = "greater"는 dept 변수에서 먼저 등장하는 그룹(안과)의 평균 대기시간이 이후에 등장하는 그룹(외과) 보다 크다는 방향의 가설을 의미합니다. 따라서, 유의수준 5%에서 안과의 진료 전 평균 대기시간은 외과보다 통계적으로 유의하게 길다고 판단할 수 있습니다.

6.4 | 카이제곱검정

두 범주형 변수의 독립성 여부를 검정할 때, 카이제곱검정(χ^2-test)을 활용합니다. 여기서 독립성 검정이란, 두 범주형 변수가 서로 관련이 있는지(연관성이 있는지) 또는 완전히 무관한지(독립적인지)를 통계적으로 분석하는 방법입니다. 예를 들어, 병원에서 근무를 희망하는 부서와 성별이 서로 독립적이라면, 특정 성별이 특정 부서를 선호하는 경향이 없이 무작위적으로 분포할 것입니다. 반면, 연관성이 있다면 특정 성별이 특정 부서를 더 많이 선택하는 경향이 관찰될 것입니다. 카이제곱검정은 두 변수가 서로 독립이라는 가정하에서 각 범주의 기대빈도를 계산합니다. 그리고 각 범주의 관찰된 빈도와 기대빈도의 차이를 제곱하고 기대빈도로 나눈 값을 모두 합산합니다. 이 값이 클수록 두 변수는 서로 독립적이지 않으며, 연관성이 있을 가능성이 높다고 판단할 수 있습니다.

예제 3 대학생 350명을 대상으로 설문조사를 실시하여, 병원에서 근무를 희망하는 부서(원무행정, 기획인사, 보건의료정보관리)를 조사하였다. 이때, 성별과 근무 희망부서 간에 유의미한 연관성이 있는지 여부를 가설검정 하시오(유의수준 5%).

귀무가설과 대립가설

성별에 따라 근무 희망 부서 간의 연관성을 검정하기 위해, 귀무가설과 대립가설을 다음과 같이 설정합니다. 귀무가설은 두 변수가 서로 독립적이며 연관성이 없다는 내용을 포함하고, 대립가설은 연관성이 존재함을 주장합니다.

H_0 : 성별과 병원 내 근무 희망부서 간에는 연관성이 없다.
H_1 : 성별과 병원 내 근무 희망부서 간에는 연관성이 있다.

R 명령 및 분석결과

대학생 350명을 대상으로 성별과 근무 희망부서를 조사한 데이터를 활용하여 분석합니다(파일명: data6_3.csv). 성별(남학생: M, 여학생: F)의 변수명은 gender, 근무 희망부서(원무행정: 1, 기획인사: 2, 보건의료정보관리: 3)의 변수명은 dept로 설정되었습니다.

```
# data6_3.csv 파일에서 데이터 불러오기
> data3 <- read.csv("c:/my_R/data6_3.csv")
> head(data3)
    gender dept
  1      M    1
  2      M    2
  3      F    3
  4      M    2
  5      M    2
  6      M    2

> str(data3)
  'data.frame':  350 obs. of  2 variables:
  $ gender: chr  "M" "M" "F" "M" ...
  $ dept  : int  1 2 3 2 2 2 1 2 2 2 ...

> data3$gender <- factor(data3$gender, levels=c("M","F"), labels=c("남학생", "여학생"))
> data3$dept <- factor(data3$dept, levels=c(1,2,3),
                          labels=c("원무행정", "기획인사", "보건의료정보관리"))

# summary() 함수를 활용한 빈도분석
> summary(data3)
     gender                 dept
  남학생:180    원무행정          : 80
  여학생:170    기획인사          :150
                보건의료정보관리:120
> attach(data3)
```

두 변수를 범주형 변수로 변환하기 위하여 factor() 함수를 사용하였으며, summary() 함수를 적용하여 빈도분석 결과를 얻었습니다. 결과를 살펴보면 350명의 응답자 중 남학생은 180명, 여학생은 170명으로 나타났으며, 원무행정, 기획인사, 보건의료정보관리를 근무 희망 부서로 응답한 인원수는 각각 80명, 150명, 120명임을 알 수 있습니다.

성별에 따라 근무 희망 부서 간에 연관성이 있는지를 파악하기 위하여 범주별 빈도와 비율을 살펴봅니다. 이를 위해 table() 함수를 사용하여 교차표를 생성합니다. 또한 table() 함수와 함께 prop.table() 함수를 사용하면 비율 분석을 수행할 수 있습니다.

```
# table() 함수를 활용한 교차표 생성
> table(gender, dept)
          dept
  gender  원무행정 기획인사 보건의료정보관리
  남학생       20      120              40
  여학생       60       30              80

# 행합계 기준으로 비율에 관한 교차표 생성
> prop.table(table(gender, dept), margin=1)
          dept
  gender    원무행정   기획인사 보건의료정보관리
  남학생   0.1111111 0.6666667        0.2222222
  여학생   0.3529412 0.1764706        0.4705882
```

위 결과로부터 여학생은 보건의료정보관리(80명, 약 47.1%)와 원무행정(60명, 약 35.3%) 부서를 선호하고, 남학생은 기획인사(120명, 약 66.7%) 부서를 가장 선호하는 것으로 나타났습니다. 이제 chisq.test() 함수를 사용하여 카이제곱검정을 수행하겠습니다. 또한 기대빈도를 파악하기 위해 chisq.test(gender, dept)$expected 명령을 함께 사용하겠습니다. 만약 기대빈도가 5보다 작은 값의 개수가 전체 기대빈도 개수의 20%를 초과하는 경우 fisher.test() 함수를 활용하여 피셔의 정확한 검정(Fisher's exact test)을 적용해야 합니다.

```
# 카이제곱검정 분석결과
> chisq.test(gender, dept)

            Pearson's Chi-squared test
    data:  gender and dept
    X-squared = 87.119, df = 2, p-value < 2.2e-16

# 기대빈도 파악
> chisq.test(gender, dept)$expected
          dept
  gender  원무행정 기획인사 보건의료정보관리
  남학생  41.14286 77.14286         61.71429
  여학생  38.85714 72.85714         58.28571
```

위 분석결과 중 p-value는 2.2e-16보다 작으므로 0에 아주 가까운 값임을 알 수 있습니다. 따라서 p-value 값이 유의수준보다 작으므로 귀무가설을 기각하며, 대립가설을 채택합니다. 따라서 유의수준 5%에서 성별에 따라 근무 희망부서간에는 연관성이 있다고 결론을 내립니다. 지금까지 얻어진 결과를 표로 정리하면, 아래의 <표 6-3>을 얻을 수 있습니다.

<표 6-3> 성별과 근무 희망부서 간 독립성 분석 결과

성별	측정값	근무 희망부서			χ^2 값 (p-value)
		원무행정	기획인사	보건의료 정보관리	
남학생	빈도(행기준%)	20(11.1%)	120(66.7%)	40(22.2%)	87.119 (0.0000)
	기대빈도	41.143	77.143	61.714	
여학생	빈도(행기준%)	60(35.3%)	30(17.6%)	80(47.1%)	
	기대빈도	38.857	72.857	58.286	

6.5 일원배치 분산분석

일원배치 분산분석(analysis of variance, ANOVA)은 세 개 이상의 모집단의 모평균 차이가 통계적으로 유의미한지를 검정하는 방법입니다. 이는 두 모집단의 모평균을 비교하는 독립표본 t-검정을 확장한 개념으로, 보다 복잡한 집단 간 차이를 분석하는 데 활용됩니다. 특히 "일원배치"는 분석에서 고려하는 요인의 개수가 하나라는 의미를 가집니다. 예를 들어, 학위(예: 학사, 석사, 박사)에 따른 직장 만족도 점수의 평균 차이를 검정하는 경우, 학위는 요인으로 고려됩니다. 만약, 직장 만족도 점수에 영향을 미치는 요인이 학위와 함께 직급이 고려되는 경우, 두 개의 요인이 고려되므로 이원배치 분산분석(two-way ANOVA)을 수행해야 합니다.

일원배치 분산분석을 적용하기 위해서는 통계적 가정을 충족해야 하는데, 그 중 하나가 각 집단(학위)의 데이터(직장 만족도 점수)가 정규분포를 따라야 한다는 정규성 가정입니다. 정규성 만족 여부는 일원배치 분산분석의 핵심 전제 조건 중 한가지입니다. 만약 4개 진료과 중 하나라도 정규성을 만족하지 않는 경우, 비모수 검정인 크루스칼-왈리스 검정(Kruskal–Wallis test)을 적용합니다. 또한, 각 집단 간 분산의 동질성 여부도 함께 검토되어야 합니다.

일원배치 분산분석(이하 분산분석)의 원리는 다음과 같이 간략히 설명할 수 있습니다. 예를 들어 y_{ij}는 표본 중 i번째 그룹의 j번째 데이터이고, $\overline{y_{i.}}$는 i번째 그룹의 평균, $\overline{y_{..}}$는 전체 데이터의 평균을 의미할 때, 각 y_{ij}와 $\overline{y_{..}}$ 간의 총변동은 다음과 같이 그룹 내 변동과 그룹 간 변동으로 세분화 될 수 있습니다.

$$\sum_i \sum_j (y_{ij} - \overline{y_{..}})^2 = \sum_i \sum_j (y_{ij} - \overline{y_{i.}})^2 + \sum_i \sum_j (\overline{y_{i.}} - \overline{y_{..}})^2$$

총변동 = 그룹 내 변동 + 그룹 간 변동

총변동 중 그룹 간 변동이 커질수록, 그룹 내 변동의 비중은 상대적으로 작아지게 됩니다. 이때 그룹 간 변동이 유의미하게 클수록 귀무가설이 기각될 가능성이 높아지고, 대립가설을 지지할 수 있습니다.

예제 4 병원은 안과, 외과, 내과, 치과의 외래환자 244명을 대상으로 진료 전 평균 대기시간(단위: 분)에 유의미한 차이가 있는지를 파악하고자 하였다. 이를 위해 유의수준 5%에서 가설검정하시오.

귀무가설과 대립가설

귀무가설은 4개 진료과 외래환자의 진료 전 평균 대기시간에 차이가 없다는 가정을 설정합니다. 반면, 대립가설은 단순히 모든 진료과 간 평균이 동일하지 않음을 의미하는 것이 아니라, 특정 두 개 이상의 진료과 간에도 유의미한 차이가 존재할 가능성을 포함해야 합니다. 이러한 내용을 모두 포함하는 대립가설을 보다 간결하게 표현하기 위해, "H_0가 아니다"로 정의합니다. 이는 4개 진료과 간의 평균이 모두 다르거나, 일부 진료과 간에만 차이가 존재하는 경우를 모두 포함하는 포괄적인 의미를 가집니다.

H_0 : 4개 진료과 외래환자의 진료 전 평균 대기시간에 차이는 없다.
H_1 : H_0가 아니다.

R 명령 및 분석결과

244명의 외래환자를 대상으로 4개 진료과의 진료 전 대기시간에 관한 데이터를 수집하였습니다(파일명: data6_4.csv). 환자들이 이용한 진료과(안과: 1, 외과: 2, 내과: 3, 치과: 4)는 변수명은 dept, 진료 전 대기시간의 변수명은 wait_time으로 설정하였습니다. 4개 진료과 외래환자의 진료 전 평균 대기시간 간에 유의한 차이가 존재하는지를 분석하기 위해, 먼저 각 진료과의 평균 대기시간을 계산하고 이를 꺾은선 그래프로 작성하겠습니다.

```
# data6_4.csv 파일에서 데이터 불러오기
> data4 <- read.csv("c:/my_R/data6_4.csv")
> attach(data4) ; head(data4)
    dept wait_time
  1   1     21.3
  2   1     25.6
  3   3     26.9
  4   4     20.2
  5   1     24.3
  6   1     25.1
> str(data4)
  'data.frame':  244 obs. of  2 variables:
   $ dept     : int  1 1 3 4 1 1 3 4 1 2 ...
   $ wait_time: num  21.3 25.6 26.9 20.2 24.3 25.1 24.3 22.3 27.2 23.3 ..

# 변수 dept를 범주형 변수로 변환 및 요약통계 생성
> data4$dept <- factor(data4$dept, labels=c("안과","외과","내과","치과"))
> summary(data4)
     dept      wait_time
   안과:72   Min.   :14.30
   외과:57   1st Qu.:21.27
   내과:65   Median:23.55
   치과:50   Mean   :23.15
             3rd Qu.:25.20
             Max.   :30.90
> attach(data4)
```

summary() 함수를 활용하여 기술통계 분석을 수행한 결과, 진료과별 응답자 수는 안과 72명, 외과 57명, 내과 65명, 치과 50명으로 확인되었으며, 전체 외래환자 244명의 평균 대기시간은 23.15분, 최댓값은 30.9분으로 나타났습니다. 또한 위 명령에서 attach(data4) 명령을 두 번 사용하였습니다. 첫 번째 attach(data4) 명령 후 변수의 데이터형을 변경하였으므로, 변경된 구조를 재반영하기 위해 attach(data4) 명령을 다시 실행했습니다.

```
# 진료과별 진료 전 평균 대기시간에 관한 평균(mean) 및 표준편차(sd) 계산
> aggregate(wait_time ~ dept, FUN = mean)
    dept wait_time
  1 안과  25.00694
  2 외과  22.43860
  3 내과  24.29077
  4 치과  19.79600
> aggregate(wait_time ~ dept, FUN = sd)
    dept wait_time
  1 안과  2.164719
  2 외과  2.708107
  3 내과  1.916843
  4 치과  2.388062
```

함수 aggregate()를 사용하여 얻은 진료과별 평균 대기시간의 결과를 살펴보면, 안과의 평균 대기시간이 25.00694으로 가장 길고 치과의 평균이 19.796으로 가장 짧음을 알 수 있습니다. 또한 내과의 평균 대기시간은 24.29077으로 외과의 평균 22.4386보다 긴 것으로 확인되었습니다.

이제 plot() 함수를 이용하여, 진료과별 진료 전 평균 대기시간을 꺾은선 그래프로 작성하겠습니다. 이때 X축에 사용될 변수 dept의 값인 안과, 외과, 내과, 치과에 각각 대응되는 숫자 1, 2, 3, 4를 나타내기 위해 1:4를 사용합니다. 또한 aggregate() 함수의 결과는 dept와 wait_time으로 구성된 데이터프레임입니다. 이중 평균 대기시간(wait_time)만 Y축의 값으로 사용하기 위하여 $wait_time을 적용하여 해당 열만 추출합니다. 그리고 평균 대기시간을 점과 선을 함께 사용하여 꺾은선 그래프로 나타내기 위해, type="b" 옵션을 사용합니다. 그래프 제목과 축 제목을 추가하기 위해, 먼저 plot() 함수에서 축 삭제(axes=F)와 축 제목 삭제(ann=F) 옵션을 반영합니다. 그 후 title() 함수에 'xlab', 'ylab' 및 'main' 옵션을 추가하여 원하는 곳의 제목을 나타낼 수 있습니다.

```
# 진료과별 평균 대기시간을 추출하는 명령 및 결과
> dept_mean_time <- aggregate(wait_time ~ dept, FUN = mean)$wait_time
> dept_mean_time
  [1] 25.00694 22.43860 24.29077 19.79600

# 진료과별 평균 대기시간에 관한 꺾은선 그래프 생성
# 축 삭제(axes=F)와 축 제목 삭제(ann=F)를 반영
```

```
> plot(1:4, dept_mean_time, type="b", axes=F, ann=F)

# X축 및 X축 값에 관한 레이블 생성
> axis(1, at=1:4, lab=c("안과", "외과", "내과", "치과"))
# Y축 생성
> axis(2)

# 제목, X축 제목, Y축 제목을 생성
> box()                                              # 테두리 선 생성
> title(main="진료과별 진료전 평균 대기시간", font=3)        # 제목 출력 생략
> title(xlab="진료과")
> title(ylab="평균 대기시간")
```

꺾은선 그래프 <그림 6-1>로부터 평균 대기시간이 긴 진료과의 순서는 안과, 내과, 외과, 치과임을 알 수 있습니다. 또한 안과와 치과 간에 평균 대기시간 차이가 가장 크게 나타났으며, 그 다음으로 내과와 치과의 차이가 크게 나타났습니다. 반면, 평균 대기시간 차이가 가장 작은 진료과는 안과와 내과로 나타났습니다.

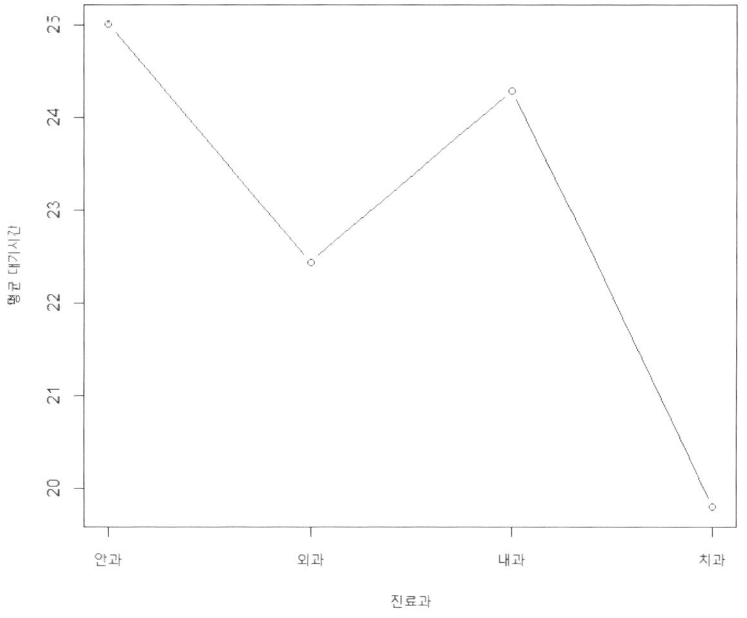

그림 6-1 진료과(안과, 외과, 내과, 치과)별 진료 전 평균 대기시간

이제 분산분석을 수행하기 앞서, 진료과별 대기시간이 정규성을 만족하는지를 검정합니다. 이를 위해 6.3 독립표본 t-검정에서 사용한 by(wait_time, dept, ad.test) 명령을 동

일하게 활용합니다. 검정 결과, 진료과별 p-value(0.1897(안과), 0.6816(외과), 0.1625(내과), 0.1004(치과))가 모두 유의수준 5%보다 크게 나타나서 정규성이 만족됨을 알 수 있습니다. 따라서 함수 aov()와 summary()를 활용하여 분산분석을 수행하겠습니다.

```
# 분산분석 결과
> anova.out <- aov(wait_time ~ dept)
> summary(anova.out)
              Df  Sum Sq  Mean Sq F value  Pr(>F)
  dept         3   924.2   308.06   58.77 <2e-16 ***
  Residuals  240  1258.0     5.24
 Signif. codes:  0 '***' 0.001 '**' 0.01 '*' 0.05 '.' 0.1 ' ' 1
```

분산분석의 p-value는 2e-16 보다 작으므로 유의수준 0.05에서 귀무가설을 기각하고 4개 진료과별 평균 대기시간에 통계적으로 유의한 차이가 있다고 결론을 내립니다. 이제 4개 모집단의 분산이 동일한지를 검정하기 위해 귀무가설과 대립가설을 다음과 같이 설정합니다.

H_0 : 4개 진료과의 진료 전 대기시간 분산에는 차이가 없다.

H_1 : H_0가 아니다.

등분산 여부를 검정하기 위해 르빈의 검정(Levene's test)을 사용하며, 이를 위해 car 패키지의 leveneTest() 함수를 사용합니다.

```
# 등분산 검정을 위한 car 패키지 설치 및 활성화
> install.packages("car")
> library(car)

# 르빈의 등분산 검정을 실행
> leveneTest(wait_time ~ dept, center = "mean")
  Levene's Test for Homogeneity of Variance (center = "mean")
         Df  F value  Pr(>F)
  group   3  3.8115 0.01072 *
        240
```

등분산 검정을 수행할 때, center = "mean" 옵션을 지정하여 각 집단의 평균을 기준으로 분산의 동질성을 검정합니다. 검정 결과, p-value가 0.01072으로 유의수준 5%보다 작게 나타나, 진료과별 대기시간의 분산에 통계적으로 유의한 차이가 있는 것으로 나타났습니다.

이제 진료과별 평균 대기시간의 차이를 구체적으로 분석하는 사후검정(post-hoc test)을 수행하겠습니다. 앞서 등분산성 가정이 충족되지 않았으므로 게임스-하웰 검정(Games-Howell test)을 적용하며, 이를 위해 PMCMRplus 패키지의 gamesHowellTest() 함수를 활용합니다. 만약, 등분산성이 충족된 경우에는, 사후검정으로 Tukey의 HSD 검정을 사용합니다.

```
# 사후검정을 위한 PMCMRplus 패키지 설치 및 활성화
> install.packages("PMCMRplus")
> library(PMCMRplus)

# 게임스-하웰(Games-Howell) 사후검정 수행
> gamesHowellTest(wait_time ~ dept)

                Pairwise comparisons using Games-Howell test

   data: wait_time by dept

        안과     외과     내과
   외과 3.6e-07  -        -
   내과 0.17383  0.00023  -
   치과 2.5e-10  2.9e-06  4.9e-10
```

gamesHowellTest() 함수는 4개 진료과 중 2개씩 짝지어 평균 대기시간 차이에 대한 p-value를 제공합니다. 분석 결과, 안과와 치과 간의 p-value는 2.5e-10으로 나타났으며, 이는 두 진료과 간 평균 대기시간 차이가 통계적으로 매우 유의함을 의미합니다. 또한, 외과와 안과, 외과와 내과, 외과와 치과, 내과와 치과 간의 p-value도 각각 3.6e-07, 0.00023, 2.9e-06, 4.9e-10으로 나타나, 이들 진료과 간에도 평균 대기시간 차이가 유의함을 확인할 수 있습니다. 반면, 안과와 내과 간의 평균 대기시간 차이는 p-value가 0.17383으로 유의수준 5%보다 크기 때문에, 두 진료과 간에는 유의한 차이가 없는 것으로 나타났습니다.

이러한 결과는 안과와 내과를 제외한 다른 진료과 간 대기시간에 유의한 차이가 존재하며, 특히 안과와 치과 간의 차이가 가장 뚜렷하게 나타났음을 시사합니다. 이와 같은 분석 결과는 <표 6-4>와 같이 요약할 수 있습니다.

<표 6-4> 진료과별 평균 대기시간 차이 분석

변수	분류	Mean ± SD	F	p-value	사후검정
진료과	안과	25.01 ± 2.16	58.77	0.0000	안과 > 치과, 내과 > 치과
	외과	22.44 ± 2.71			안과 > 외과, 외과 > 치과
	내과	24.30 ± 1.92			내과 > 외과
	치과	19.80 ± 2.39			

6.6 상관분석

상관분석(correlation analysis)은 두 변수 간의 관계 유무 및 관계의 강도를 파악하기 위해 사용되는 분석 방법입니다. 예를 들어 키와 체중, 체질량지수와 콜레스테롤, 광고비와 매출액 등의 관계를 분석할 때 활용됩니다. 특히, 두 변수 간의 선형 관계(linear relationship)를 파악하기 위해 두 변수의 공분산(covariance)을 각 변수의 표준편차(standard deviation)의 곱으로 나누는 경우, 피어슨의 상관계수(Pearson correlation coefficient)를 통하여 상관분석을 수행할 수 있습니다. 즉, 변수 X, Y로부터 랜덤하게 얻어진 n개의 순서쌍 데이터 $(x_1, y_1), \cdots, (x_n, y_n)$를 통하여 피어슨의 상관계수($\rho$)는 다음과 같이 얻을 수 있습니다.

$$\rho = \frac{\sum_{i=1}^{n}(x_i - \bar{x})(y_i - \bar{y})}{\sqrt{\sum_{i=1}^{n}(x_i - \bar{x})^2}\sqrt{\sum_{i=1}^{n}(y_i - \bar{y})^2}}$$

이때 상관계수는 –1 부터 1까지의 값을 가지며, 그 값이 1 또는 –1에 가까울수록 두 변수 간의 선형 관계가 강함을 의미합니다. 즉, 양의 상관계수(0보다 큰 값)는 두 변수가 함께 증가하는 경향을 보이며, 음의 상관계수(0보다 작은 값)는 한 변수가 증가할 때 다른 변수가 감소하는 경향을 나타냅니다. <그림 6-2>를 살펴보면, 그림 (a)와 (b)는 모두 양의 상관관계를 나타냅니다. 그러나 (a)는 (b)보다 데이터 점들이 선형의 형태를 갖으며 가깝게 밀집되어 있어, 두 변수 간의 관계가 더 강합니다. 따라서 (a)의 상관계수가

(b)보다 크며, 더 강한 양의 상관관계를 갖습니다. 반대로, d)와 e)는 음의 상관관계를 나타내며, d)가 e)보다 더 강한 음의 상관관계를 나타냅니다. c)의 경우, 두 변수 간에 관계가 없는 것으로 보이며, 이때 상관계수는 0이며 두 변수는 독립적(independent)이라고 할 수 있습니다.

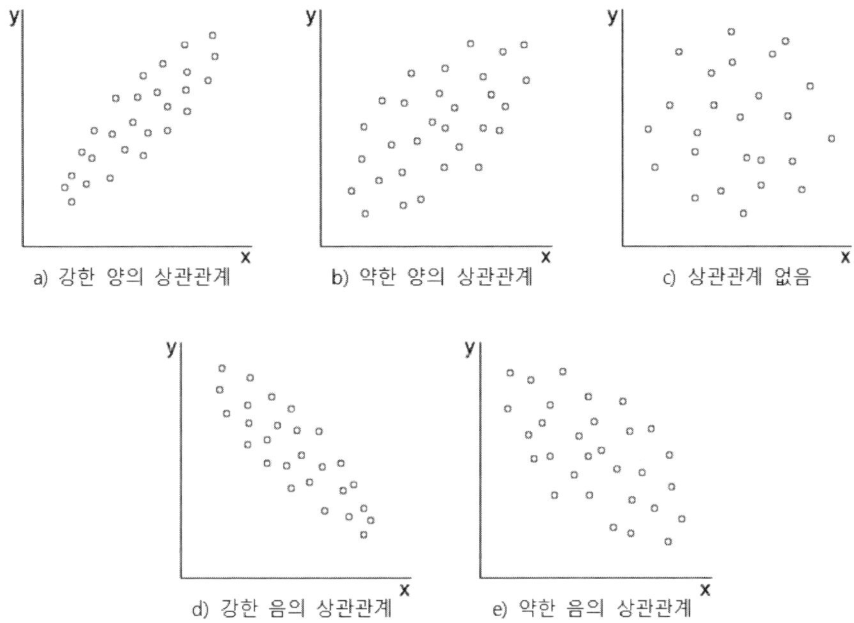

그림 6-2 상관관계의 강도와 방향에 따른 산점도 비교

일반적으로 상관계수 ρ 값에 따라 상관관계의 강도를 분류하고자 한다면, 다음과 같이 3가지로 분류하며 해석할 수 있습니다.

1) $|\rho| < 0.3$: 두 변수 간의 관계가 거의 없거나 매우 약한 상관관계
2) $0.3 \leq |\rho| < 0.7$: 중간 정도의 상관관계
3) $|\rho| \geq 0.7$: 두 변수 간의 관계가 뚜렷하게 나타나는 강한 상관관계

이러한 기준을 비탕으로 그림을 살펴보면, a)와 d)는 강한 상관관계를, b)와 e)는 약한 상관관계를, c)는 상관관계가 거의 없는 상태를 보여줍니다. 즉, 변수 간의 관계를 해석할 때 단순히 상관계수의 부호(+, -) 뿐만 아니라, 관계의 강도를 함께 고려해야 합니다. 또한, 피어슨 상관분석은 각 변수가 정규분포를 따른다는 가정을 전제로 하기 때문에 상관분석을 수행하기 전, 정규성 검정을 수행하는 것이 바람직합니다. 만약 정규성이 만족되지 않는다면, 비모수적 방법인 스피어만 상관분석(Spearman correlation)을 적용

하는 것이 더 적절합니다.

예제 5 수면시간(sleep hours)은 개인이 하루 동안 실제로 잠을 잔 시간으로, 건강과 생활 습관을 반영하는 대표적인 지표이다. 수면시간이 짧다는 것은 스트레스, 집중력 저하, 면역력 약화 등 다양한 건강 문제와 관련이 있으며, 카페인 섭취량(caffeine intake) 또한 수면시간과 관련성이 있는 생활 습관 변수 중 하나이다. 이에 따라 성인 300명의 최근 1주일 동안 기록된 데이터를 바탕으로, 일일 평균 카페인 섭취량(단위: mg)과 일일 평균 수면시간(단위: 시간) 간에 유의한 상관관계가 존재하는지 유의수준 5%에서 가설검정 하시오.

귀무가설과 대립가설

상관분석에서는 귀무가설(H_0)과 대립가설(H_1)을 다음과 같이 설정합니다.

H_0 : 일일 평균 카페인 섭취량과 일일 평균 수면시간 간의 상관관계는 없다.
H_1 : 일일 평균 카페인 섭취량과 일일 평균 수면시간 간의 상관관계는 있다.

R 명령 및 분석결과

성인 300명의 1주일 동안의 일일 평균 카페인 섭취량(변수명: caffeine_intake)과 일일 평균 수면시간(변수명: sleep_hours) 데이터를 포함한 파일을 불러옵니다(파일명: data6_5.csv). 카페인 섭취량은 자가기입식 설문을 통해 수집된 음료별 섭취 횟수에 각 음료의 평균 카페인 함량(예: 아메리카노 1잔(355ml)당 150mg)을 곱한 후, 1주일간의 일별 섭취량을 평균 내어 산출하였습니다. 또한 수면시간은 수면 측정 앱을 통해 분 단위로 기록된 데이터를 기반으로 하였으며, 최종적으로는 시간 단위로 환산하였습니다.

```
# data6_5.csv 파일에서 데이터 불러오기
> data5 <- read.csv("c:/my_R/data6_5.csv")
> attach(data5) ; head(data5)
    caffeine_intake sleep_hours
  1         439.16        5.68
  2         394.17        6.46
  3         511.04        4.55
  4         516.27        4.92
  5         511.54        4.62
  6         441.36        5.25

> summary(data5)
  caffeine_intake   sleep_hours
```

```
> summary(data5)
  caffeine_intake  sleep_hours
  Min.   :205.1   Min.   :4.170
  1st Qu.:347.5   1st Qu.:5.620
  Median:395.8   Median :6.180
  Mean   :397.9   Mean   :6.164
  3rd Qu.:446.4   3rd Qu.:6.735
  Max.   :675.0   Max.   :8.000
```

조사된 일일 평균 카페인 섭취량의 요약 통계를 살펴보면, 최솟값은 205.1mg, 평균은 397.9mg, 최댓값은 675.0mg으로 나타났습니다. 한편, 일일 평균 수면시간은 최소 4.17시간, 평균 6.16시간, 최대 8.00시간으로 확인되었습니다. 또한 두 변수 간의 관계를 시각적으로 파악하기 위해 plot(caffeine_intake, sleep_hours, xlab="일일 평균 카페인 섭취량", ylab="평균 수면시간") 명령을 사용하여 <그림 6-3>을 작성하였습니다. 작성된 그림을 살펴보면, 일일 평균 카페인 섭취량과 수면시간에는 음의 상관관계가 존재함을 시사합니다.

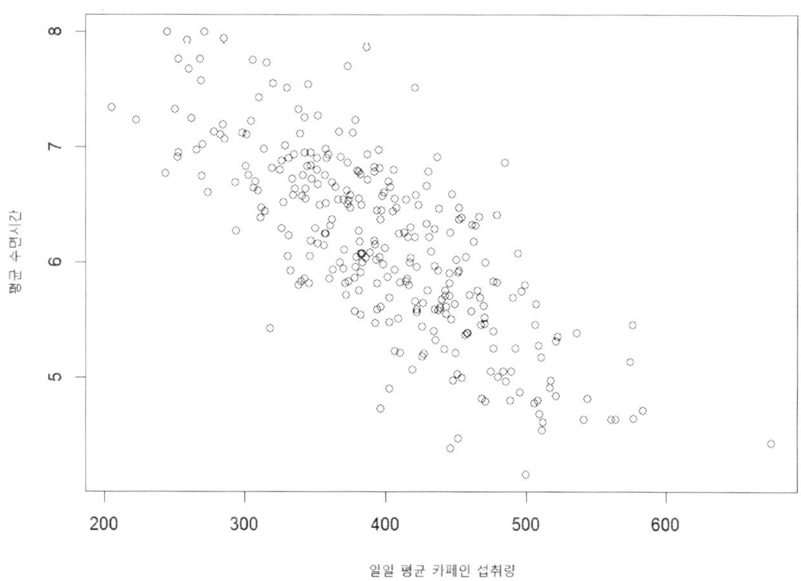

그림 6-3 일일 평균 카페인 섭취량과 평균 수면시간에 관한 산점도

이제 피어슨 상관분석을 수행하기에 앞서, ad.test(caffeine_intake)와 ad.test(sleep_hours) 명령을 사용하여 두 변수의 정규성 여부를 검정하겠습니다. 검정 결과, caffeine_intake의 p-value는 0.934, sleep_hours의 p-value는 0.288로, 모두 유의수준 5%보다 크므

로 두 변수는 정규성을 만족하는 것으로 나타났습니다. 이에 따라 cor.test() 함수를 활용하여 피어슨의 상관분석을 수행하겠습니다.

```
# 피어슨의 상관분석 결과
> cor.test(caffeine_intake, sleep_hours)

                Pearson's product-moment correlation

   data:  caffeine_intake and sleep_hours
   t = -20.38, df = 298, p-value < 2.2e-16
   alternative hypothesis: true correlation is not equal to 0
   95 percent confidence interval:
    -0.8066014 -0.7112789
   sample estimates:
          cor
   -0.7630585
```

분석 결과, 상관계수는 -0.7630585으로 나타나며, 이는 caffeine_intake와 sleep_hours 간에 강한 음의 상관관계가 있음을 의미합니다. 또한, p-value는 2.2e-16보다 작게 나타나 유의수준 5%에서 두 변수 간의 상관관계가 통계적으로 유의함을 확인할 수 있습니다.

6.7 | 단순회귀분석

단순회귀분석(simple linear regression analysis)은 두 변수의 관계를 직선으로 설명할 수 있는 최적의 함수식(단순회귀모형)을 찾아내고, 하나의 변수값을 이용해 다른 변수의 값을 예측하는 분석 방법입니다. 이때, 예측하고자 하는 변수를 종속변수(dependent variable), 예측에 활용되는 변수를 독립변수(independent variable)라고 합니다. 예를 들어 [예제 5]에서 사용한 변수 카페인 섭취량과 수면시간의 관계를 고려해 보면, 카페인 섭취량이 수면시간에 영향을 미치는 것을 알 수 있습니다. 따라서 카페인 섭취량은 독립변수로, 수면시간은 종속변수로 설정합니다.

단순회귀분석에서는 독립변수와 종속변수의 데이터가 주어졌을 때, 회귀모형으로써 두 변수 간의 관계를 가장 잘 설명하는 최적의 회귀직선을 찾습니다. 이 과정에서 직선의 기울기(slope, 회귀계수)와 절편(intercept)을 추정(estimation)하게 됩니다. 회귀계수는 독립변수가 종속변수에 미치는 영향을 정량적으로 나타내는 값이며, 절편은 독립변수가 0일 때 종속변수의 예측값을 의미합니다. 따라서 추정된 회귀직선은 다음과 같이 표현됩니다.

$$\hat{y_i} = \hat{a} x_i + \hat{b}$$

여기서 x_i를 독립변수의 i번째 값, $\hat{a}$는 회귀계수(a)의 추정값, $\hat{b}$는 절편(b)의 추정값, $\hat{y_i}$는 x_i에 대한 종속변수의 예측값(predicted value)을 의미합니다. 회귀계수의 추정값과 절편의 추정값을 구하는 수식은 아래와 같습니다.

$$\hat{a} = \frac{\sum_{i=1}^{n}(x_i - \overline{x})(y_i - \overline{y})}{\sum_{i=1}^{n}(x_i - \overline{x})^2}, \qquad \hat{b} = \overline{y} - \hat{a}\,\overline{x}$$

이중 y_i는 종속변수의 i번째 데이터 값을 의미하며, $\overline{x}$와 $\overline{y}$는 독립변수와 종속변수의 평균을 의미합니다. 회귀직선(회귀모형)이 유도된 후에는 회귀계수를 활용하여 독립변수가 한 단위 증가할 때 종속변수가 얼마나 변하는지를 확인할 수 있으며, 또한 특정한 독립변수 값을 회귀모형에 입력하면 이에 대응하는 종속변수의 예측값을 얻을 수 있습니다.

그러나 단순회귀분석을 적용하기 위해서는 몇 가지 가정을 충족해야 합니다. 먼저, 독립변수와 종속변수 간의 선형성이 만족되어야 하며, 잔차(residual)의 독립성, 등분산성, 정규성을 검토하는 과정이 필요합니다. 잔차는 실제 종속변수 값과 회귀모형을 통해 예측된 종속변수 값 간의 차이를 의미합니다. 잔차가 독립성을 유지하고, 분산이 일정하며 정규분포를 따른다면, 회귀분석의 기본 가정을 충족한다고 판단할 수 있습니다. 이러한 가정을 검토하는 과정을 잔차 분석이라고 하며, 잔차 그래프 분석과 함께 정규성 검정(예: 사피로-윌크 검정, 앤더슨-달링 검정 등)을 통해 평가할 수 있습니다.

예제 6 스트레스가 높을수록 수축기 혈압이 상승할 가능성이 커지며, 이는 고혈압 및 심혈관계 질환의 위험 요인으로 작용할 수 있다. 이에 따라 성인 368명을 대상으로 수축기 혈압을 측정하고, 최근 한 달 동안 경험한 스트레스를 자가보고식 설문 도구인 Percieved Stress Scale(PSS)를 사용해 측정하였다. 이 설문은 총 10개의 문항으로 구성되어 있으며, 각 문항은 0점(전혀 없었다)부터 4점(매우 자주 있었다)까지의 리커트 척도로 응답한다. 따라서 총점은 최소 0점, 최대 40점이며, 점수가 높을수록 지각된 스트레스가 높음을 나타낸다. 스트레스 점수가 수축기 혈압에 미치는 영향을 유의수준 5%에서 가설검정 하시오.

귀무가설과 대립가설

단순회귀분석에서 스트레스 점수가 수축기 혈압에 유의한 영향을 주는지를 검정하기 위해 다음과 같은 귀무가설과 대립가설을 설정합니다.

H_0 : 스트레스 점수는 수축기 혈압에 영향을 미치지 않는다.

H_1 : 스트레스 점수는 수축기 혈압에 영향을 미친다.

단순회귀분석에서 회귀모형은 하나의 독립변수만을 포함하므로, 독립변수가 종속변수에 유의한 영향을 미치지 않는다면, 회귀모형 또한 통계적으로 유의하지 않습니다. 반대로, 회귀모형이 통계적으로 유의하다면, 독립변수가 종속변수에 유의미한 영향을 미친다는 것을 의미합니다.

R 명령 및 분석결과

성인 368명의 스트레스 점수(변수명: stress_score)와 수축기 혈압(변수명: sbp, 단위: mmHg) 데이터를 불러옵니다(파일명: data6_6.csv). 요약통계를 살펴보면 stress_score의 평균은 25.86점이며, sbp의 평균은 132.2mmHg로 나타나고 있습니다.

```
> data6 <- read.csv("c:/my_R/data6_6.csv")
> attach(data6) ; head(data6)
   stress_score  sbp
 1           38 152.0
 2           28 138.8
 3           14 119.9
 4           20 131.7
 5           38 145.8
 6           18 122.6
> summary(data6)
  stress_score        sbp
 Min.    :11.00   Min.    :108.8
 1st Qu.:20.00   1st Qu.:126.9
 Median:26.00   Median:132.4
 Mean   :25.86   Mean   :132.2
 3rd Qu.:32.00   3rd Qu.:137.4
 Max.    :39.00   Max.    :156.1
```

두 변수간 회귀직선을 유도하기 위해 lm() 함수와 summary() 함수를 사용합니다. 아래 결과 중 절편은 intercept로 표시되었습니다.

```
# 단순회귀모형(회귀직선) 유도
> result <- lm(sbp ~ stress_score)
> summary(result)

   Call:
   lm(formula = sbp ~ stress_score)

   Residuals:
        Min       1Q   Median      3Q      Max
    -15.3516  -3.7931   0.1674   3.6112  15.5093

   Coefficients:
                Estimate  Std. Error  t value    Pr(>|t|)
   (Intercept)  114.46108    0.98750   115.91   <2e-16 ***
   stress_score   0.68762    0.03648    18.85   <2e-16 ***
   ---
   Signif. codes:  0 '***' 0.001 '**' 0.01 '*' 0.05 '.' 0.1 ' ' 1

   Residual standard error: 5.614 on 366 degrees of freedom
   Multiple R-squared:  0.4926,      Adjusted R-squared:  0.4912
   F-statistic: 355.4 on 1 and 366 DF,  p-value: < 2.2e-16
```

독립변수 stress_score가 종속변수 sbp에 미치는 영향을 검정하기 위해 Pr(>|t|)로 표기된 p-value를 확인한 결과, 해당 값이 < 2e-16으로 나타났습니다. 이는 stress_score가 sbp를 설명함에 있어 통계적으로 유의한 변수임을 의미합니다. 또한, 회귀모형의 유의성을 평가하는 p-value도 < 2.2e-16으로 나타나, 해당 회귀모형이 통계적으로 유의함을 알 수 있습니다. 따라서 회귀모형은 다음과 같은 직선 형태로 나타낼 수 있습니다.

$$\hat{sbp} = \hat{0.68762} \times stress\_score + \hat{114.46108}$$

stress_score의 추정된 회귀계수 0.68762는 양수(+)이므로, stress_score가 높아질수록 sbp도 증가하는 경향이 있습니다. 구체적으로, stress_score가 1점 증가할 때 sbp는 0.68762mmHg 증가한다고 해석할 수 있습니다. 또한 stress_score가 35점인 경우, sbp의 예측값은 138.5278(=0.68762 × 35 + 114.46108)mmHg임을 알 수 있습니다.

```
# 산점도 생성 및 회귀직선 표시
> plot(stress_score, sbp, xlab="스트레스 점수(stress_score)", ylab="수축기 혈압(sbp)")
> abline(result, col="red")

# 회귀직선 표기 : text() 함수 사용
> text(mean(stress_score)+3, min(sbp)+2,
       expression(hat(sbp) == hat(0.68762) %*% stress_score + hat(114.46108)),
       col = "red", cex = 1.2, font = 1)

# 범례 추가 : legend() 함수 사용
> legend("topleft", legend ="회귀직선", col="red", lty=1, bty = "n")
```

<그림 6-4>는 plot() 함수와 abline() 함수를 이용하여 데이터와 함께 회귀직선을 표시한 결과입니다. 그림으로부터 두 변수 간의 관계가 선형 관계를 만족하고 있으므로 text() 함수를 사용하여 회귀직선 식을 표기하였습니다. 표기 위치는 (mean(stress_score)+3, min(sbp)+2)를 기준으로 하였습니다. 회귀계수(0.68762)와 변수명 stress_score 사이에 곱하기 기호를 표시하기 위해 %*%를 사용하였으며, cex=1.2를 적용하여 일반 글자 크기보다 20% 더 크게 나타냈습니다. 또한 legend() 함수를 사용하여 그래프의

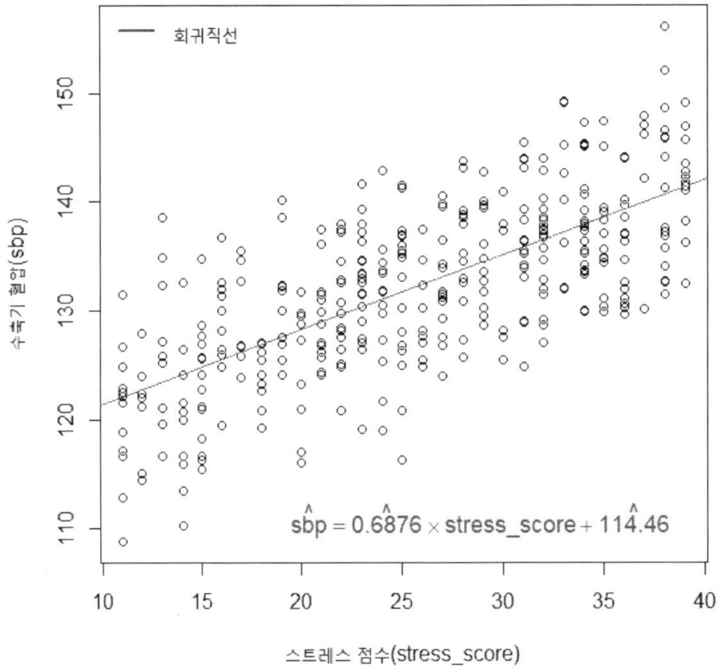

그림 6-4 스트레스 점수와 수축기 혈압의 산점도와 회귀직선

왼쪽 상단에 범례를 표시했으며, 범례 상자의 테두리를 생략하기 위해 bty = "n"을 사용했습니다.

회귀분석에서 결정계수(R-square, R^2)는 회귀모형이 주어진 데이터를 얼마나 잘 설명하는지를 평가하는 지표입니다. 결정계수는 0부터 1까지의 값을 가지며, 값이 클수록 회귀모형의 독립변수가 종속변수의 변동을 더 잘 설명한다고 할 수 있습니다. 결정계수가 1이면 회귀모형이 모든 데이터를 완벽하게 설명하는 것을 의미하며, 단순회귀분석의 경우 모든 데이터가 회귀직선 위에 정확히 위치하는 것을 의미합니다. 얻어진 분석결과에서 결정계수는 0.4912로, 이는 회귀모형이 표본 데이터의 일부만을 설명하고 있음을 의미합니다. 따라서 sbp에 영향을 미치는 추가적인 변수를 고려하여, 모형의 설명력을 향상시키는 것이 바람직합니다.

이제 4개의 그래프를 활용하여 잔차의 독립성, 등분산성, 정규성의 만족 여부를 확인해 보겠습니다. 이를 한 화면에 보기 위해 par(mfrow=c(2,2)) 명령을 사용하여 2행 2열로 그래프를 배치합니다.

```
# 잔차의 독립성, 등분산성, 정규성 파악을 위한 그래프 작성
> par(mfrow=c(2,2))
> plot(result)
```

<그림 6-5> 중 Residual vs Fitted 그래프와 Scale-Location 그래프를 보면 잔차가 특정한 패턴을 보이지 않으므로, 독립성과 등분산성이 만족되었다고 판단할 수 있습니다. 또한 잔차의 정규성 검정은 Q-Q Residuals 또는 앤더슨-달링 검정을 통해 확인할 수 있습니다. Q-Q Residuals에서 점들이 기준선 위에 비교적 잘 정렬되어 있으므로, 잔차의 정규성이 어느 정도 만족된다고 해석할 수 있습니다.

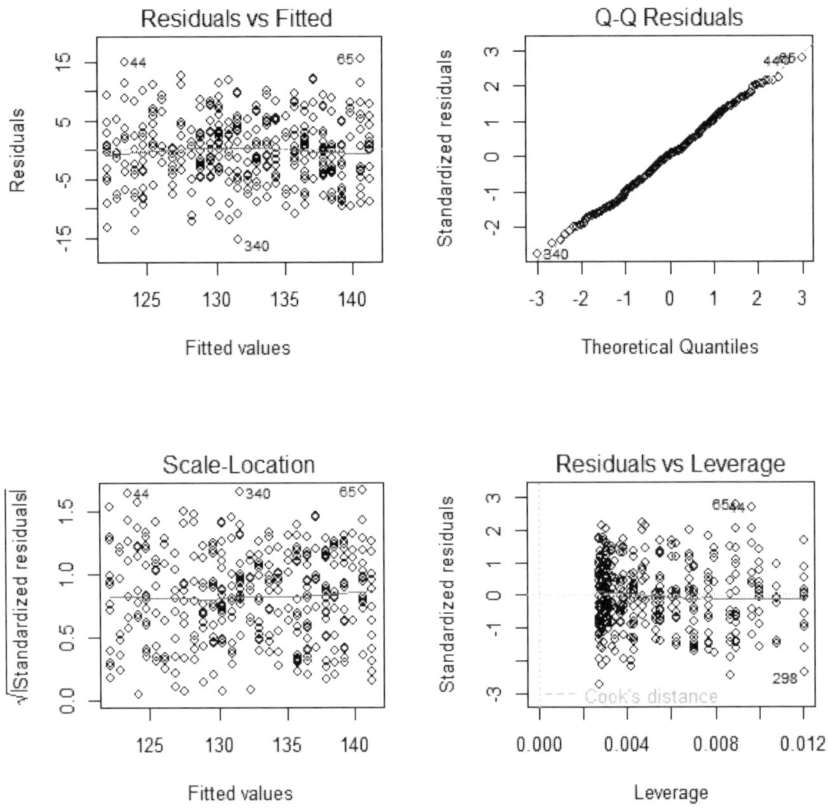

그림 6-5 잔차 분석을 통한 단순회귀모형 평가

또한, 앤더슨-달링 검정을 통해 잔차의 정규성을 검정할 수 있으며, 이를 위해 resid(result)를 사용합니다. 정규성 검정에 관한 p-value가 0.1109로 유의수준 0.05보다 크므로, 잔차는 정규성 가정을 충족한다고 볼 수 있습니다.

```
# 앤더슨-달링 검정을 위한 패키지 nortest 설치 및 활성화
> install.packages("nortest") ; library(nortest)

# 잔차의 정규성 검정을 위한 앤더슨-달링 검정 결과
> ad.test(resid(result))

                Anderson-Darling normality test

        data:  resid(result)
        A = 0.33102, p-value = 0.5119
```

따라서, 회귀분석의 주요 가정인 선형성, 독립성, 등분산성, 정규성이 모두 만족됨을 확인할 수 있습니다.

6.8 다중회귀분석

다중회귀분석(multiple regression analysis)은 두 개 이상의 독립변수를 활용하여 종속변수에 미치는 영향을 분석하는 방법입니다. 단순회귀분석이 하나의 독립변수를 통해 종속변수를 설명하는 반면, 다중회귀분석은 여러 개의 독립변수를 활용하여 종속변수를 보다 상세히 설명할 수 있습니다. 또한, 주어진 독립변수들 중 일부 또는 전체가 회귀모형에 포함될 수 있으며, 단순회귀분석과 동일하게 독립변수와 종속변수 간의 선형성, 잔차의 독립성, 등분산성, 정규성 가정이 충족되어야 합니다.

추가적으로, 독립변수들 간에 높은 상관관계가 존재할 경우 다중공선성(multicollinearity) 문제가 발생할 수 있습니다. 다중공선성이 나타나면 특정 독립변수의 영향력이 과소평가되거나 과대평가될 수 있으며, 회귀계수의 신뢰성이 낮아져 모형 해석이 어려워질 수 있습니다. 따라서, 다중공선성 여부를 평가하기 위해 분산팽창요인(variance inflation factor, VIF) 값을 확인해야 합니다. 일반적으로 VIF 값이 10 이상이면 다중공선성이 존재한다고 판단하며, 이 경우 관련된 독립변수를 모형에서 제거하거나 다른 독립변수로 대체할 필요가 있습니다.

예제 8 성인 368명을 대상으로 스트레스 점수, 수분 섭취량, 수축기 혈압을 조사하였다. 다중회귀분석을 적용하여, 스트레스 점수와 수분 섭취량이 수축기 혈압에 미치는 영향을 유의수준 5%에서 가설검정하시오.

귀무가설과 대립가설

다중회귀분석에서는 추정된 회귀모형의 유의성과 함께 각 독립변수의 유의성을 가설검정 합니다. 독립변수의 유의성 검정을 위한 가설설정 방법은 단순회귀분석과 동일하며, 회귀모형의 유의성에 관한 가설은 다음과 같이 설정합니다.

H_0 : 스트레스 점수와 수분 섭취량은 수축기 혈압에 유의미한 영향을 미치지 않는다.

H_1 : 스트레스 점수와 수분 섭취량은 수축기 혈압에 유의미한 영향을 미친다.

R 명령 및 분석결과

다중회귀분석을 수행하기 위해, 6.7절에서 사용한 수축기 혈압(sbp)과 스트레스 점수(stress_score) 데이터에 수분 섭취량(변수명: water_intake, 단위: 1L) 변수를 추가한 데이터를 사용합니다(파일명: data6_7.csv). 함수 head(), str(), summary()를 활용하여 데이터의 개별 값, 속성, 및 변수별 요약 통계를 확인하겠습니다.

```
# data6_7.csv 파일에서 데이터 불러오기
> data7 <- read.csv("c:/my_R/data6_7.csv")
> attach(data7) ; head(data7)
    stress_score  water_intake   sbp
  1           38          2.10 152.0
  2           28          1.70 138.8
  3           14          1.61 119.9
  4           20          3.19 131.7
  5           38          2.21 145.8
  6           18          3.41 122.6

> str(data7)
  'data.frame':  368 obs. of  3 variables:
   $ stress_score: int  38 28 14 20 38 18 22 23 35 39 ...
   $ water_intake: num  2.1 1.7 1.61 3.19 2.21 3.41 2.85 1.67 1.68 2.7 ...
   $ sbp         : num  152 139 120 132 146 ...

> summary(data7)
   stress_score    water_intake        sbp
  Min.   :11.00   Min.   :1.510   Min.   :108.8
  1st Qu.:20.00   1st Qu.:2.072   1st Qu.:126.9
  Median:26.00    Median:2.570    Median:132.4
  Mean   :25.86   Mean   :2.527   Mean   :132.2
  3rd Qu.:32.00   3rd Qu.:2.993   3rd Qu.:137.4
  Max.   :39.00   Max.   :3.500   Max.   :156.1

# 산점도 행렬 작성
> pairs(data7)
```

위 결과를 살펴보면, 368명의 평균 stress_score는 25.86점, 평균 water_intake은 2.527L, 그리고 sbp는 132.2mmHg임을 알 수 있습니다. 또한 pairs(data7) 명령을 수행하여 <그림 6-6>과 같이 변수 간의 관계를 시각적으로 나타냈습니다. 이를 통해 독립변수

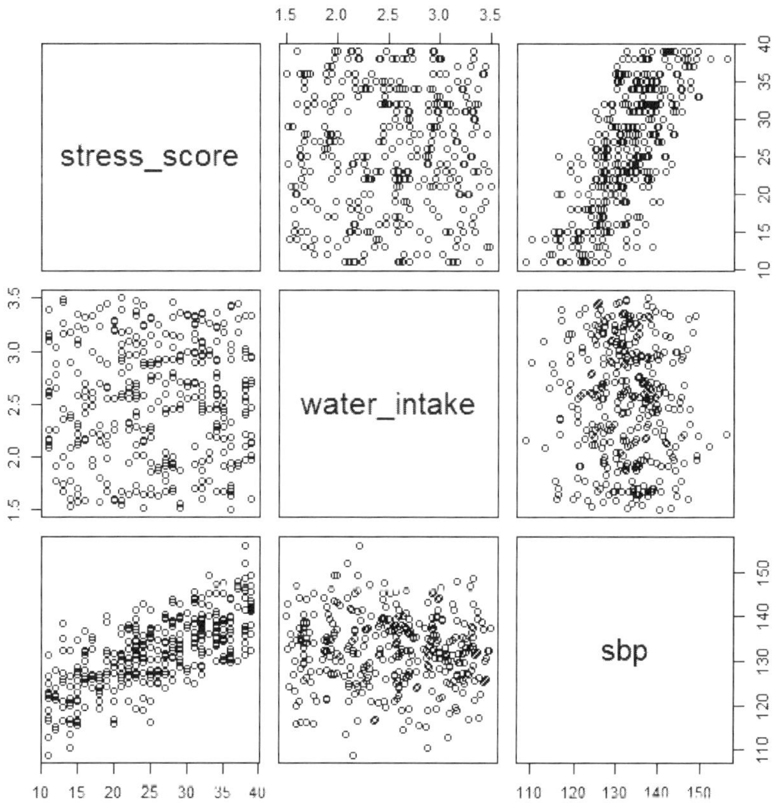

그림 6-6 변수(stress_score, water_intake, sbp)간 산점도 행렬

와 종속변수 간 관계뿐만 아니라 독립변수 간의 다중공선성 여부도 파악할 수 있습니다.

1) 독립변수와 종속변수 간의 관계 분석

- stress_score vs sbp : 두 변수 간에는 양(+)의 선형 관계가 관찰됩니다. stress_score가 증가할수록 sbp가 증가하는 경향을 나타내고 있습니다.
- water_intake vs sbp : 두 변수 간에는 약한 음(-)의 관계가 관찰됩니다. 즉, 수분 섭취량이 증가할수록 수축기 혈압이 소폭 감소하는 경향이 있으나, 그 관계는 뚜렷하지 않습니다.

2) 독립변수 간의 다중공선성 가능성 탐색

- stress_score vs water_intake : 두 변수 간에 상관관계가 보이지 않습니다. 따라서 다중공선성 문제가 나타날 가능성은 낮습니다.

다중공선성 여부를 보다 정확히 평가하기 위해서 다중회귀모형을 유도하겠습니다. 단순회귀분석과 동일하게 lm()과 summary() 함수를 사용합니다.

```
# 다중회귀분석 R 명령 및 분석결과
> result <- lm(sbp ~ stress_score + water_intake)
> summary(result)

  Call:
  lm(formula = sbp ~ stress_score + water_intake)

  Residuals:
       Min        1Q   Median        3Q       Max
   -16.3557   -3.8290   0.0155    3.6420    15.1322

  Coefficients:
                Estimate  Std. Error  t value   Pr(>|t|)
  (Intercept)   117.3060     1.6290   72.010   <2e-16 ***
  stress_score    0.6897     0.0363   18.999   <2e-16 ***
  water_intake   -1.1467     0.5238   -2.189   0.0292 *
  ---
  Signif. codes:  0 '***' 0.001 '**' 0.01 '*' 0.05 '.' 0.1 ' ' 1

  Residual standard error: 5.585 on 365 degrees of freedom
  Multiple R-squared:  0.4992,     Adjusted R-squared:  0.4965
  F-statistic: 181.9 on 2 and 365 DF,  p-value: < 2.2e-16
```

유의수준 5%에서 독립변수의 p-value를 살펴보면, stress_score의 p-value는 거의 0(<2e-16)으로 나타나서, 종속변수 sbp에 매우 유의한 변수임을 알 수 있습니다. 따라서, 해당 변수 옆에 '***' 표시가 나타났습니다. 새롭게 추가된 water_intake 변수의 p-value는 0.0292이므로, sbp에 유의한 영향을 미치고 있습니다. 또한 회귀모형의 p-value도 < 2.2e-16으로 얻어져, 회귀모형도 유의함을 알 수 있습니다.

그러나 유의수준 1%를 기준으로 평가하면 water_intake 변수는 sbp에 유의한 영향을 미치지 않는 독립변수입니다. 그러나 이 경우에도 stress_score와 water_intake로 sbp를 설명하는 회귀모형의 p-value는 < 2.2e-16이므로, 회귀모형은 유의하다고 판단할 수 있습니다. 즉, 유의수준 1% 기준에서, 독립변수 water_intake는 종속변수에 대해 유의한 변수가 아니지만 회귀모형은 유의한 것으로 나타났습니다. 따라서 연구자는 변수 간의 관계와 이론적 타당성을 종합적으로 고려한 후, water_intake 변수를 회귀모형에 포함할지 여부를 결정할 수 있습니다.

또한 다중회귀모형의 설명력은 조정된 결정계수(Adjusted R^2)를 통해 평가하는 것이 더 적절합니다. 결정계수(R^2)는 독립변수의 개수가 증가할수록 R^2 값이 증가하거나 유지되는 특성이 있습니다. 즉, 새로운 독립변수를 추가하면 그 변수가 유의하지 않더라도 R^2 값이 증가할 수 있기 때문에, 단순히 R^2 값이 높다고 해서 좋은 모형이라고 판단하기 어렵습니다. 반면, 조정된 결정계수는 독립변수의 개수가 증가할 때 불필요한 변수가 포함되었는지를 반영하여 계산되므로, 유의하지 않은 변수를 추가하면 오히려 값이 감소할 수 있습니다. 따라서 얻어진 다중회귀모형의 설명력은 조정된 결정계수를 기준으로 0.4965임을 알 수 있습니다.

다중회귀분석을 수행할 때 독립변수 간의 다중공선성을 검토해야 합니다. 이를 위해 car 패키지의 vif() 함수를 활용합니다. 아래의 분석 결과에서 독립변수의 VIF 값이 10보다 작게 나타나므로 다중공선성 문제가 없음을 알 수 있습니다.

```
# 다중공선성 여부를 파악할 수 있는 car 패키지 설치 및 활용
> install.packages("car") ; library("car")

# 독립변수 간의 다중공선성 검토
> vif(result)
  stress_score  water_intake
    1.000665      1.000665
```

따라서 얻어진 회귀모형은 다음과 같습니다.

$$\hat{sbp} = 0.\hat{6}897 \times stress\_score - 1.\hat{1}467 \times water\_intake + 1\hat{1}7.3060$$

여기서 stress_score의 회귀계수는 stress_score가 1점 증가할 때 다른 조건이 일정하다면, sbp는 0.6897mmHg 증가함을 의미합니다. 또한 water_intake의 회귀계수는 수분 섭취량이 1L 증가하며 다른 조건이 일정할 때, sbp는 1.1467mmHg 감소한다고 설명할 수 있습니다. 얻어진 회귀모형을 이용하여 stress_score가 35점, water_intake가 2.3L인 경우, sbp의 예측값은 138.8081(=0.6897×35 - 1.1467×2.3 + 117.306)mmHg임을 알 수 있습니다. 이제 회귀모형의 잔차가 독립성, 등분산성, 정규성을 만족하는지 확인하겠습니다.

```
# 잔차의 독립성, 등분산성, 정규성 파악을 위한 그래프 작성
> par(mfrow=c(2,2))
> plot(result)
```

<그림 6-7> 중 Residual vs Fitted와 Scale-Location의 그래프를 보면, 잔차가 특정한 패턴을 보이지 않으므로, 독립성과 등분산성이 충족되었다고 볼 수 있습니다. 또한 잔차의 정규성은 Q-Q Residuals 그래프에서 점들이 기준선에 잘 정렬되어 있으므로 잔차의 정규성도 만족함을 알 수 있습니다.

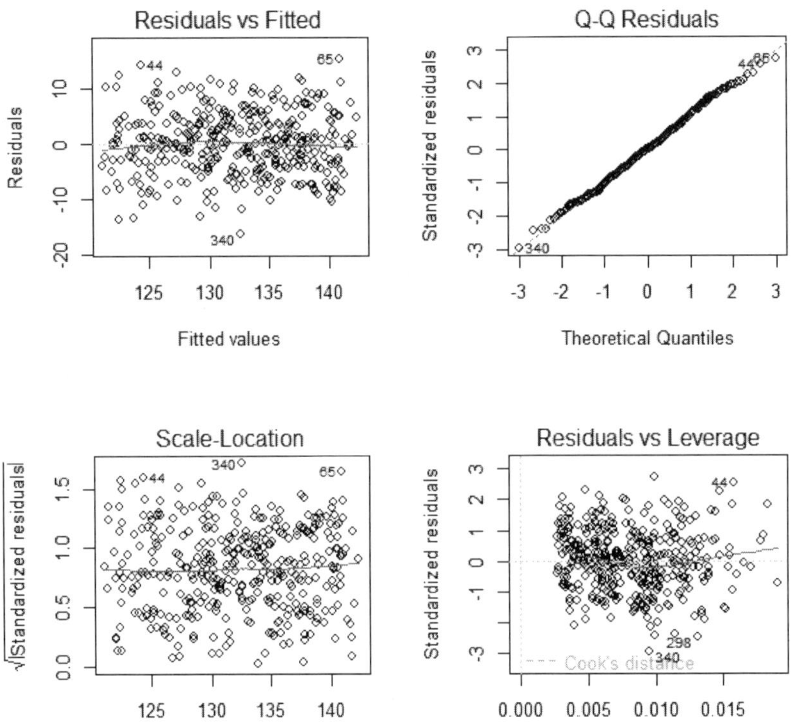

그림 6-7 잔차 분석을 통한 다중회귀모형 평가

```
# 잔차의 정규성 검정을 위한 앤더슨-달링 검정 결과
> library(nortest)
> ad.test(resid(result))

                Anderson-Darling normality test

    data:  resid(result)A = 0.24217, p-value = 0.7683
```

앤더슨-달링 검정을 통해 잔차의 정규성을 검정할 경우, 해당 p-value가 0.7683으로 나타났습니다. 따라서 유의수준 0.05에서 정규성 가정이 충족되었다고 판단할 수 있습니다.

6.9 | 범주형 변수를 활용한 다중회귀분석

6.8절 다중회귀분석에서 수축기 혈압(sbp)에 통계적으로 유의한 영향을 미치는 독립변수로 스트레스 점수(stress_score)와 수분 섭취량(water_intake)이 고려되었습니다. 이들 독립변수는 연속형 변수로써 변수값의 크기를 정확히 비교할 수 있습니다. 그러나 범주형 변수를 독립변수로 사용하고자 하는 경우, 범주별 값의 크기를 직접 비교하기 어렵습니다. 따라서 범주형 변수를 회귀분석에 포함하기 위해서는 가변수(dummy variable)를 생성해야 합니다.

가변수는 범주형 변수를 0과 1로 변환하여 회귀모형에서 사용할 수 있도록 만든 변수입니다. 변수의 범주가 세 개 이상인 경우에는 (범주의 개수 - 1)개의 가변수를 생성하여 각 범주를 표현합니다. 예를 들어, 세 개의 범주를 갖는 변수의 경우, 두 개의 가변수(D_1, D_2)를 생성하고, 각 범주를 (0, 0), (1, 0), (0, 1)로 구분할 수 있습니다. 이처럼 다중회귀모형에서 범주형 변수가 독립변수로 포함될 경우, 적절한 개수의 가변수를 생성해야 합니다. 가변수를 활용한 다중회귀분석을 수행하면 각 범주에 대한 회귀모형을 유도할 수 있으며, 이를 통해 종속변수의 값을 추정하고 범주 간 차이도 파악할 수 있습니다.

예제 8 성인 368명을 대상으로 스트레스 점수, 수분 섭취량, 식단유형(고지방식, 일반식, 저염식), 수축기 혈압을 조사하였다. 스트레스 점수, 수분 섭취량, 식단유형이 수축기 혈압에 유의미한 영향을 미치는지를 유의수준 5%에서 가설검정 하시오.

귀무가설과 대립가설

독립변수의 유의성 검정을 위한 가설설정 방법은 단순회귀분석의 경우와 동일하며, 회귀모형의 유의성에 관한 귀무가설과 대립가설은 다음과 같이 설정합니다.

H_0 : 스트레스 점수, 수분 섭취량, 식단유형이 수축기 혈압에 유의미한 영향을 미치지 않는다.

H_1 : 스트레스 점수, 수분 섭취량, 식단유형이 수축기 혈압에 유의미한 영향을 미친다.

R 명령 및 분석결과

가변수를 포함한 다중회귀분석을 수행하기 위해, 6.8절에서 사용한 데이터에 범주형 변수 식단유형(변수명: diet_type)를 추가한 데이터를 사용합니다(파일명: data6_8.csv). 데이터의 개별 값, 속성, 및 변수별 요약 통계를 확인한 결과는 다음과 같습니다.

```
# data6_8.csv 파일에서 데이터 불러오기 및 확인
> data8 <- read.csv("c:/my_R/data6_8.csv")
> head(data8)
    stress_score  water_intake  diet_type   sbp
  1           38          2.10  고지방식  152.0
  2           28          1.70  고지방식  138.8
  3           14          1.61    저염식  119.9
  4           20          3.19  고지방식  131.7
  5           38          2.21    일반식  145.8
  6           18          3.41    일반식  122.6

> data8$diet_type <- factor(data8$diet_type, levels = c("고지방식", "일반식", "저염식"))
> str(data8)
  'data.frame':  368 obs. of  4 variables:
   $ stress_score: int  38 28 14 20 38 18 22 23 35 39 ...
   $ water_intake: num  2.1 1.7 1.61 3.19 2.21 3.41 2.85 1.67 1.68 2.7 ...
   $ diet_type   : Factor w/ 3 levels "고지방식","일반식",..: 1 1 3 1 2 2 1 2 1 2 ...
   $ sbp         : num  152 139 120 132 146 ...
> summary(data8$diet_type)
  고지방식   일반식   저염식
      120      128      120

# 산점도 행렬 작성
> pairs(data8)
> attach(data8)
```

함수 factor()에 의해 새롭게 추가한 변수 diet_type를 범주형 변수로 변환한 후, 요약 통계를 살펴보면 식단유형이 "고지방식"은 120명, "일반식"은 128명, "저염식"은 120명으로 나타나고 있습니다.

명령 pairs(data8)을 활용하여 산점도 행렬을 작성하고 변수간 관계를 시각적으로 살펴보겠습니다. 얻어진 <그림 6-8>으로부터 독립변수와 종속변수 간의 관계, 독립변수 간의 다중공선성 여부를 확인해 볼 수 있습니다. 특히 새롭게 추가된 독립변수 diet_type과 종속변수 sbp 간의 관계를 살펴볼 때, 숫자값 1.0에서 3.0으로 높아질 때 sbp가 낮아지는 것을 확인할 수 있습니다. 앞서 factor() 함수에 levels=c("고지방식", "일반식", "저염식") 옵션을 추가하였으므로, 산점도에서 고지방식은 1.0, 일반식은 2.0, 저염식은 3.0으로 설정되었습니다.

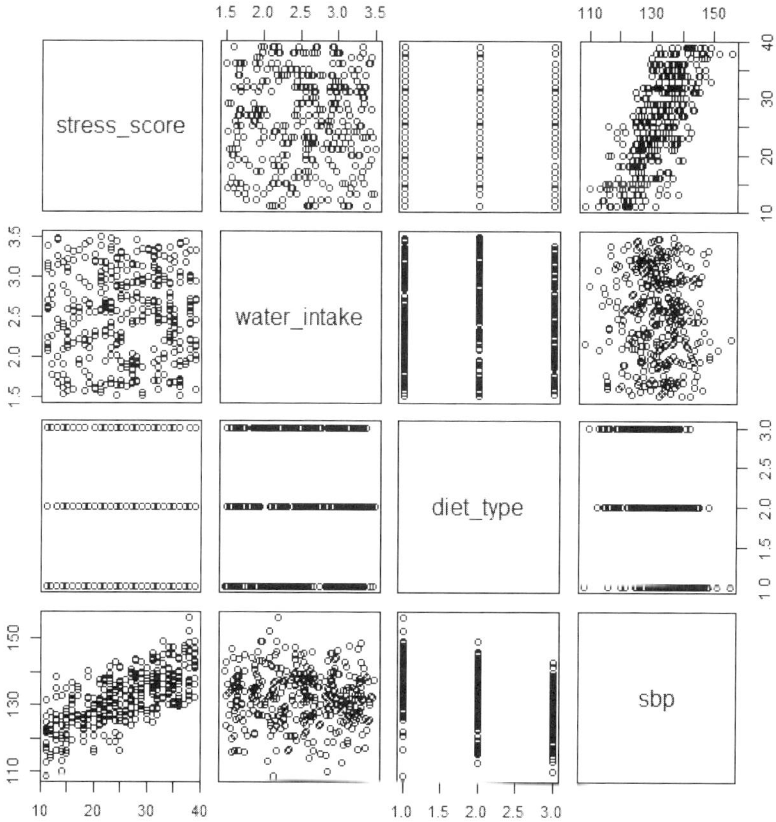

그림 6-8 변수(stress_score, water_intake, diet_type, sbp)간 산점도 행렬

또한 diet_type은 범주형 변수이므로 다른 연속형 변수들과 선형적인 상관관계를 갖지 않으므로, 다중공선성 문제를 발생할 가능성은 낮습니다. lm()과 summary() 함수를 사용하여 유도한 다중회귀모형은 다음과 같습니다.

```
# 다중회귀모형 생성 : 가변수 기준값으로 고지방식 반영
> result <- lm(sbp ~ stress_score + water_intake + diet_type)
> summary(result)

  Call:
  lm(formula = sbp ~ stress_score + water_intake + diet_type)

  Residuals:
       Min        1Q    Median        3Q       Max
  -17.7075   -3.0448   -0.0652    3.3039   13.3267
```

```
Coefficients:
                 Estimate Std. Error t value Pr(>|t|)
  (Intercept)   121.40894    1.47027  82.576  < 2e-16 ***
  stress_score    0.66406    0.03175  20.913  < 2e-16 ***
  water_intake   -1.02135    0.45766  -2.232   0.0262 *
  diet_type일반식  -4.54625    0.62021  -7.330 1.51e-12 ***
  diet_type저염식  -6.67376    0.63072 -10.581  < 2e-16 ***
  ---
  Signif. codes:  0 ‘***’ 0.001 ‘**’ 0.01 ‘*’ 0.05 ‘.’ 0.1 ‘ ’ 1

  Residual standard error: 4.87 on 363 degrees of freedom
  Multiple R-squared:  0.6214,	Adjusted R-squared:  0.6172
  F-statistic: 148.9 on 4 and 363 DF,  p-value: < 2.2e-16
```

독립변수의 p-value를 살펴보면, stress_score와 water_intake의 p-value는 모두 유의수준 0.05보다 작으므로, 종속변수에 통계적으로 유의한 영향을 미치는 것으로 해석할 수 있습니다. 또한 식단유형이 "일반식"인 경우, 다른 조건이 일정하다고 할 때 "고지방식"에 비해 sbp 수치가 4.54625mmHg 낮은 것으로 나타났습니다. 식단유형이 "저염식"인 경우에도 마찬가지로, "고지방식"에 비해 sbp 수치가 6.67376mmHg 낮게 나타났습니다 (p<0.001). 이를 종합하면 회귀모형은 아래와 같이 유도할 수 있으며, 모형의 p-value는 < 2.2e-16이므로 얻어진 회귀모형은 유의함을 알 수 있습니다.

- 최종 다중회귀모형 : diet_type의 기준값이 고지방식인 경우

$$\hat{sbp} = \hat{121.40894} + \hat{0.66406} \times stress\_score - \hat{1.02135} \times water\_intake$$
$$- \hat{4.54625} \times diet\_type일반식 - \hat{6.67376} \times diet\_type저염식$$

그러나 식단유형이 일반식인 경우와 저염식 경우 간의 sbp 차이가 유의한지 여부를 직접적으로 평가하기 위해, relevel() 함수를 사용하여 diet_type 변수의 기준값을 "고지방식"에서 "저염식"으로 변경하겠습니다.

```
# 가변수 diet_type의 기준값 변경 : 고지방식 → 저염식
> diet_type <- relevel(diet_type, ref = "저염식")

# 다중회귀모형 생성 : 가변수 기준값으로 저염식 반영
> result <- lm(sbp ~ stress_score + water_intake + diet_type)
```

```
> summary(result)
  (생략)
  Coefficients:
                   Estimate Std. Error t value Pr(>|t|)
  (Intercept)     114.73518    1.44828  79.221  < 2e-16 ***
  stress_score      0.66406    0.03175  20.913  < 2e-16 ***
  water_intake     -1.02135    0.45766  -2.232 0.026248 *
  diet_type고지방식  6.67376    0.63072  10.581  < 2e-16 ***
  diet_type일반식    2.12751    0.62044   3.429 0.000675 ***
  ---
  Signif. codes:  0 '***' 0.001 '**' 0.01 '*' 0.05 '.' 0.1 ' ' 1

  Residual standard error: 4.87 on 363 degrees of freedom
  Multiple R-squared:  0.6214,	Adjusted R-squared:  0.6172
  F-statistic: 148.9 on 4 and 363 DF,  p-value: < 2.2e-16
```

위 결과로부터 "일반식"의 경우, "저염식"에 비해 sbp 수치가 2.12751mmHg 높은 것으로 나타났으며 이는 유의한 결과임을 알 수 있습니다. 즉, 식단유형이 저염식에서, 일반식, 고지방식으로 바뀔 때마다 sbp의 증가는 통계적으로 유의함을 확인할 수 있습니다.

앞서 유도한 다중회귀모형을 활용하면 식단유형(고지방식, 일반식, 저염식)별 회귀모형을 얻을 수 있습니다. 이를 위해 diet_type의 기준값을 고지방식으로 재변경하고, model.matrix() 함수를 사용하여 각 범주가 두 개의 가변수(diet_type일반식, diet_type저염식)에 어떤 값으로 설정되었는지 확인하겠습니다.

```
# 변수 diet_type의 데이터 확인
> head(data8,5)
   stress_score water_intake diet_type   sbp
  1          38         2.10  고지방식 152.0
  2          28         1.70  고지방식 138.8
  3          14         1.61    저염식 119.9
  4          20         3.19  고지방식 131.7
  5          38         2.21    일반식 145.8

# 가변수 diet_type의 기준값 재변경 : 저염식 → 고지방식
> diet_type <- relevel(diet_type, ref = "고지방식")
> result <- lm(sbp ~ stress_score + water_intake + diet_type)
```

```
# model.matrix() 함수를 활용하여 범주별 가변수 값 확인 및 head(data8,5) 결과와 비교
> model.matrix(result)[1:5, ]
  (Intercept) stress_score water_intake diet_type저염식 diet_type일반식
1           1           38         2.10               0               0
2           1           28         1.70               0               0
3           1           14         1.61               1               0
4           1           20         3.19               0               0
5           1           38         2.21               0               1
```

위 head(data8, 5)과 model.matrix(result)[1:5,] 명령 결과를 비교해 보면, 범주별 가변수값을 확인할 수 있습니다. 고지방식의 경우, diet_type일반식과 diet_type저염식 값을 순서대로 쌍(pair)으로 표기하면 (0, 0)임을 알 수 있습니다. 또한 일반식은 (1, 0), 저염식은 (0, 1)로 설정되었음을 알 수 있습니다. 이제 앞서 유도한 다중회귀모형에 범주별 가변수 값을 입력하면 범주별 회귀모형을 유도할 수 있습니다.

- diet_type(고지방식) 경우 다중회귀모형

$$\hat{sbp} = 121.\hat{4}0894 + 0.\hat{6}6406 \times stress\_score - 1.\hat{0}2135 \times water\_intake$$

$$- 4.\hat{5}4625 \times 0 - 6.\hat{6}7376 \times 0$$

$$= 121.\hat{4}0894 + 0.\hat{6}6406 \times stress\_score - 1.\hat{0}2135 \times water\_intake$$

이제 diet_type의 범주가 일반식인 경우 가변수 값 (1, 0)을 적용하고, 저염식인 경우에는 (0, 1)을 적용하여 아래의 회귀모형을 유도할 수 있습니다.

- diet_type(일반식) 경우 다중회귀모형

$$\hat{sbp} = 121.\hat{4}0894 + 0.\hat{6}6406 \times stress\_score - 1.\hat{0}2135 \times water\_intake$$

$$- 4.\hat{5}4625 \times 1 - 6.\hat{6}7376 \times 0$$

$$= 116.\hat{8}627 + 0.\hat{6}6406 \times stress\_score - 1.\hat{0}2135 \times water\_intake$$

- diet_type(저염식) 경우 다중회귀모형

$$\hat{sbp} = 114.\hat{7}352 + 0.\hat{6}6406 \times stress\_score - 1.\hat{0}2135 \times water\_intake$$

위에서 유도한 세 가지 범주별 회귀모형을 비교한 결과, 절편에서만 차이가 발생하고

있습니다. 즉, 고지방식과 일반식 모형의 절편 차이는 최종 회귀모형 중 diet_type일반식의 회귀계수 -4.54625와 동일하며, 고지방식과 저염식 모형의 절편 차이는 diet_type저염식의 회귀계수 -6.67376과 동일합니다. 따라서, 식단유형을 가변수로 포함한 다중회귀모형을 통해, 식단유형별 수축기 혈압의 감소 효과를 범주별 절편의 차이로 분석할 수 있습니다.

이제 par(mfrow=c(2,2)) 및 plot(result) 명령을 활용하여 회귀모형의 잔차에 대해 진단 그래프를 제시하고, 잔차가 독립성, 등분산성, 정규성의 가정을 충족하는지를 시각적으로 평가하겠습니다. <그림 6-9>의 Residuals vs Fitted와 Scale-Location 그래프를 보면 잔차가 특정한 패턴을 보이지 않고, 무작위로 분포하고 있으므로 독립성 및 등분산성 가정이 대체로 만족되었다고 볼 수 있습니다. 또한, Q-Q Plot에서 잔차가 기준선에 전반적으로 잘 정렬되어 있으며, 앤더슨-달링 검정의 p-value가 0.3403으로 유의수준 0.05보다 크므로 정규성 가정이 만족되었음을 확인할 수 있습니다.

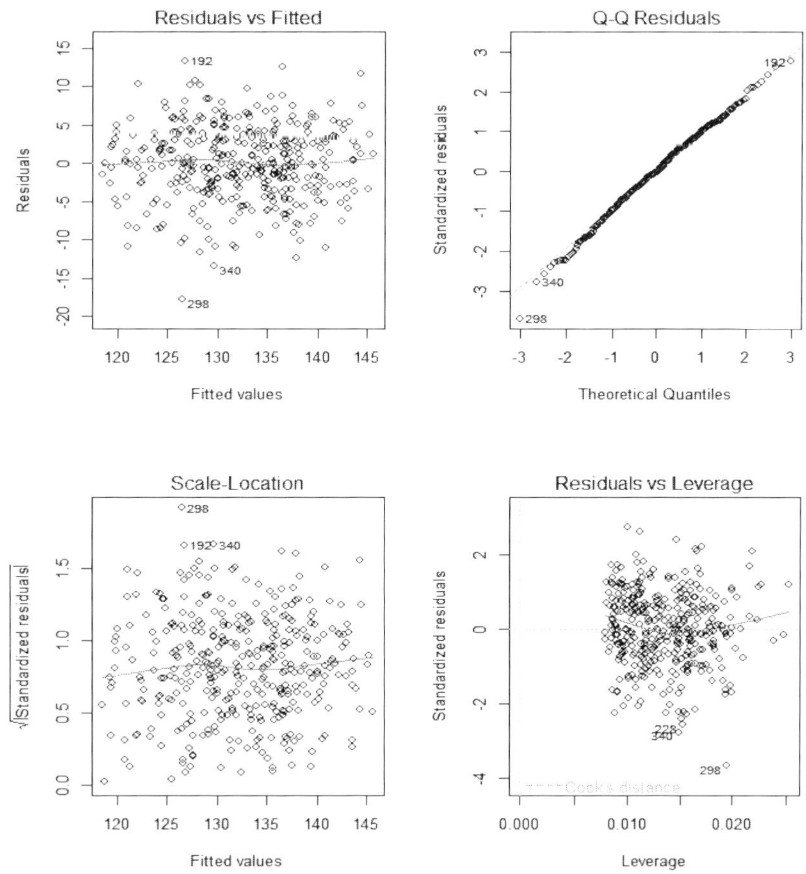

그림 6-9 잔차 분석을 통한 가변수 포함 다중회귀모형 평가

```
# 잔차의 정규성 검정을 위한 앤더슨-달링 검정 결과
> library(nortest)
> ad.test(resid(result))

                Anderson-Darling normality test

    data:  resid(result)
    A = 0.41084, p-value = 0.3403
```

6.10 머신러닝 개요 및 학습 방식

머신러닝(machine learning)은 데이터를 분석해 패턴을 찾아내고, 이를 바탕으로 새로운 데이터에 대해 예측이나 판단을 수행하는 인공지능(AI) 기술의 한 분야입니다. 전통적인 프로그래밍 방식에서는 사람이 논리를 정의하고 명시적으로 규칙을 작성하여, 프로그램이 특정 입력에 대해 예상된 출력을 생성하도록 설계합니다. 그러나 머신러닝 모형은 이러한 명시적인 규칙 없이, 방대한 데이터를 분석하여 숨겨진 관계를 발견하고 스스로 최적의 의사결정을 내릴 수 있도록 학습합니다. 이 과정에서 다양한 알고리즘이 활용되며, 데이터 분류, 수치 예측, 이상 탐지 등의 다양한 문제를 해결할 수 있습니다.

6.10.1 통계 기법과 머신러닝 기법의 차이

통계 기법과 머신러닝 기법은 데이터 분석의 목적, 접근 방식, 데이터 활용 방식, 주요 목표, 그리고 대표적으로 사용되는 기법에서 차이를 보입니다(<표 6-5>). 먼저, 통계 기법은 가설검정 및 변수 간의 관계 설명을 주된 목적으로 합니다. 연구자가 사전에 설정한 가설에 따라 분석을 수행하며, 데이터에 대한 해석력을 중시합니다. 특히 회귀분석, 분산분석, 요인분석 등 모수 기반 분석법들은 명확한 가정(예: 선형성, 정규성 등)을 전제하고 있습니다. 따라서 통계 기법은 일반적으로 전체 데이터를 사용하여 분석을 수행하고, 변수 간의 인과 관계를 해석하거나 기존 데이터에 대한 예측 성능을 평가하는 데 초점을 둡니다.

반면, 머신러닝 기법은 사전 가정을 최소화하며, 데이터를 기반으로 패턴을 학습하여 실제 예측의 정확도를 높이는 것을 목적으로 합니다. 머신러닝은 데이터를 훈련용

(training data)과 테스트용(test data)으로 명확히 구분하고, 훈련된 모형이 새로운 데이터에서도 일정 수준 이상의 성능을 유지하는지를 평가합니다. 이러한 일반화 성능 평가는 머신러닝의 핵심 절차 중 하나로, 반복적인 학습과 검증을 통해 성능을 점진적으로 향상시키는 특징을 지닙니다.

<표 6-5> 통계 기법과 머신러닝 기법 비교

구분	통계 기법	머신러닝 기법
목적	가설검정 및 변수 간 관계 설명	데이터 기반 패턴 학습 및 예측 성능 최적화
접근 방식	사전 설정된 가설에 기반 분석 최적 모형 기반, 데이터 해석에 강점	사전 가정을 최소화하고, 데이터 학습을 통해 최적 모형 탐색
데이터 활용방식	주어진 데이터를 사용하여 분석	훈련, 테스트 데이터로 구분하여 활용
주요 목표	인과 관계 해석 및 기존 데이터에 대한 설명력 확보	새로운 데이터에 대해 예측 성능 유지
대표 기법	회귀분석, 분산분석, 카이제곱검정, 요인분석, 시계열 분석 등	서포트 벡터 머신, 의사결정나무, 랜덤 포레스트, 신경망 등

대표적 기법으로 서포트 벡터 머신(Support Vector Machine), 의사결정나무(Decision Tree), 랜덤 포레스트(Random Forest), 신경망(Neural Network) 등이 있습니다.

또한, 해석의 용이성 측면에서도 두 기법은 차이를 보입니다. 통계 기법은 회귀계수나 유의확률(p-value) 등을 통해 변수 간 관계를 명확하게 해석할 수 있는 반면, 머신러닝 기법은 예측 성능은 뛰어나지만 신경망 등 일부 복잡한 모형은 구조가 불투명하여 해석이 어려운 경우가 많습니다. 따라서 분석 목적에 따라 해석 가능성과 예측 정확도 간의 균형을 고려하여 적절한 기법을 선택하는 것이 중요합니다.

6.10.2 머신러닝의 학습 방식 : 지도학습, 비지도학습, 강화학습

머신러닝의 학습 방식은 지도학습, 비지도학습, 강화학습으로 세분화되며, 다음과 같은 특징을 갖습니다.

1) 지도학습(supervised learning) : 지도학습은 정답이 주어진 데이터를 학습하는 방식입니다. 예를 들어, 당뇨병 예측모형에서는 환자의 건강 데이터를 입력받아 "발병" 또는 "비발병"을 예측하는 것이 이에 해당합니다. 지도학습에서는 입력 데이터와 정답을 함께 제공하며, 모형이 이를 학습한 후 새로운 데이터에 대해 정확한 예측

을 수행하도록 훈련됩니다.

2) 비지도학습(unsupervised learning) : 비지도학습은 정답이 없는 데이터의 숨겨진 구조나 패턴을 스스로 찾아내는 방식입니다. 고객의 소비 행동을 분석해 유사한 성향을 가진 그룹으로 자동 분류하거나, 뉴스 기사 분류에 활용됩니다.

3) 강화학습(reinforcement learning) : 강화학습은 정답이 주어지지 않는 환경에서, 보상(reward)과 벌점(penalty)을 기반으로 최적의 전략을 학습하는 방식입니다. 예를 들어, 바둑 AI는 스스로 대국을 하면서 승리 확률이 높은 수를 찾아 학습하며, 자율주행 차량은 다양한 주행 상황을 경험하며 안전한 운전 전략을 학습합니다. 강화학습의 핵심은 주어진 환경에서 상호작용을 통해 최적의 의사결정 정책을 학습하는 것이 핵심입니다.

지금까지 살펴본 통계 기법과 머신러닝 기법은 서로 배타적인 개념이 아니라, 데이터의 특성과 분석 목적에 따라 보완적으로 활용될 수 있는 도구들입니다. 통계 기법은 데이터 간의 관계를 설명하고, 연구자가 설정한 가설을 검정하는 경우에 강점이 있으며, 머신러닝 기법은 데이터로부터 패턴을 자동으로 학습하고 높은 예측 성능을 제공하는 경우에 유리합니다. 따라서, 두 접근 방식을 적절히 조합하여 활용하는 것이 데이터 분석에서 더 나은 통찰과 예측력을 얻는 효과적인 전략이 될 수 있습니다. 이제, 분류 문제에 초점을 맞춘 지도학습 기반의 대표적인 머신러닝 알고리즘인 서포트 벡터 머신과 의사결정나무를 살펴보겠습니다.

6.11 | 머신러닝 알고리즘(1) : 서포트 벡터 머신

서포트 벡터 머신(support vector machine, SVM)은 두 개의 서로 다른 범주에 속한 데이터 간 거리를 최대로 하는 분리 초평면(separating hyperplane)을 찾아 분류 모형을 생성하며, 새로운 데이터가 주어졌을 때 그 데이터가 속하는 범주를 예측하는 데 활용됩니다. SVM은 분류 기준으로 분리 초평면을 구합니다. 분리 초평면은 고차원 공간을 두 개의 영역으로 나누는 경계면의 역할을 합니다. 이 중 최적의 분리 초평면은 각 범주의 경계 데이터를 기준으로 설정되며, 이 두 경계면 사이의 거리를 최대화하는 위치에 존재합니다. 이때, 각 범주의 경계면 위에 위치한 데이터를 서포트 벡터(support vector)라고 하며, 이 데이터들은 최적 초평면을 결정합니다.

예를 들어, 고려되는 변수가 2개인 경우 분리 초평면은 2차원 공간에서 정의되며, 이는 데이터를 두 범주로 구분합니다. 아래 <그림 6-10>에서는 원과 삼각형으로 표현된 두 범주 데이터를 분류하기 위해 직선 형태의 분리 초평면 H_1, H_2, H_3가 제시되어 있습니다. 이 중 H_1과 H_2는 두 범주를 잘 분리하고 있는 분리 초평면입니다. 각각의 초평면(H_1, H_2)의 양쪽에는 서포트 벡터를 지나는 점선 형태의 경계면이 있으며, 이 경계면 사이의 거리를 마진(margin)이라고 합니다. 여기서 H_1과 관련된 마진은 m_1, H_2와 관련된 마진은 m_2입니다. m_1이 가장 넓은 마진을 갖는 경우, H_1은 양 범주의 경계 사이 중간에 위치하므로 최적의 분리 초평면이 됩니다. 이를 통해 새롭게 주어지는 데이터의 범주를 정확하게 예측할 수 있습니다.

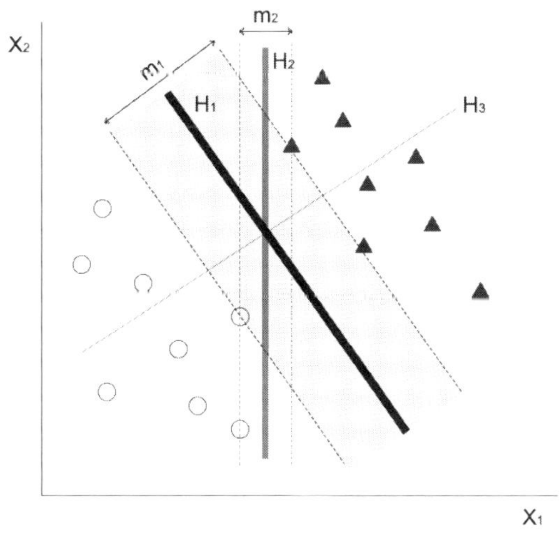

그림 6-10 서포트 벡터 머신의 초평면 및 분류 경계

실제 데이터의 판정 결과와 SVM을 통해 예측된 분류 결과는 혼동행렬(confusion matrix)로 요약될 수 있으며, <표 6-6>과 같이 나타낼 수 있습니다. 이 표를 활용하여 얻어진 모형의 성능을 평가할 수 있습니다.

<표 6-6> 머신러닝 모형 성능 평가를 위한 혼동 행렬

실제데이터 \ 분류결과	성공	실패
성공	a	b
실패	c	d

모형의 성능평가를 위하여 정확도(accuracy), 민감도(sensitivity)와 특이도(specificity)

를 사용합니다. 결과 값으로 성공과 실패를 갖는 이진 분류 모형의 경우, 정확도는 전체 데이터 중 성공과 실패로 올바르게 분류된 비율을 의미합니다. 민감도는 성공으로 판정된 대상을 성공으로 분류한 비율이며, 특이도는 실패로 판정된 대상을 실패로 분류하는 비율입니다. 따라서 정확도는 (a+d)/(a+b+c+d), 오류율은 (b+c)/(a+b+c+d)(=1-정확도), 민감도는 a/(a+b), 특이도는 d/(c+d)로 파악할 수 있습니다.

예제 9 7,000명의 환자를 대상으로 성별(gender), 나이(age), 고혈압 여부(hypertension, 범주: 정상(0), 고혈압(1)), 체질량지수(bmi), 당화혈색소(hba1c), 공복 혈당(fasting_glucose)을 기반으로 당뇨병 발생 여부(diabetes, 범주: 비발생(0), 발생(1))를 예측하는 SVM 분류 모형을 구축하고, 성능을 평가하고자 한다. 이를 위해, 전체 데이터 중 80%를 훈련 데이터로 임의 추출하여 SVM 모형을 학습하고, 나머지 20%는 테스트 데이터로 활용하여 당뇨병 발생에 관한 여부를 예측하시오. 또한 혼동행렬을 생성하여 예측 결과와 실제 분류 결과의 일치도를 분석하고, 정확도, 민감도, 특이도를 계산하며 얻어진 모형의 성능을 평가하시오(파일명: data6_9.csv).

R 명령 및 분석결과

공복 혈당과 당화혈색소는 당뇨병 발생과 밀접한 관련이 있습니다. 이에 대한 설명과 일반적인 당뇨병 판정 기준은 다음과 같습니다.

변수명	설명(단위)	당뇨병 판정 기준
fasting_glucose (공복 혈당)	• 8시간 금식 후 측정된 혈당(mg/dL) • 증가 시 당뇨병 위험 증가	≥ 126mg/dL
hba1c (당화혈색소)	• 최근 2~3개월 평균 혈당 수준(%) • 증가 시 당뇨병 위험 증가	≥ 6.5%

데이터를 요약한 다음의 결과를 살펴보면, 조사 대상 7,000명 중 당뇨병 환자(발병)는 2,152명, 고혈압 환자는 1,173명이며, 평균 연령은 61.55세로 확인되었습니다. 또한 공복 혈당, 당화혈색소, 체질량지수의 평균값은 각각 117.3mg/dL, 6.033%, 26.52로 나타났습니다.

```
# data6_9.csv 파일에서 데이터 불러오기
> data9 <- read.csv("c:/my_R/data6_9.csv")
> attach(data9) ; str(data9)
  'data.frame':  7000 obs. of  7 variables:
```

```
 $ gender          : chr  "Female" "Male" "Male" "Female" ...
 $ age             : int  62 61 67 64 51 72 64 63 59 69 ...
 $ hypertension    : int  0 0 1 0 0 0 0 0 0 0 ...
 $ bmi             : num  30.3 28.8 30.4 22.2 23.5 29.1 28.5 31.4 21.6 32.2 ...
 $ HbA1c_level     : num  7 6.2 6.5 4.8 5.5 7.2 6.2 6.7 6.1 7.1 ...
 $ fasting_glucose: num  142.3 91 110.8 92.3 111.1 ...
 $ diabetes        : chr  "발병" "비발병" "발병" "비발병" ...

# 문자형, 숫자형 변수를 범주형 변수로 변환
> data9$gender <- factor(data9$gender, levels=c("Female", "Male"))
> data9$hypertension <- factor(data9$hypertension, levels=c(0, 1))
> data9$diabetes <- factor(data9$diabetes, levels=c("비발병", "발병"))

# 요약 통계 생성
> summary(data9)

    gender          age         hypertension       bmi          HbA1c_level
 Female:3476   Min.   :29.00   0:5827       Min.   :14.60   Min.   :4.200
 Male  :3524   1st Qu.:56.00   1:1173       1st Qu.:24.00   1st Qu.:5.500
               Median:62.00                 Median:26.60    Median:5.900
               Mean   :61.55                Mean   :26.52   Mean   :6.033
               3rd Qu.:67.00                3rd Qu.:29.20   3rd Qu.:6.500
               Max.   :92.00                Max.   :37.60   Max.   :9.000

 fasting_glucose    diabetes
 Min.   : 49.6   비발병:4848
 1st Qu.: 95.9   발병  :2152
 Median:110.2
 Mean   :117.3
 3rd Qu.:136.4
 Max.   :224.5

> attach(data9)
```

7,000명의 데이터 중 80%를 훈련 데이터(training_data)로 임의 추출하고 나머지 20% 데이터를 테스트 데이터(test_data)로 분류하겠습니다. 패키지 caret의 함수 createDataPartition()을 사용하면 전체 데이터 중 당뇨병의 발병(1)과 비발병(0)의 비율을 유지하면서 특정 비율에 해당하는 데이터 인덱스를 추출할 수 있습니다. 이를 활용하면 더 신뢰할 수 있는 데이터를 생성할 수 있습니다. 다만 발병(1)과 비발병(0)의 비율을 유지하려는 과정에서 반올림으로 인해 1개 정도 차이가 발생할 수 있습니다. 이 경우에도

5,601개가 인덱스가 추출된 것을 확인할 수 있습니다.

```
# 전체 데이터 중 80%에 해당하는 인덱스 추출 및 개수 확인 : 패키지 caret 활용
> set.seed(123)
> install.packages("caret") ; library(caret)
> trainIndex <- createDataPartition(diabetes, p = 0.8, list = FALSE)
> nrow(trainIndex)
  [1] 5601

# 추출된 인덱스 확인 : 앞부분 20개 및 뒷부분 10개
> cat("First 20 Rows: ", head(trainIndex, 20), "\n")
  First 20 Rows:  1 2 3 4 5 7 9 11 12 13 15 16 17 18 19 21 22 23 25 26
> cat("Last 10 Rows: ", tail(trainIndex, 10), "\n")
  Last 10 Rows:  6988 6991 6992 6993 6994 6995 6996 6997 6998 6999
```

이제 trainIndex에 저장된 5,601개의 인덱스를 기반으로 훈련 데이터 생성하고, -trainIndex를 활용해 나머지 1,399개 인덱스를 기반으로 테스트 데이터를 생성하겠습니다.

```
# trainIndex에 저장된 인덱스 기반으로 훈련 데이터(training_data) 생성 및 확인
> training_data <- data9[trainIndex, ]
> head(training_data)
    gender age hypertension  bmi HbA1c_level fasting_glucose diabetes
  1 Female  62            0 30.3         7.0           142.3     발병
  2   Male  61            0 28.8         6.2            91.0   비발병
  3   Male  67            1 30.4         6.5           110.8     발병
  4 Female  64            0 22.2         4.8            92.3   비발병
  5 Female  51            0 23.5         5.5           111.1   비발병
  7 Female  64            0 28.5         6.2           154.8     발병

# trainIndex에 저장되지 않은 인덱스 기반으로 테스트 데이터(test_data) 생성 및 확인
> test_data <- data9[-trainIndex, ]
> head(test_data)
     gender age hypertension  bmi HbA1c_level fasting_glucose diabetes
  6    Male  72            0 29.1         7.2           115.2     발병
  8  Female  63            0 31.4         6.7           137.9     발병
  10   Male  69            0 32.2         7.1           161.7     발병
  14 Female  55            0 25.4         6.1           108.1   비발병
```

```
   20   Male  61          0 29.6        5.5         136.8      발병
   24 Female  57          0 20.4        5.7          99.1    비발병
```

training_data를 기반으로 분류 모형을 생성하기 위하여 e1071 패키지의 svm() 함수를 사용합니다. 데이터를 두 개의 집단으로 분류할 때, 선형적으로 분리가 가능하다면 커널(kernel) 옵션을 "linear"로 설정하여 선형 SVM을 적용합니다. 그러나, 데이터가 선형적으로 구분되지 않는 경우에는 방사 기저 함수(radial), 다항식(polynomial), 시그모이드(sigmoid) 등의 비선형 커널을 활용하여 보다 복잡한 결정 경계를 학습할 수 있습니다.

```
# SVM 분석을 위한 e1071 패키지 설치 및 활성화
> install.packages("e1071")
> library("e1071")

# training_data를 기반으로 분류 모형을 생성
> svm_model <- svm(diabetes ~ ., data = training_data, kernel = "linear")

# test_data를 분류 무형에 적용하여 diabetes 여부를 예측
> svm_pred <- predict(svm_model, test_data[1:6])

# 예측 결과 일부 출력
> head(svm_pred, 20)
      6      8     10     14     20     24     28     29     31     43
   발병   발병   발병 비발병 비발병 비발병 비발병 비발병 비발병 비발병
     45     66     78     79     86     87     96     98    103    113
 비발병 비발병   발병 비발병 비발병   발병   발병 비발병 비발병 비발병
 Levels: 비발병 발병

# 예측 결과에 관한 요약 통계
> summary(svm_pred)
 비발병   발병
    969    430
```

테스트 데이터(test_data)를 학습된 분류 모형(model)에 적용한 결과, 당뇨병 발병은 430명, 비발병은 969명으로 예측되었습니다. 이제 table() 함수를 사용하면, 예측 결과와 test_data의 diabetes 변수에 기록된 실제 당뇨병 발생 여부 간 일치도를 쉽게 확인할 수 있습니다.

```
# 테스트 데이터(test_data) 중 7번째 변수 diabetes의 요약
> summary(test_data$diabetes)
  비발병   발병
    969    430

#  실제 당뇨병 발병 결과와 예측 결과(predict)에 관한 혼동행렬(confusion matrix)
> table(test_data$diabetes, svm_pred)
           svm_pred
            비발병 발병
    비발병     930   39
    발병        39  391
```

테스트 데이터(test_data)를 활용하여 학습된 분류 모형의 예측 결과를 분석한 결과, 실제 당뇨병 환자 430명 중 391명은 정확히 "발병"으로 예측되었으나, 39명은 "비발병"으로 잘못 분류되었습니다. 반면, 실제 비당뇨 환자 969명 중 930명은 "비발병"으로 정확히 예측되었으나, 39명은 "발병"으로 잘못 분류됨을 알 수 있습니다.

이러한 결과들을 바탕으로 구축된 SVM 분류 모형의 성능을 평가한 결과, 정확도(accuracy)는 94.5%(=(391+930)/(391+930+39+39)), 민감도(sensitivity)는 90.9%(=391/(391+39)), 특이도(specificity)는 96.0%(=930/(930+39))로 계산되었습니다. 따라서, 얻어진 분류 모형은 전반적으로 높은 정확도를 보이며, 특히 발병 환자를 비교적 잘 예측하는 성능(민감도 90.9%)을 갖추고 있음을 확인할 수 있습니다. 그러나, 비발병 환자 중 일부가 발병 환자로 잘못 분류되는 위양성(false positive)이 발생하므로, 모형의 개선을 통해 특이도를 더욱 향상시키는 것이 바람직합니다.

6.12 | 머신러닝 알고리즘(2) : 의사결정나무

의사결정나무(decision tree) 분석은 설명변수(explanatory variables)들을 이용하여 목표(종속)변수(target variable)가 갖는 범주들 중 하나로 분류하거나 예측하는 규칙들을 찾고 얻어진 규칙들을 나무구조로 모형화하는 분석방법입니다. 즉, 설명 변수들 중 목표변수의 범주를 가장 효과적으로 분류하는 변수를 우선적으로 선택하여 분류 규칙을 생성하고, 해당 변수의 값에 따라 데이터를 두 개의 그룹으로 나누어 나무 구조를 확장해 나갑니다. 이후, 남아 있는 설명변수들을 이용하여 동일한 과정을 반복하며 최적의 분류 모형을 구축합니다. 그러나 설명변수가 과도하게 포함되면 불필요한 분류 기준이 추가되어 과적합(overfitting) 문제가 발생할 수 있습니다. 따라서 의미 없는 기준이 분류기준에 포함되지 않도록 하며 최종모형을 결정합니다.

<그림 6-11>은 병원재이용(변수값: 재이용, 고민, 이용 안 함)에 영향을 미치는 요인(의료진 역량, 의료 장비, 행정서비스, 병원 위치)을 의사결정나무 분석을 통해 시각화한 결과입니다. 여기서 병원재 이용 여부는 목표변수이며, 나머지 변수들은 설명변수에 해당합니다. 시각화 결과를 살펴보면, 의료진 역량이 가장 중요한 변수로 선택되었으며, 해당 변수는 {매우 부족, 부족}과 {매우 우수, 우수} 두 개의 그룹으로 분할되었습니다. 이후, 의료진 역량이 {매우 우수, 우수}인 경우, 다음으로 중요한 변수인 의료장비가 선택되었으며, {매우 우수, 우수}와 {매우 부족, 부족, 보통}으로 나뉘었습니다. 분석 결과, 의료진 역량이 {매우 우수, 우수}이고 의료장비가 {매우 우수, 우수}인 경우, 병원 재이용 비율이 80% 이상으로 높게 나타났습니다. 반면, 의료진 역량이 {매우 우수, 우수}임에도 불구하고 의료장비가 {매우 부족, 보통, 부족}인 경우, 약 40%의 환자만이 병원을 재이용하는 것으로 분석되었습니다. 또한, 의료진 역량이 {매우 부족, 부족}인 경우, 병원을 재이용하는 환자는 없었으며, 90% 이상이 병원을 이용하지 않겠다고 응답한 것으로 나타났습니다. 따라서 병원 재이용 결정에서 의료진의 역량이 가장 중요한 요인으로

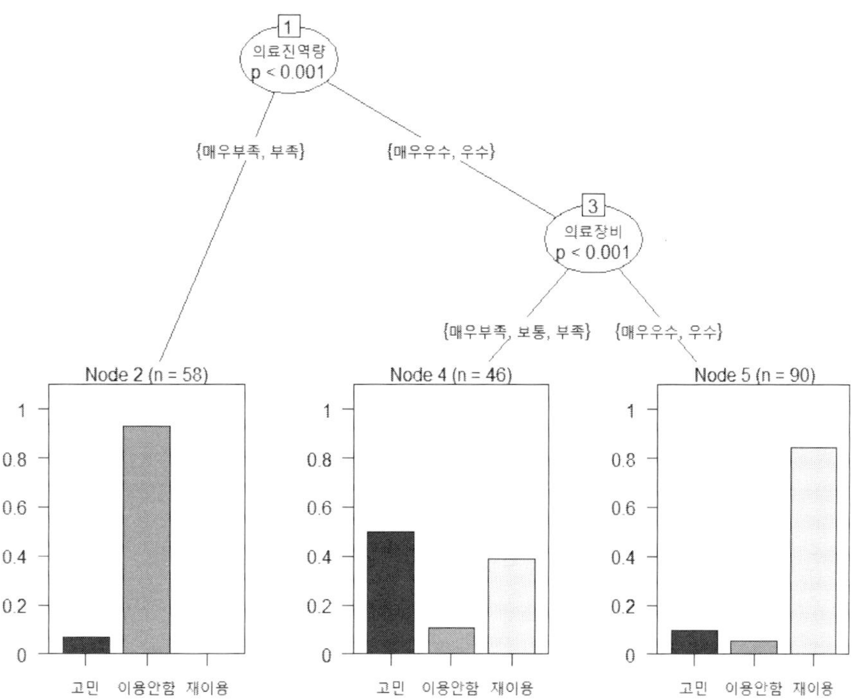

그림 6-11 병원 재이용 여부에 관한 의사결정나무 분석

작용하며, 의료 장비 또한 환자의 선택에 영향을 미치는 핵심 요소임을 확인할 수 있습니다. 반면, 행정 서비스나 병원 위치와 같은 다른 변수들은 모형에서는 유의한 영향을 미치지 않는 것으로 나타났습니다.

의사결정나무 분석을 수행할 때 목표변수의 값은 이산형 값과 연속형 값 모두 가질 수 있습니다. 목표변수가 이산형(범주형)인 경우 분류나무(Classification Tree)를 생성하며 분류 기준으로는 카이제곱 통계량의 p-value, 지니지수(Gini index), 엔트로피 지수(Entropy index)를 사용할 수 있습니다. 만약 목표변수가 연속형인 경우에는 회귀나무(Regression Tree)를 생성하며 F-통계량, 분산의 감소량을 주요 분류기준으로 사용합니다. R에서는 의사결정나무 분석을 수행하기 위한 다양한 패키지를 제공하며, 대표적으로 tree, rpart 및 party가 있습니다. 이 패키지들은 각각 다양한 알고리즘과 분류 기준을 지원하여 분석 목적에 맞게 활용할 수 있으며, 보다 자세한 정보는 CRAN의 공식 사이트(cran.r-project.org/web/packages)에서 확인할 수 있습니다.

예제 10 성별, 나이, 고혈압 여부, 체질량지수, 당화혈색소, 공복 혈당을 기반으로 당뇨병 발생 여부를 예측하는 의사결정나무 모형을 구축하시오. 예제 9에서 사용한 훈련 데이터와 테스트 데이터를 활용하여 모형을 학습시키고, 학습된 모형을 이용해 당뇨병 발생 여부를 예측하시오. 예측 결과와 실제 분류 결과 간의 일치도를 평가하기 위해 혼동행렬을 생성하시오. 또한, 정확도, 민감도, 특이도를 계산하고, 이를 바탕으로 모형의 성능을 평가하시오.

R 명령 및 분석결과

예제 9와 동일한 훈련 데이터(training_data)와 테스트 데이터(test_data)를 갖고 모형을 구축하겠습니다. 의사결정나무 분석을 수행하기 위해 party 패키지를 설치한 후, 내장된 ctree() 함수를 사용합니다. 이 함수는 각 후보 설명변수와 목표변수 간의 연관성을 평가하기 위해 통계적 유의성 검정(예: 카이제곱검정 등)을 수행하고, 가장 유의한 p-value를 가진 변수를 기준으로 노드를 분할하며 모형을 구축합니다.

```
# 의사결정나무 분석을 위한 party 패키지 설치 및 활성화
> install.packages("party") ; library("party")

# training_data를 기반으로 분류 모형을 생성 : 최대 깊이 3로 설정
> ctree_model <- ctree(diabetes ~ ., data=training_data,
                                    controls=ctree_control(maxdepth=3))

# test_data를 분류 모형에 적용하여 diabetes 여부를 예측 및 예측 결과
```

```
> ctree_pred <- predict(ctree_model, test_data[1:6])
> head(ctree_pred, 20)
  [1] 발병   발병   발병   비발병 비발병 비발병 비발병 비발병 비발병 비발병
 [11] 비발병 비발병 발병   비발병 비발병 발병   발병   비발병 비발병 비발병
 Levels: 비발병 발병
```

모형의 성능을 최적화하기 위해 트리의 최대 깊이(maxdepth)를 조정하며 여러 차례 테스트를 진행한 결과, 최종적으로 모형의 최대 깊이를 3으로 설정하는 것이 가장 적절한 것으로 판단되었습니다. 이를 통해 모형을 지나치게 적합하는 과적합(overfitting)을 방지하면서도, 충분한 분류 성능을 가질 수 있도록 하였습니다. 이렇게 생성된 분류 모형인 ctree_model과 테스트 데이터(test_data)의 첫 6개 변수를 predict() 함수에 적용하여 당뇨병 발생 여부를 예측했습니다. 얻어진 예측값의 상위 20개의 결과를 함수 head()를 사용하여 확인할 수 있었으며, 아래와 같이 함수 summary()를 적용하면 1,399명 중 비발병은 954명, 발병은 445명으로 예측되었음을 알 수 있습니다.

```
# 예측 결과 predict에 관한 요약 통계
> summary(ctree_pred)
 비발병  발병
   954   445

# ctree 그래프를 활용한 분류 분석
> plot(ctree_model)
```

plot() 함수를 통해 얻어진 <그림 6-12>의 결과를 살펴보면, 당뇨병 발병 환자가 가장 많은 노드는 Node 15, Node 8, Node 12의 순서로 나타나고 있습니다. 특히 Node 15(n=1402)에서는 대부분이 발병 환자로 분류되었습니다. 이 노드는 공복혈당(fasting_glucose)이 125.6을 초과하고(Node 9), 혈당화색소가 6.0 이상(Node 13), BMI가 26.6을 초과(Node 15)하는 경우에 해당하며, 당뇨병 발생 가능성이 매우 높은 특징을 보였습니다.

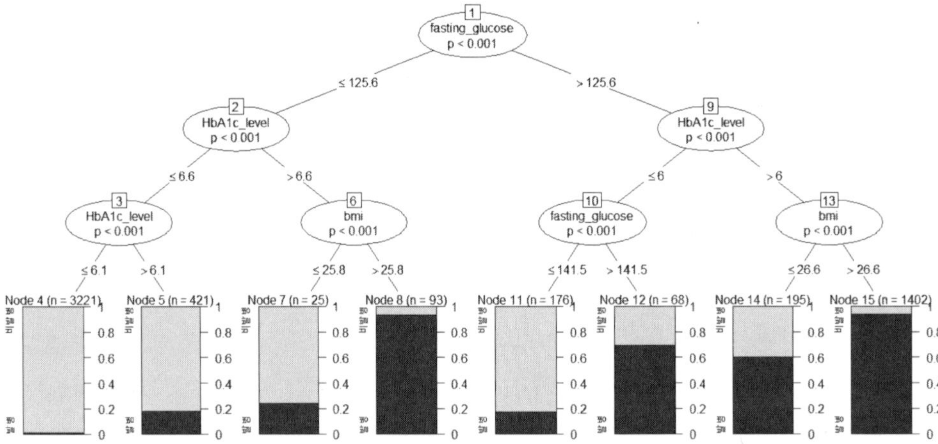

그림 6-12 혈당 및 대사 지표를 이용한 당뇨병 분류 의사결정 트리

반면, 발병 환자가 가장 적은 노드는 Node 4, Node 5, Node 7이며, 특히 Node 4(n=3221)는 대부분이 비발병으로 분류되었습니다. 이 노드는 공복혈당이 125.6 이하(Node 1)이고, 혈당화색소가 6.1 이하(Node 3)인 경우에 해당하며, 건강한 상태를 유지하는 집단으로 볼 수 있습니다. 이러한 결과를 종합해 볼 때, 공복혈당과 혈당화색소는 당뇨병 위험을 결정하는 핵심 요소이며, BMI가 일정 수준을 초과하면 발병 위험이 더욱 증가한다는 점을 시사합니다.

```
# 테스트 데이터(test_data)로 부터 7번째 변수 diabetes의 요약
> summary(test_data$diabetes)
  비발병  발병
   969   430

#  실제 당뇨병 발병 결과와 예측 결과(predict)에 관한 혼동행렬(confusion matrix)
> table(test_data$diabetes, ctree_pred)
          ctree_pred
           비발병 발병
   비발병    922   47
   발병       32  398
```

테스트 데이터(test_data)를 활용하여 학습된 분류 모형의 예측 결과를 분석한 결과, 실제 당뇨병 환자 430명 중 398명은 정확히 "발병"으로 예측되었으나, 32명은 "비발병"으로 잘못 분류되었습니다. 반면, 실제 비당뇨 환자 969명 중 922명은 "비발병"으로 정확히 예측되었으나, 47명은 "발병"으로 잘못 분류됨을 알 수 있습니다. 이러한 결과들을 바탕으로 구축된 ctree 분류 모형의 성능을 평가한 결과, 정확도는 94.35%(=(398+922)/(398+922+32+47)), 민감도는 92.6%(=398/(398+32)), 특이도는 95.1%(=922/(922+47))로 나타났습니다.

6.10절에서 유도한 SVM 모형과 현재의 ctree 모형의 성능을 비교한 결과, SVM 모형의 민감도는 약 90.93%로 나타났으나, ctree 모형의 민감도는 92.55%로 더 높게 나타나 ctree 모형은 당뇨병 환자를 보다 정확하게 예측할 수 있음을 알 수 있습니다. 반면, 특이도는 SVM 모형이 95.97%로 더 높고, ctree 모형은 95.14%로 다소 낮아 비발병 환자의 예측 정확도는 SVM 모형이 더 우수함을 확인할 수 있습니다(<표 6-7>). 이러한 결과를 바탕으로, SVM 모형은 비발병 환자를 보다 정확하게 분류하는 특성을 보이고 있는 반면, ctree 모형은 당뇨병 환자 예측에 좀 더 강점을 나타내고 있음을 알 수 있습니다.

<표 6-7> SVM 모형과 ctree 모형의 성능 비교

모형	정확도(accuracy)	민감도(sensitivity)	특이도(specificity)
SVM	0.9442459	0.9093023	0.9597523
ctree	0.9435311	0.9255814	0.9514964

6.13 | ROC 곡선과 AUC를 활용한 모형 성능 평가

앞서 머신러닝 모형(SVM, ctree)의 성능을 평가를 위한 지표로써, 정확도, 민감도, 특이도를 소개하였습니다. 하지만, 모형의 종합적인 성능 평가를 위해 ROC 곡선(Receiver Operating Characteristic Curve)과 AUC(Area Under the Curve)를 활용할 수도 있습니다. ROC 곡선은 모형의 분류 성능을 시각적으로 나타내는 그래프로, 위양성률(false positive rate, FPR)과 진양성률(true positive rate, TPR)의 관계를 보여줍니다. 따라서 X축은 FPR(잘못된 양성 판별 비율, 실제 비발병 환자를 발병으로 예측한 비율)을, Y축은 TPR(정확한 양성 판별 비율, 실제 발병 환자를 발병으로 예측한 비율)을 의미합니다. 즉, ROC 곡선의 X축은 1–특이도, Y축은 민감도로 구성됩니다. 또한 AUC는 ROC 곡선 아래 면적을 의미하며, 모형의 전반적인 분류 성능을 정량적으로 평가하는 지표입니다. AUC 값이 1에 가까울수록 성능이 우수하며, 0.5에 가까울수록 무작위 예측과 유사한 성능을 가집니다. 일반적으로 AUC 값이 0.9 이상이면 매우 우수한 모형, 0.8 이상이면 좋은 모형, 0.7 이상이면 보통 수준의 모형으로 해석합니다. 이제 얻어진 SVM과 ctree

모형의 성능을 ROC 곡선과 AUC 분석을 수행하기 위한 R 명령어와 결과를 소개하겠습니다. ROC 곡선을 구성하는 FPR와 TPR을 계산하기 위해 아래의 작업을 수행합니다. 우선 diabetes 변수의 "발병"과 "비발병"을 숫자 1과 0으로 변환해야 합니다. 현재 diabetes 변수의 범주 순서는 "비발병"이 먼저, "발병"이 나중이므로, as.numeric() 함수를 사용하여 변환하면 값이 1과 2로 지정됩니다. 따라서, 변환된 값에서 1을 빼주는 연산을 추가로 수행하면, 아래와 같은 0, 1 값으로 변환된 결과를 얻을 수 있습니다.

```
# 테스트 데이터(test_data)의 diabetes 데이터 확인
> head(test_data$diabetes, 10)
   [1] 발병 발병 발병 비발병 발병 비발병 비발병 비발병 비발병 비발병
   Levels: 비발병 발병

> diabetes_numeric <- as.numeric(test_data$diabetes) - 1
> head(diabetes_numeric, 10)
   [1] 1 1 1 0 1 0 0 0 0 0
```

6.13.1 서포트 벡터 머신 모형의 성능 평가

먼저 SVM 모형의 ROC 곡선과 AUC 분석을 수행하여 분류 성능을 평가하겠습니다. 이를 위해 함수 svm()와 predict() 모두에 probability=TRUE 옵션을 추가합니다. svm_pred 결과를 확인해 보면, 발병 및 비발병을 예측하고 해당 확률을 제공하고 있습니다. 얻어진 확률을 살펴보면, 첫 번째 샘플(인덱스 6번)은 "발병"일 확률이 약 0.906, "비발병"일 확률이 0.093로 나타났으며, 두 번째 샘플(인덱스 8번)은 "발병"일 확률이 0.924, "비발병"일 확률이 0.075로 예측하고 있습니다.

```
# 확률값 속성을 활용하여 SVM 모형 구축
> svm_model_prob <- svm(diabetes ~ ., data=training_data, kernel="linear",
                                                   probability=TRUE)
> svm_pred <- predict(svm_model_prob, test_data, probability=TRUE)

# SVM 모형의 예측 결과 및 각 범주의 확률값 확인
> svm_pred
       6      8     10     14     20     24     28     29     31     43     45
    발병   발병   발병 비발병 비발병 비발병 비발병 비발병 비발병 비발병 비발병
      66     78     79     86     87     96     98    103    113    120    124
  비발병   발병 비발병 비발병   발병   발병 비발병 비발병 비발병   발병 비발병
```

```
(이하 생략)

attr(,"probabilities")
              발병         비발병
6    9.061359e-01 9.386407e-02
8    9.245218e-01 7.547822e-02
10   9.975198e-01 2.480179e-03
```

이제 attr() 함수를 사용하여 svm_pred의 결과 중 확률(probabilities) 부분을 추출하고, 이중 발병에 해당하는 확률만을 추출하겠습니다. 비발병의 확률은 1-발병 확률로 얻을 수 있기 때문입니다.

```
# svm_pred의 결과 중 발병 열(column)의 확률 추출
> svm_pred_prob <- attr(svm_pred, "probabilities")
> svm_pred_prob <- as.numeric(svm_pred_prob[, "발병"])

# svm_pred의 결과 중 1399개의 발병 확률 중 일부 확인
> length(svm_pred_prob)
  [1] 1399
> head(svm_pred_prob)
  [1] 0.906135929 0.924521780 0.997519821 0.032987079 0.174290010 0.001475838
```

함수 roc()와 auc()를 활용하기 위하여 pROC 패키지를 설치하고 활성화합니다. roc() 함수는 앞서 얻어진 SVM 모형의 민감도와 특이도를 계산할 수 있으며, 이를 활용하여 ROC 곡선을 생성할 수 있습니다. 또한, 생성된 svm_roc를 auc() 함수에 적용하면, 해당 ROC 곡선 이하의 면적을 계산하여 모형의 전체적인 분류 성능을 정량적으로 평가할 수 있습니다.

```
# 패키지 pROC 설치 및 활성화
> install.packages("pROC") ; library(pROC)

# SVM 모형의 민감도와 특이도를 계산 결과 확인
> svm_roc <- roc(diabetes_numeric, svm_pred_prob, levels = c(0,1))
> str(svm_roc)
  List of 15
   $ percent     : logi FALSE
```

```
$ sensitivities : num [1:1400] 1 1 1 1 1 1 1 1 1 1 ...
$ specificities : num [1:1400] 0 0.00103 0.00206 0.0031 0.00413 ...
```

ROC 곡선은 X축(FPR)에 1−특이도, Y축(TPR)에 민감도를 사용하여 모형의 성능을 시각적으로 표현합니다. 이를 위해 svm_roc$specificities 값을 활용하여 FPR을 계산한 후 변수 svm_fpr에 저장하고, svm_roc$sensitivities 값을 변수 svm_tpr에 저장합니다. 다음으로 FPR가 작은 값부터 정렬하는 과정이 필요합니다. ROC 곡선은 FPR(X축)과 TPR(Y축) 간의 관계를 나타내는 그래프이므로, X축 값(FPR)이 증가하는 순서대로 점들을 연결해야 곡선이 올바르게 작성됩니다. 따라서, order() 함수를 사용하여 FPR을 오름차순으로 정렬한 후, 해당하는 TPR 값을 함께 사용하여 정확한 ROC 곡선을 그릴 수 있습니다.

```
# FPR(위양성율) 계산 및 확인
> svm_fpr <- 1 - svm_roc$specificities
> head(svm_fpr)
  [1] 1.000000 0.998968 0.997936 0.996904 0.995872 0.994840

# TPR(진양성율) 계산 및 확인
> svm_tpr <- svm_roc$sensitivities
> head(svm_tpr)
  [1] 1 1 1 1 1 1

# ROC 데이터를 FPR의 오름차순 기준으로 정렬
> svm_df <- data.frame(FPR = svm_fpr, TPR = svm_tpr)
> svm_df <- svm_df[order(svm_df$FPR), ]

# ROC 곡선 생성
> plot(svm_df$FPR, svm_df$TPR, type = "l", col = "blue", lwd = 2,
        xlab = "False Positive Rate (FPR)",  ylab = "True Positive Rate (TPR)")
```

ROC 곡선은 왼쪽 상단 (0,1) 방향에 가까울수록 모형의 분류 성능이 우수하다고 해석됩니다. plot() 함수를 통해 생성된 ROC 곡선 <그림 6-13>을 살펴보면, FPR(위양성률)이 낮을 때 TPR(진양성률)이 급격히 상승한 후, 완만하게 증가하면서 1에 수렴하는 형태를 보입니다. FPR이 0 근처일 때 이미 TPR이 매우 높다는 것은, 모형이 거의 오차 없이 진양성(true positive)을 잘 찾아낸다는 의미입니다. 이런 형태의 곡선은 AUC 값이

0.9 이상일 가능성이 높으며, 매우 좋은 분류 모형임을 시사합니다.

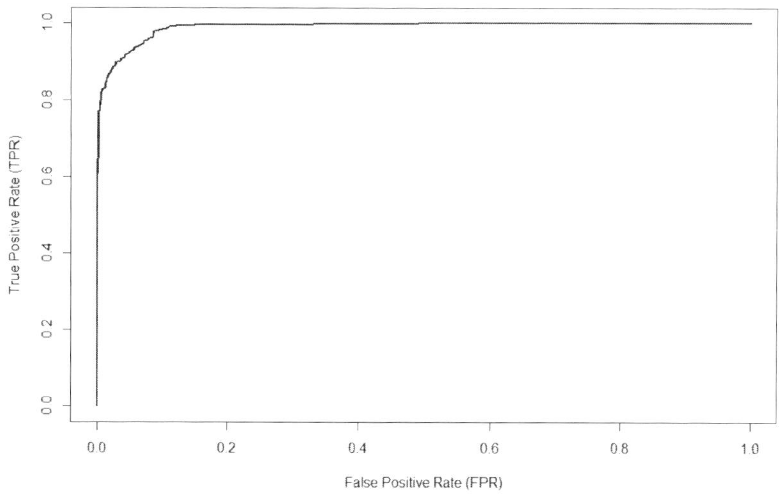

그림 6-13 SVM 모형의 성능 평가를 위한 ROC 곡선

```
# SVM 모형의 AUC 확인
> paste("SVM AUC :", auc(svm_roc))
  [1] "SVM AUC : 0.989432884536924"
```

마지막으로 auc() 함수를 활용하여 얻어진 ROC 곡선 이하의 면적은 약 0.989입니다. 따라서 얻어진 SVM 모형은 매우 우수한 분류 성능을 나타내고 있음을 알 수 있습니다.

6.13.2 의사결정나무 모형의 성능 평가

이번에는 ctree 모형의 ROC 곡선을 생성하고 AUC 분석을 수행하는 R 명령을 소개하겠습니다. ROC 곡선의 각 축을 구성하는 FPR(위양성률)과 TPR(진양성률)을 계산하기 위해 ctree() 함수를 사용하여 모형을 구축하고, predict() 함수에서 type="prob" 옵션을 적용하여 예측 확률을 얻을 수 있도록 하겠습니다.

```
# ctree 기반 의사결정나무 모형 구축 (최대 깊이 3으로 설정)
> ctree_model <- ctree(diabetes ~ ., data=training_data,
                                    controls=ctree_control(maxdepth=3))

# 테스트 데이터에 대한 예측 확률 계산
> ctree_prob_list <- predict(ctree_model, test_data, type="prob")
```

```
# 예측된 비발병 확률 및 발병 확률 확인
> head(ctree_prob_list)
  [[1]]
  [1] 0.06451613 0.93548387
  [[2]]
  [1] 0.05848787 0.94151213
  [[3]]
  [1] 0.05848787 0.94151213
  [[4]]
  [1] 0.98882335 0.01117665
        (이하 생략)

# 리스트 형태의 예측 확률 값을 데이터프레임으로 변환
> ctree_prob_df <- as.data.frame(do.call(rbind, ctree_prob_list))

# 열 이름을 "비발병"과 "발병"으로 지정
> colnames(ctree_prob_df) <- c("비발병", "발병")
> head(ctree_prob_df, 4)
        비발병        발병
  1  0.06451613  0.93548387
  2  0.05848787  0.94151213
  3  0.05848787  0.94151213
  4  0.98882335  0.01117665
```

얻어진 ctree_prob_list 결과를 살펴보면, 각 샘플에 대해 "비발병"과 "발병" 확률을 제공하고 있습니다. 확률값을 확인한 결과, 예를 들어 첫 번째 샘플(1번)은 "발병"일 확률이 약 0.935, "비발병"일 확률이 0.064로 나타났으며, 두 번째 샘플(2번)은 "발병"일 확률이 0.941, "비발병"일 확률이 0.058로 예측되었습니다. 이러한 확률값들은 리스트(list) 형태로 제공되기 때문에, 분석을 위해 데이터프레임 형태로 변환해야 합니다. 리스트 안의 요소들에 rbind()를 활용하여 행으로 결합하고, 이에 do.call() 함수를 적용하여 행렬(matrix)로 변환한 후, as.data.frame() 함수를 사용하여 최종적으로 데이터프레임(ctree_prob_df) 형태로 변환하였습니다. 이제 데이터프레임 ctree_prob_df 중 발병 관련 확률값을 ctree_pred_prob에 저장하고 확인하겠습니다.

```
# 발병 관련 확률 값 추출 및 일부 확인
> ctree_pred_prob <- as.numeric(ctree_prob_df[, "발병"])
```

```
> head(ctree_pred_prob)
  [1] 0.93548387 0.94151213 0.94151213 0.01117665 0.17613636 0.01117665
```

이제 roc() 함수를 사용하여 ctree 모형의 민감도, 특이도를 계산하고, 또한 생성된 ctree_roc를 auc() 함수에 적용하여, 해당 ROC 곡선 이하의 면적을 계산합니다. 이 경우 AUC 값은 약 0.967입니다. 따라서 유도된 ctree 분류 모형도 매우 우수한 모형임을 알 수 있습니다.

```
# 패키지 pROC 설치 및 활성화
> install.packages("pROC") ; library(pROC)

# 얻어진 ctree 모형의 민감도와 특이도 계산
> ctree_roc <- roc(diabetes_numeric, ctree_pred_prob, levels = c(0,1))
> str(ctree_roc)
  List of 15
   $ percent          : logi FALSE
   $ sensitivities    : num [1:9] 1 0.97 0.97 0.93 0.87 ...
   $ specificities    : num [1:9] 0 0.851 0.866 0.945 0.964 ...
   (이하 생략)

# ctree 모형의 AUC 확인
> paste("ctree AUC :", auc(ctree_roc))
  [1] "ctree AUC : 0.967231862145103"
```

마지막으로 ctree 모형의 ROC 곡선을 생성합니다. 이는 앞서 소개한 SVM 모형의 ROC 곡선을 생성 과정과 동일하게 먼저 각각 FPR와 TPR을 계산하고, 이 값들을 FPR에 관한 오름차순으로 정렬하는 과정을 거치게 됩니다.

```
# FPR(위양성율) 계산 및 확인
> ctree_fpr <- 1 - ctree_roc$specificities

# TPR(진양성율) 계산 및 확인
> ctree_tpr <- ctree_roc$sensitivities

# ROC 데이터를 FPR 오름차순 기준으로 정렬
> ctree_df <- data.frame(FPR = ctree_fpr, TPR = ctree_tpr)
```

```
> ctree_df <- ctree_df[order(ctree_df$FPR), ]

# ROC 곡선 생성
> lines(ctree_df$FPR, ctree_df$TPR, col = "red", lwd = 2)

# 무작위 예측에 관한 기준선 및 범례 생성
> abline(a = 0, b = 1, lty = 2, col = "gray")
> legend(0.85, 0.2, legend = c("SVM", "CTree"), col = c("blue", "red"), lwd = 2)
```

기존 SVM 모형의 ROC 곡선 그래프 <그림 6-13>에 ctree 모형의 ROC 곡선을 추가하기 위해 lines() 함수를 사용하였습니다. 이를 통해 <그림 6-14>와 같이 두 모형의 ROC 곡선을 동일한 그래프에서 비교할 수 있습니다. 또한, abline() 함수를 적용하여 회색 점선(y=x)을 추가하였습니다. 이 점선은 무작위 예측의 성능을 의미하며, ROC 곡선이 이 점선보다 위쪽에 위치할수록 모형의 분류 성능이 우수함을 의미합니다.

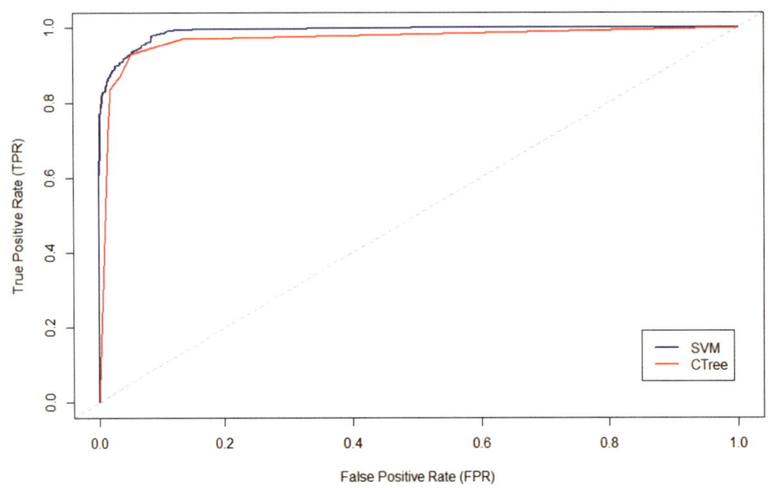

그림 6-14 SVM 및 ctree 모형의 ROC 곡선을 통한 성능 평가

동일한 그래프에서 비교할 수 있습니다. 또한, abline() 함수를 적용하여 회색 점선(y=x)을 추가하였습니다. 이 점선은 무작위 예측의 성능을 의미하며, ROC 곡선이 이 점선보다 위쪽에 위치할수록 모형의 분류 성능이 우수함을 의미합니다.

앞서 SVM 모형의 AUC 값이 약 0.989로, ctree 모형의 AUC 값(약 0.967)보다 높은 것을 확인하였습니다. <그림 6-14>를 살펴보면, SVM과 ctree 모형의 ROC 곡선은 유사한 형태를 보이지만, SVM 모형의 ROC 곡선이 ctree 모형보다 전반적으로 더 왼쪽 상단, 즉 FPR이 0이고 TPR이 1인 (0, 1) 방향에 가깝게 위치하고 있어, 곡선 아래 면적(AUC)이 더 큰 것을 알 수 있습니다. 이는 SVM 모형이 ctree 모형 대비 높은 진양성률(TPR)을 유지하면서도 위양성률(FPR)을 상대적으로 낮게 유지하는 경향이 있음을 의미합니다. 특히 FPR이 0부터 0.1인 구간에서는, SVM 모형이 ctree 모형보다 빠르게 진양성율을 증가시키는 경향이 관찰되며, 이는 초기 예측 단계에서 SVM이 상대적으로 더 정확한 분류를 수행할 가능성이 높음을 시사합니다. 반면, 높은 위양성율 구간에서는 두 모형 간 성능 차이가 크지 않은 것으로 나타났습니다. 이러한 결과를 종합하면, SVM 모형이 ctree 모형보다 전반적으로 더 우수한 분류 성능을 보이며, 특히 낮은 위양성율 구간에서 더욱 뛰어난 성능을 발휘함을 확인할 수 있습니다.

그러나, 앞서 얻은 <표 6-6>을 기반으로 각 모형의 세부적 성능 지표를 분석해 보면 특정 상황에서 ctree 모형이 유리할 수 있습니다. SVM 모형은 높은 특이도(0.9597)를 가지므로, 비발병 환자를 보다 정확하게 분류하는 데 강점을 가집니다. 반면, ctree 모형은 더 높은 민감도(0.9256)를 나타내므로, 발병 환자를 탐지하는 데 상대적으로 유리할 수 있습니다. 따라서, 비발병 환자의 정확한 분류가 중요한 경우(특이도가 중요한 경우)에는 SVM 모형이 더 적합할 수 있으며, 반대로 발병 환자를 놓치지 않는 것이 중요한 경우(민감도가 중요한 경우)에는 ctree 모형을 활용하는 것이 유리할 수 있습니다. 이러한 특성을 고려하여 모형 선택 시 목적에 따라 적절한 모형을 선택하는 것이 바람직하겠습니다.

연습문제

1. 병원에서 슬관절(무릎 관절) 수술을 받은 환자 70명을 대상으로, 수술 전과 수술 후 6주 차에 각각 10m 보행 테스트를 통해 보행 속도(m/s)를 측정하였다. 수술 전 보행 속도(변수명: pre_walk_speed)와 수술 후 보행 속도(변수명: post_walk_speed)의 평균 간에 유의미한 개선이 있었는지를 가설검정 하시오(유의수준 5%, 파일명: ex_data6_1.csv).

2. 고혈압 환자 100명을 무작위로 50명씩 두 그룹(변수명: group)으로 나누고, 한 그룹에는 표준 약물 A(DrugA)를, 다른 그룹에는 신약 B(DrugB)를 8주간 투여하였다. 각 환자의 수축기 혈압은 약물 투여 전(pre_sbp)과 8주 후(post_sbp)에 측정되었다. 두 그룹 간 8주 후 평균 혈압 감소량의 차이가 통계적으로 유의한지를 가설검정 하시오(유의수준 5%, 파일명: ex_data6_2.csv).

3. 비흡연자(non_smoker) 400명과 20년간 하루 한 갑(20개비) 이상을 흡연한 중증 흡연자(smoker_ge20) 간의 흡연 여부(변수명: smoking_status)에 따른 폐암 발생 여부(변수명: lung_cancer, 1: 발생, 0: 비발생)를 조사하고, 중증 흡연이 폐암 발생 여부에 미치는 영향을 평가하고자 하였다. 데이터를 활용하여, 흡연 여부와 폐암 발생 간에 통계적 연관성 유무를 가설검정 하시오(유의수준 5%, 파일명: ex_data6_3.csv).

4. 성인 남녀 150명을 대상으로 지각된 스트레스 수준(PSS, Perceived Stress Scale, 변수명: stress_level)이 우울 증상에 미치는 영향을 평가하기 위해, 데이터를 수집하였다. 대상자들은 지각된 스트레스 척도(PSS)와 우울증 선별 도구(PHQ-9)를 통해 각자의 스트레스 수준 점수와 우울 증상 점수(변수명: phq9_score)가 산출하였다.
PSS는 개인이 지난 한 달 동안 경험한 스트레스의 정도를 평가하는 자가보고식 설문 도구로써, 총 10개의 문항으로 구성되어 있다. 총점은 0점에서 40점까지이며, 점수가 높을수록 지각된 스트레스 수준이 높음을 나타낸다. 응답자들은 PSS 점수에 따라 낮은 스트레스 그룹(0-13점), 중간 스트레스 그룹(14-26점), 높은 스트레스 그룹(27-40점)으로 분류되었다.

또한 PHQ-9는 주요 우울 장애의 진단을 위한 9개의 문항으로 구성된 설문지로써, 각 문항은 지난 2주 동안의 증상 빈도를 0점(전혀 없음)부터 3점(거의 매일)까지의 4점 척도로 평가하며, 총점은 0점에서 27점까지로, 점수가 높을수록 우울 증상이 심한 상태임을 나타낸다. 얻어진 데이터 활용하여 다음을 수행하시오. (유의수준 5%, 파일명: ex_data6_4.csv)

1) 스트레스 수준별 PHQ-9 평균 점수에 유의미한 차이가 있는지를 가설검정 하시오.

2) 스트레스 수준에 관한 3개 집단(낮음, 중간, 높음)은 등분산성이 만족되므로, Tukey의 HSD 사후검정을 적용하여 분석하시오. 이를 위해 다음의 R 명령과 같이 aov() 함수로 분산분석을 수행한 후, 그 결과를 TukeyHSD() 함수에 적용하시오.

```
> anova_result <- aov(phq9_score ~ stress_level)
> TukeyHSD(anova_result)
```

얻어진 TukeyHSD() 결과 중 p adj는 집단 간 평균 차이에 대한 조정된 p-value(adjusted p-value)를 의미하며, 이 값이 0.05 미만인 경우, 해당 집단 간 평균 차이가 통계적으로 유의함을 의미한다. 이에 따라 스트레스 수준별 PHQ-9 평균 점수 간에 통계적으로 유의한 차이가 있는지를 구체적으로 파악하시오.

5. 성인 300명을 대상으로, 일일 평균 명상 시간(변수명: meditation_time, 단위: 분)과 일일 평균 심박수(변수명: heart_rate, 단위: bpm)를 조사하여 두 변수 간의 관계를 분석하고자 하였다. 명상 시간은 웨어러블 기기 앱의 자동 기록을 통해 측정되었으며, 평균 심박수는 해당 기기로 측정된 1분당 심박수의 평균값으로, 소수 둘째 자리까지 기록되었다.

1) 일일 평균 명상 시간과 평균 심박수 간의 산점도를 작성하시오.

2) 일일 평균 명상 시간과 평균 심박수 간에 상관관계 유무를 가설검정 하시오.
(유의수준 5%, 파일명: ex_data6_5.csv)

6. 성인 500명을 대상으로 수면의 질 점수(Pittsburgh Sleep Quality Index, PSQI, 변수명: sleep_quality)와 스트레스 수준 점수(PSS, 변수명: stress_score)를 조사하였다. PSQI는 개인의 수면의 질을 평가하는 도구로, 총 19개 문항은 7개의 구성 요소(주관적 수면의 질, 수면 잠복기, 수면 지속시간, 수면 효율, 수면 장애, 수면제 복용 여부, 주간 기능장애)로 분류되며, 각 구성 요소는 0점에서 3점까지의 점수가 부여된다. 7개 구성 요소의 점수를 합산한 총점은 0점에서 최대 21점까지이며, 총점이 높을수록 수면의 질이 낮음을 의미한다. 또한, PSS는 문항 4에서 소개된 바와 같이 스트레스 수준을 평가하는 설문 도구로써, 분석을 위해 원점수를 그대로 활용하였다.
스트레스 수준 점수가 수면의 질 점수에 미치는 영향을 분석하기 위해 단순회귀분석을 수행하시오(유의수준 5%, 파일명: ex_data6_6.csv).

7. 스트레스 수준 점수(변수명: stress_score), 주간 근무시간(변수명: work_hours, 단위: 시간), TV 시청 시간(변수명: tv_watching_time, 단위: 분)이 수면의 질 점수(변수명: sleep_quality)에 미치는 영향을 분석하시오. 이를 통해 각 변수가 수면의 질에 통계적으로 유의미한 영향을 미치는지 검정한 후, 유의하지 않은 독립변수는 모형에서 제거하며 최적의 다중회귀모형을 유도하시오(유의수준 5%, 파일명: ex_data6_7.csv).

8. 스트레스 수준 점수(변수명: stress_score), 주간 근무시간(변수명: work_hours, 단위: 시간), 근무 유형(변수명: work_type, 범주: 주간근무, 교대근무, 야간근무)이 수면의 질 점수(변수명: sleep_quality)에 미치는 영향을 분석하시오. 이를 위해 가변수를 포함한 다중회귀모형을 구축한 후, 각 독립변수가 수면의 질에 유의미한 영향을 미치는지를 검정하시오(유의수준 5%, 파일명: ex_data6_8.csv).

9. 전통적인 통계 기법과 머신러닝 기법의 차이를 설명하고, 머신러닝의 학습 방식(지도학습, 비지도학습, 강화학습)에 대해 서술하시오.

10. 재태 연령(변수명: gestational_age)은 태아가 자궁 내에 머문 기간을 의미하며, 일반적으로 37주 미만은 조산, 37주 이상이면 정상 출산으로 간주한다. 재태 연령, 임신 중 체중 증가량(변수명: pregnancy_weight_gain), 흡연 여부(변수명: smoking_status; 0: 비흡연, 1: 흡연), 산모 연령(변수명: maternal_age)을 기반으로 조산 여부(변수명: preterm_birth, 범주: 정상출산, 조산)를 예측하는 분류 모형을 구축하고, 성능을 평가하고자 한다.

이를 위해, 임신 여성 6,000명의 데이터 중 80%를 훈련 데이터로 임의 추출하여 서포트 벡터 머신 모형(SVM)과 의사결정나무(ctree) 모형으로 각각 학습하시오. 나머지 20%를 테스트 데이터로 활용하여 조산 여부를 예측하고, 혼동행렬을 통해 예측 결과와 실제 분류 결과 간의 일치도를 분석하시오. 이때 정확도, 민감도, 특이도를 각각 계산하고, SVM 모형과 ctree 모형의 ROC 곡선 및 AUC를 통해 모형의 분류 성능을 평가하시오(파일명: ex_data6_9.csv).

찾아보기

R

S

T

U

V

W

기 타

저자 소개

이종형

건양대학교 의과학대학 병원경영학과 교수

R을 활용한
보건의료 빅데이터 분석과 머신러닝

저　　자　이종형
발 행 인　김지영
발 행 처　자유아카데미
주　　소　경기도 파주시 회동길 37-42
　　　　　파주출판도시
전　　화　031-955-1321
팩　　스　031-955-1322
홈페이지　www.freeaca.com
전자우편　main@freeaca.com (대표)
　　　　　editor@freeaca.com (편집)
　　　　　crm@freeaca.com (영업)
등　　록　제406-2003-017호, 1980. 7. 12
제1판1쇄　2025년 8월 29일 발행

저자와의
협의하에
인지생략

ISBN 979-11-5808-750-0　93000